高校中外合作办学项目
学生跨文化适应研究

GAOXIAOZHONGWAIHEZUOBANXUEXIANGMUXUESHENG
KUAWENHUASHIYINGYANJIU

谭瑜◎著

中国社会科学出版社

图书在版编目（CIP）数据

高校中外合作办学项目学生跨文化适应研究／谭瑜著．—北京：中国社会科学出版社，2014.12

ISBN 978-7-5161-5370-3

Ⅰ.①高… Ⅱ.①谭… Ⅲ.①国际合作—联合办学—研究—中国②留学生—青年心理学—研究 Ⅳ.①G522.7②B844.2

中国版本图书馆 CIP 数据核字(2014)第 302031 号

出 版 人 赵剑英
责任编辑 张 林
特约编辑 郑成花
责任校对 林福国
责任印制 戴 宽

出 版 中国社会科学出版社
社 址 北京鼓楼西大街甲 158 号（邮编 100720）
网 址 http://www.csspw.cn
中文域名:中国社科网 010-64070619
发 行 部 010-84083685
门 市 部 010-84029450
经 销 新华书店及其他书店

印 刷 北京大兴区新魏印刷厂
装 订 廊坊市广阳区广增装订厂
版 次 2014 年 12 月第 1 版
印 次 2014 年 12 月第 1 次印刷

开 本 710×1000 1/16
印 张 16.25
插 页 2
字 数 278 千字
定 价 56.00 元

序

中外合作办学是我国在经济全球化和教育国际化的大趋势下，为寻求具有新时代特征、符合我国国情的有效人才培养体系及实施途径的过程中应运而生的一种新型办学模式，是我国教育对外开放事业的重要组成部分，在培养我国急需的高素质国际化人才、实现高等院校的功能、提高教育国际化水平、传播中华民族优秀文化以及实现我国教育现代化等方面具有重要作用和意义。从教育部在近年重点推进“两个平台”“两个机制”建设，发布《中外合作办学评估方案》并组织实施等举措上我们可以看出，新时代背景下的中外合作办学工作重心应放在提升人才培养质量上，应致力于实质性引进国外优质教育资源，以培养中国社会主义现代化建设所必需的具有国际视野和民族精神的高素质复合型人才为办学目标。在持续动态的跨文化教育互动过程中，中外合作办学必须正确处理教育民族性与国际性的关系，这不仅仅是要引进外国优质教育资源为我所用，让学生能够最大限度地获得先进科学知识，更重要的是必须以高度的国家和民族责任心去设计和培养具有服务自己祖国和民族精神的、具有跨文化能力和国际视野的高素质人才。因此，要保证中外合作办学的学生质量，促进中外合作办学健康、可持续发展，就必须重视对学生文化自觉、文化选择和辨别以及跨文化适应和沟通技能等跨文化能力的培养。

目前我国中外合作办学主要有设立机构和合作举办项目两种形式，以合作办学项目为主，数量居多；办学层次涵盖从学前教育到高等教育等多个阶段，其中高校中外合作办学无疑是其重要组成部分。本书以高校中外合作办学项目的学生群体为研究对象，深入探讨其跨文化适应状况、问题及其影响因素可以说是一项非常有意义和具有针对性的探索，对于我们了解目前项目学生的整体跨文化适应水平、进一步完善跨文化相关课程与培训、提高师资队伍、促进中外双方院校学术合作、促进项目健康可持续发展等方面都具有积极意义和重要参考价值。

高校中外合作办学项目是中国高等教育与外国高等教育多层次多模式的交流、合作与融合创新的过程，跨文化沟通与适应问题贯穿于整个合作办学活动当中，尤其是项目谈判、教学与心理咨询、跨文化培训等环节，且涉及学生、中外方教师、项目管理人员等多个群体，对实现合作办学项目的总体目标和达到预期教学效果具有重要影响。如何正确认识和看待高校中外合作办学项目中跨文化适应与交际问题的重要性；深入调查、分析、确定当前中外合作办学项目学生所面临的最重要最紧迫的跨文化适应问题，并以此为据，构建高等院校跨文化适应教育与能力培训的理论与实践框架，是如今中外合作办学领域一个需要关注和值得深入研究的课题。而谭瑜博士的这本书便是在这方面做了非常有益、具有创新性的探索。

在这本书中，作者敏锐地认识到跨文化沟通与适应能力的培养对于中外合作办学项目学生个人成长和职业发展具有关键性作用，在肯定其具有解放学生思想、开阔视野、加强学生文化自觉与民族责任感、增强学生的综合素质和专业技能、提高中外合作办学教育教学质量、保证合作办学工作健康可持续发展等积极作用的前提下，用从点到面的实证性研究方法，系统考察了目前高校中外合作办学项目学生在文化互动过程中所存在的问题及其主要影响因素，并探究性提出了有效解决相关问题的可行路径和实施建议。综观全书，这本书具有以下三个优点或特色：

第一，为提高中外合作办学学生质量研究提出了一个新的视角，即跨文化适应水平与能力培养的视角。作者认为，项目学生跨文化沟通与适应能力的优劣将直接影响到学生的个人发展和未来职业规划，对整个合作办学项目的教育教学质量存在着至关重要的影响。从这个意义上讲，要从根本上保证中外合作办学的教育教学质量，实现其健康、可持续发展，必须重视对项目学生跨文化能力的重视、培养和有效监控。因此，作者选择以高校中外合作办学项目学生为研究主体，依据跨文化交际学、跨文化心理学、教育学等多学科相关理论，通过点面结合的实证调查，对其现阶段在文化互动过程中表现出的心理和社会文化适应状况、问题及其影响因素进行了系统、深入的探讨，在此基础上提出高校中外合作办学项目学生跨文化适应的综合理论框架，在目前国内学术界对项目学生跨文化适应研究领域还较为薄弱的时期，所做出的一项非常有益的探索性实证研究，同时也能够对现有西方涵化理论模型的适应程度进行有利的检验和补充。

第二，采用片段描述和情景分析的方法对项目学生在跨文化交际中所出现的主要问题进行细致、全面的质性分析具有很多亮点。不同于单纯、枯燥地总结出一条条引起文化冲突的可能原因，作者首先对每个具有代表性的案例片段进行完整描述，然后紧接着运用相关的跨文化理论对现象背后所涉及的文化价值观冲突、语言与人际交往模式差异、社会组织结构、自我和民族身份认同等方面的深层问题进行了客观的、多方面的阐释和分析。本人认为，这种叙述与分析的方式更容易让读者在生动的阅读中获得共鸣，并能参考作者的分析思路和运用相关理论，对自身所遇到或可能遇到的相关跨文化事件进行相应的思考和分析，从而对其跨文化意识和文化分析辨别能力的提高起到一定的实质性的帮助，是理论与实际相结合的良好范例。

第三，作者在对调查结果进行细致、深入的分析基础上，初步构建了一个针对高校中外合作办学项目学生设计的跨文化培训模式。该模式结合了实证研究结果以及跨文化培训相关理论，并将民族志的研究方法融入其中，具有创新性。该模式不同于以往的“一站式”或“短期性”的出国前语言或文化培训，而是有步骤、分阶段地将不同的任务分布、贯穿于整个项目活动中，包括出国前、出国后和回国后，且在以项目学生跨文化能力培养为重心的基础上，同时考虑到教师和管理团队的跨文化能力培训及双方院校的跨文化领域学术合作等内容，力图将其有机结合，目的性明确，方法可行性强，对合作办学双方院校进一步开展和完善相关跨文化培训、课程设置和学术合作具有较强的实践意义，值得进一步研究和检验。

总之，按照作者的研究思路，探究高校中外合作办学项目学生的跨文化适应状况、问题及其影响因素能够为高校进一步发展和完善项目学生跨文化培训及相关课程提供实时、准确的数据参考和理论支持，能够为如何从根本上保证和提高高校中外合作办学项目的教育教学质量，实现可持续发展提供新的思路和研究视角。

本书以作者的2013年5月答辩的博士论文为基础，经过修改、补充、完善成书，并吸收了作者近期研究的部分成果。谭瑜博士曾在澳洲留学三年，在悉尼大学获得硕士学位后，作为澳大利亚斯威本科技大学国际合作项目工作人员，负责中外合作办学项目工作两年。因此，她对自己所研究的课题不仅通过大量调查访谈的第一手资料分析探讨，而且还融入了作为澳洲学生和管理者的亲身感知的认识，再加上她与国内外杰出学者、专家、老师的请教、交流，以及她自己长时间来对课题相关理论的深入学习、理解和研究，其成果具有重要的理论价值和实践指导意义。祝愿她在今后的研究中取得更加显著的成就。是为序。

中央民族大学　哈经雄

2014 年 8 月 20 日于北京

目　　录

第 一 章

绪　　论

第一节　问题的提出

随着经济全球化进程加速，教育国际化的进程也随之进入新的快速发展阶段。教育的开放、交流与合作已成为当今各国培养国际型高端人才、提高国际教育竞争力和综合国力的重大发展战略内容与重要手段之一，国际学生的规模与数量已成为高等教育国际化程度的重要指标[①]。世界各国依据自身发展全局的需求与客观实际，积极探索适合本国国情的教育国际化道路，各种形式的跨国高等教育模式随之应运而生并蓬勃发展。中外合作办学作为跨国高等教育在我国的主要实现形式，在“扩大开放、规范办学、依法管理、促进发展”的方针指导下取得了显著进展。截至 2011 年 8 月 11 日，中外合作办学机构和项目已达到 1 340 个，其中，机构 157 个，项目 1 183 个[②]。据教育部教育涉外监管信息网 2013 年发布的最新相关数据，目前通过教育部审批和复核的高等教育中外合作办学机构及项目达 820 个，其中机构 38 个，项目 782 个。这些机构和项目覆盖了我国内地除西藏、青海、新疆之外的 27 个省、自治区和直辖市[③]。在我国，目前越来越多的学生开始选择通过合作办学项目这条途径出国留学。

---

① 《北京大学教育经济研究所、高等教育研究所北京论坛教育分论坛简报》2004 年第 22 期。

② 林金辉：《中外合作办学基本规律及其运用》，载《江苏高教》2012 年第 1 期，第 47 页。

③ 教育部：《经审批和符合的机构及项目名单》，http：//www. crs. jsj. edu. cn/index. php/default/index/sort/1006，2013 - 03 - 28。

根据《中华人民共和国中外合作办学条例》和《中华人民共和国中外合作办学条例实施办法》的有关规定，中外合作办学是指中国教育机构与外国教育机构依法在中国境内合作举办以中国公民为主要招生对象的教育教学活动，包括合作办学机构和合作举办项目两种形式。其中，高校中外合作办学项目是指中国高等教育机构与外国高等教育机构以不设立教育机构的方式，在学科、专业、课程等方面合作开展的教育教学活动①，是当前高校中外合作办学的主要形式，并在近年呈现出快速发展的趋势。目前经审批和复核的本科及以上学历教育的中外合作办学项目共有782个，其中本科项目629个，硕士及以上学历项目153个。专业分布上以工商管理类、经济学类、工程类、计算机科学与技术类为主（约占项目总数的54%），其次还包括艺术设计、护理、外语语言文学以及教育等专业。外方合作院校所在国以英国、美国、澳大利亚、加拿大、法国等经济和教育比较发达的国家为主。②

本书以在中外双方合作院校分阶段完成学业的项目学生，即“双校园”办学模式下的高校中外合作办学项目学生为主要研究对象，探讨其在海外留学期间的跨文化适应问题。所谓“双校园”模式是指在中外合作办学活动中，中外合作院校将教学过程分为两个或两个以上的组成部分或单元模块，分别在我国国内院校和外国合作院校对中国的同一受教育者实施教育教学的活动③，是目前中外合作办学项目中的常见形式。一般来说，参加“双校园”模式的项目学生通常需要分两个阶段完成学业，一部分学业在中国合作院校完成，另一部分在外国合作院校完成。两阶段的划分与时间长短设置比较灵活，没有固定的模式，目前一般所称的“2+2”“3+1”“3+2”等项目模式即是以在双方院校的学习年数而命名的。比如，“2+2”中外合作办学本科学历项目是指前两年在中方合作院校学习，后两年在外方合作院校学习。大部分情况下，国内阶段的教学主要以强化英语训练为主，并引进部分国外优质教育资源，兼修部分基础专业课

① 教育部：《中华人民共和国中外合作办学条例实施办法》第二条，2004年。

② 教育部：《经审批和符合的机构及项目名单》，http://www.crs.jsj.edu.cn/index.php/default/index/sort/1006，2013-03-28。

③ 杨辉：《跨国高等教育视野下我国高等教育中外合作办学研究》，博士学位论文，北京师范大学，2006年，转引自林金辉、刘志平《高等教育中外合作办学研究》，广东高等教育出版社2010年版，第58页。

程，其中双语课程与外教专业课占有一定比例，是国外阶段学习的预备；国外阶段主要是以高等专业课程的教授与职业发展指导为主①。这种合作模式对学生、外方以及中外合作院校都有较大的吸引力，目前我国高校的中外合作办学项目大多采用这种模式。该类学生因为有（或将有）实质的出国留学经历，在跨文化适应方面的需求与问题相对比较突出，亦具有代表性。

作为中国留学生群体的重要组成部分，中外合作办学学生的海外学习与生活是一个严峻现实挑战浪漫梦想的历程。语言问题、学业压力、气候和饮食不适、交际方式不同等等由文化差异带来的各种困境和难题，以及因中外文化不均势而遭遇或感知到的偏见和歧视，会在很大程度上影响到学生在新的文化环境下学习和生活的状况。他们对留学所在国文化的接受与适应程度以及对中国传统文化的自觉意识，对于他们的学业成就、心理健康和个人发展有着非常重要的影响。

成长于中国文化中的我们在跨文化实践中往往会习惯性地以自己文化中的价值观、行为模式和道德规范为唯一标准去衡量和判断属于其他文化的人们的行为和思维方式，并由此产生一系列的文化不适或文化冲突，进而在有意识或无意识的自我调节过程中习得在新文化中生存和发展所必需的新技能，并对自身原有文化的独特性及局限性进行反思，并最终实现更高程度的文化自觉。

诚如费孝通先生在《美国与美国人》一书中曾发出的感慨："到了外国去了，才知道自己真是中国人。"② 这样一种文化自觉意识的成长，对中国留学生的跨文化经历将产生很重要的影响。

费孝通先生指出："文化自觉是一个艰巨的过程，只有在认识自己的文化、理解所接触到的多种文化的基础上，才有条件在这个正在形成中的多元文化的世界里确立自己的位置，然后经过自主的适应，和其他文化一起，取长补短，共同建立一个有共同认可的基本秩序和一套各种文化都能和平共处。"③ 我们观察和研究自身在他文化中的行为表现和适应情况，

① 林金辉、刘志平：《高等教育中外合作办学研究》，广东高等教育出版社 2010 年版，第 58 页。

② 费孝通：《美国与美国人》，生活 · 读书 · 新知三联书店 1985 年版，第 47 页。

③ 费孝通：《反思、对话、文化自觉》，载《文化与文化自觉》，群言出版社 2010 年版，第 195 页。

以一种开放、平等和科学的态度对跨文化交际过程中产生的误解和障碍进行分析，可以了解文化对不同文化成员的人际交往方式和价值体系的影响。同时，我们通过关注潜藏于问题现象表层下的文化差异及其影响因素，并不是为了简单的借鉴和模仿，而是为了能更好地了解他人的文化和认识自己的文化，形成一种开放的心态和客观的态度，在研究和实践中反观自身，正视我们对自己文化中“习而不察”的缺点和弊病，增强我们的文化自信①，从而使中国文化最终实现有效的国际对话和成功的自我超越。

基于此，本研究将主要围绕以下几个问题展开：

1. 中外合作办学项目学生的跨文化适应状况如何？存在哪些主要的问题和困难？

2. 影响中外合作办学学生跨文化适应状况的主要因素有哪些？尤其是中国传统文化在项目学生跨文化适应中是如何体现和发生作用的？

3. 可以采取哪些措施促进和帮助中外合作办学学生获得更好的跨文化适应和交际能力以及文化自觉意识？

4. 目前的跨文化适应理论能否完全解释中外合作办学学生的跨文化适应问题，可能存在哪些缺陷？我们应如何借助中国本土关于文化多样性问题的理论成果进一步发展相关的跨文化适应理论？

第二节　研究的目的与意义

一　现实意义

在 30 多年的探索与发展过程中，中外合作办学在国家的重视和扶持下，已逐步走上依法办学、规范管理的稳定发展阶段。为适应新时期中外合作办学质量保障体系建设的需要，2013 年 3 月教育部发布《中外合作办学评估方案》，开始组织开展对现有实施本科及以上高等学历教育的中外合作办学机构和项目的评估工作，评估重点包括依法办学、引进优质教育资源、办学质量和社会效益等决定中外合作办学机构和项目办学稳定性及可持续发展能力的关键因素。这意味着新形势下的中外合作办学必须将

① 杨军红：《来华留学生跨文化适应问题研究》，上海社会科学院出版社 2009 年版，第 6 页。

提升人才培养质量作为一切工作的中心，实现规范、健康、有序的可持续发展。高校中外合作办学是适应高等教育国际化，培养我国社会主义现代化建设所急需的高素质国际化创新型人才而出现的一种新型办学模式。因此，中外合作办学所培养的人才应该是具有服务自己祖国和民族精神的、具有跨文化能力和国际视野的高水平复合型人才。这就要求我们在合作办学的过程当中要尤其重视对学生文化自觉、文化选择和辨别能力的培养，注意对学生的文化导向以及跨文化能力的培养，减少因海外滞留或低质量的留学经历等因素而导致的人才流失。因此，对中外合作办学项目学生的跨文化适应状况及其影响因素进行系统、深入的实证研究是改善项目学生质量、提高整体合作办学水平，保证合作办学项目可持续发展的一项必要之举。

其次，学生的个人发展与健康成长是学校一切工作的出发点和落脚点。随着近年来中外合作办学的迅速发展，中外合作办学学生的数量和规模逐年增大，经由中外合作办学项目出国的学生作为中国留学生群体的重要组成部分，对其跨文化适应状况及问题的研究成为现实之需。跨文化适应问题对于留学生在海外的生活质量和学业成就有着不可忽视的重要影响。留学生由于远离家乡，进入另一种新的社会文化环境下生活和学习，他们往往会经历不同程度的文化休克（Culture Shock），从而产生心理和生活压力。已有国外研究表明，跨文化适应的失败不但很可能会导致学生的学业中断，还有可能引起一系列心理和生理上的严重问题①②。但就目前而言，虽然已有不少中国留学生跨文化适应的相关研究，但有关中外合作办学学生群体的跨文化适应状况与问题的实证研究还非常少见。中外合作办学学生由于其所属办学模式的特殊性，除了具有中国留学生群体的共性特征外，还具有自身的特点和优劣势，例如他们在国内学习阶段就已开始学习国外原版教材，接受和适应外教讲授专业课的教学方式，并且获得了比较全面的英语强化训练（听说读写），又如他们往往会成批出国，出国后就读同一学校同一专业。这些特点意味着他们的跨文化适应既具有整个中国留学生群体跨文化适应问题的共性，同时还会具有自己的特

① Antonovsky, A, *Health, Stress and Coping*, San Francisco, CA: Jossey-Bass, 1979.

② Hammer, M, "Behavioral Dimensions of Intercultural Effectiveness: A Replication and Extension", *International Journal of Intercultural Relations*, Vol. 11, No. 1, 1987, pp. 65 – 88.

点，可能存在特别的困难和问题。因此，只有对中外合作办学项目留学生进行有针对性的、系统、深入的实证性研究才能够在此基础上确定他们的跨文化适应问题及适应特点，寻求适合他们实际情况的解决途径和对策方法。

此外，目前高校中外合作办学项目对学生跨文化能力培养的重视程度还不够，尚缺乏系统、有效的跨文化培训方案与具体措施，在促进和保证学生的个人发展与健康成长方面还存在很大的改善空间。目前学术界关于中外合作办学的研究多集中在政策法规、办学模式、教学与课程管理等方面，而有关培养学生跨文化交际与适应能力的系统性实证研究还不多见。从实践上看，各校在合作办学的课程设置与教学计划的安排上，仍以语言强化训练与基础专业课学习为主。虽然不少院校已开始在国内阶段为学生提供一些有关文化的课程（比如英美文化课、美国历史、人类文化及世界文明等）与跨文化交际的讲座，但从总体上看，目前中国合作院校提供给项目学生的跨文化培训，如文化浸入式训练还非常欠缺，且对这些课程与培训的实施效果及其对项目学生海外学习和生活的影响程度缺乏纵向的调查和有效的评估。可以说，中外合作办学跨文化适应教育与培训体系尚不健全。而对项目学生的跨文化适应问题、他们对参与项目的满意度以及自身跨文化能力的培养进行实证研究应是寻求解决上述中外合作办学项目现有问题的有效切入点。因此，本研究拟从跨文化心理学和跨文化交际学的视角，通过实证调查和系统分析正确地把握目前中外合作办学学生存在的跨文化适应问题及其影响因素，力图在此基础上为如何发展和完善高校中外合作办学项目中跨文化适应教育和跨文化培训提供信息支持、理论参考和对策建议，从而为保证和促进高校中外合作办学项目持续、健康、高效的发展做出些许贡献。

二　理论意义

就目前而言，国内外现有的比较权威的综合性跨文化适应理论模型多以移民、少数民族与难民群体为主要测试人群，只有少部分的相关研究以国际留学生为调查对象。而专门针对国际留学生群体而设计的跨文化适应理论模型尚未建立。本研究将力图对现有跨文化适应理论模型，尤其是贝瑞（Berry，J.）的涵化双维度模型与涵化总体理论框架以及受其影响的沃德（Ward，C.）等人提出的“涵化 ABC 模型”（又称“跨文化适应

ABC 模型”）对项目留学生群体跨文化适应研究的适用程度进行检验和补充，并在量化与质性分析的基础上提出专门针对高校中外合作办学项目学生跨文化适应的理论框架，鉴于该类学生亦是中国留学生群体的重要组成部分，可以说，该理论框架也是为建构国际留学生跨文化适应理论模型的一次探索性实证研究。

另外，本研究也试图在跨文化适应理论的本土化方面尽微薄之力。在我国，当代关于跨文化适应的心理学与教育学的研究，起初几乎是借鉴西方国家学者构筑的一整套概念体系和理论框架，近年我国一些学者开始致力于本土化的跨文化适应的知识构建。我国传统文化中诸如“和而不同”“中和位育”等优秀思想对适应当前经济全球化和社会多元化的现状具有正面的意义。尤其是费孝通先生在此基础上对“文化自觉”“差序格局”等概念的建构和阐释以及其他中国学者对其进行的深入探讨和解析对于跨文化适应本土化理论的建构具有积极而重要的作用和意义。同时，这些根植于中国传统文化的学术思想和理论观点也更容易引起中国留学生的共鸣和理解，因此能够有效地帮助他们顺利地进行跨文化适应。因此，本书试图运用这些本土理论观点，并结合西方已较为成熟的相关理论对项目留学生的跨文化适应状况及其影响因素进行深入分析，以期为跨文化适应理论的本土化做出一点贡献。

此外，笔者在本研究中采用了量化研究与质性研究相结合与互补的方法，除了运用传统的访谈方式与问卷调查外，还尝试使用了多种基于网络通信工具的数据搜集方法，例如 E-mail、QQ、MSN、Skype、微信等，通过笔聊、视频和语音聊天等方式与项目留学生保持长期的沟通和联系。实践证明，这些多样性的数据搜集方法不仅有利于研究者与被访学生建立和维持长期的、友好的关系，同时也有助于研究者在一定时段内纵向地了解被访学生的思想状况和情感变化，从而对学生的适应过程进行动态的考察和把握。这些研究方法对中国留学生的跨文化交际或适应进行横向或纵向的考察提供了更多可供选择的方法。

第三节 国内外研究现状

本研究主要是针对在高校中外合作办学项目模式下出国留学的学生的跨文化适应状况、适应特点及其影响因素。基于此，本节将从以下几个方面对相关的文献进行梳理和分析：首先对现有的高校中外合作办学跨文化交际与适应相关研究进行总体回顾；然后，结合本书所属研究方向，进一步对中国留学生的跨文化适应的心理学研究进行了梳理和评述；第三部分是对跨国高等教育与高校中外合作办学相关研究的分类和梳理，这是本研究的背景文献。

一　高校中外合作办学学生跨文化适应相关研究

跨文化适应的重点是海外学习过程，但就目前而言，至于专门针对高校中外合作办学学生在海外留学期间的跨文化适应问题的研究还非常少见。其中比较具有代表性的是周（Zhou，Y.）和托德曼（Todman，J.）在 2009 年对在英中国研究生的适应模式进行的一项纵向比较研究①。该研究对 257 名在英国留学的中国研究生发放了问卷，并对其中的 28 名学生进行了访谈。被试学生分为两组：一组是通过中外合作办学途径以集体形式出国的中国留学生，另一组是以个人形式出国的中国留学生。研究主要对两组被试学生预期的和实际经历的跨文化适应困难，以及集体出国学生在不同阶段（包括出国前、刚到英国时以及在英国生活 6 个月后三个阶段）对中英学术文化差异的认知和理解进行了考察，并据此对两组学生的跨文化适应模式进行了比较。研究结果表明：（1）在刚到英国的一段时间内（第二阶段），集体出国组的被试学生在适应地区口音方面经历的困难要大于个人出国组的被试学生。研究者认为这可能是因为集体出国的学生更易“抱团”，因此他们与本地人之间的个人互动较少，需要更长的时间来适应当地的口音。（2）集体出国组与个人出国组的被试学生对于学术阅读和理解课程等学术适应方面所感知的困难程度变化存在显著差异。具体来讲，出国前，集体出国组被试学生对学术阅读和理解课程方面的困难预期大于个人出国组的学生；而到达英国后的一段时间里，集体出国组被试学生实际经历的学术阅读和理解课程方面的困难小于个人出国组被试学生经历的实际困难。同时，集体出国组的被试学生在三个阶段的适应过程中显现出学术适应困难逐渐减少的趋势。研究者对此在文中给出了一种可能的解释：因为集体出国的学生在英国能够

---

① Zhou，Y. & Todman，J.，“Patterns of Adaptation of Chinese Postgraduate Students in the United Kingdom”，*Journal of Studies in International Education*，Vol. 13，No. 4，2009，pp. 467 – 486.

为彼此提供心理上和信息上的支持和帮助，而且他们在国内学习期间接受过统一的、系统性的出国准备，因此能够更好地应对海外院校的教学方式和学业要求。

总的来说，该研究结果表明集体出国学生与个人出国学生在跨文化适应模式上存在明显的差异，需要区别对待，有针对性地寻求涵化策略和解决途径。因此，这为本研究提供了有价值的基础信息，也从一个侧面证明了对中外合作办学学生群体的跨文化适应进行专门性研究的必要性。但是，该研究在数据处理和分析上主要运用了量化统计的方法，而对访谈的具体内容没有做过多的、比较详细的描述和阐释，在质性分析上略显薄弱。此外，虽然该研究表明集体出国学生所接受的系统性出国培训与准备对他们的跨文化适应可能具有积极的作用和意义，但是并没有深入分析具体什么样的出国前准备和培训会最为有效。因此，在未来的研究中还存在一定的拓展和发展空间。

此外，王电建教授也曾以中国西部某大学和美国衣阿华州某大学联合培养的“2+2”国际项目班的学生为主要研究对象，采用问卷调查和深入访谈相结合的方法，从项目留学生对美国大学校园生活的满意度、对美国的态度、思想、文化休克和课堂学习等五个维度考察了项目留学生在文化适应过程中的主要问题及影响其适应的相关因素。研究发现，“2+2”特定背景下的中国留学生在美国大学校园的文化适应性比较好，对在美大学的生活满意度比较高，文化休克现象比较少，但中国留学生思乡情绪比较普遍，自信心不强，语言问题仍是他们跨文化人际交往中的首要问题。该研究还发现，项目留学生对美国的态度与思乡、文化休克之间存在显著相关关系，且在美国的居住时间长短对学生的学业适应具有显著影响，居住时间越长，学业适应越好。这些研究成果为国内大学发展出国留学生适应辅助项目以及跨文化培训提供了一定的数据支持和理论依据[①]。但是该研究中的问卷样本数量较小（共61人），且来自同一个合作办学项目，因此在样本的代表性上可能存在一定的局限性。同时，从研究结果的呈现来看，该文章主要报告了对问卷数据统计分析的结果，对影响学生跨文化适应状况的深层原因的访谈结果呈现不够详细。这表明，本主题的研究尚

① 王电建：《影响中国留学生在美大学校园文化学习适应的相关因素研究》，载《兰州交通大学学报》2011年第2期，第111—115页。

有较多的拓展空间。

除此之外，目前还存在一些对高校中外合作办学其他领域（如项目管理、学科设置、课程教学等方面）涉及的跨文化冲突与问题进行研究的文献资料，对本研究也具有一定的启发意义和参考价值。主要可分为以下几类：

1. 有关中外合作办学中跨文化意识、跨文化交际与管理能力的重要性的研究。孟中媛认为在我国中外合作办学的实践中主要存在两类文化冲突，即市场文化与我国传统大学文化的冲突，以及中外教学文化的冲突。对这两类文化冲突的形成原因、具体表现、融合趋势进行剖析将有利于促进我国中外合作办学的规范管理和可持续发展①。邓琪、许骏指出在中外合作办学中实施跨文化教育应坚持开放、平等、尊重、宽容、客观和谨慎的原则，并提出专业教育传授跨文化知识、德育教育培养跨文化意识，以及综合实践提高跨文化能力等实践途径②。黄桂芳认为中外合作办学机构或项目中的跨文化交际与管理能力的高低直接影响到中外合作办学的成功与失败，因此，必须提高各级领导干部对文化差异的认识和理解，提高领导的决策能力，针对性地对领导干部进行跨文化培训，提高其跨文化意识与跨文化管理能力③。由此可以看出，部分学者与中外合作办学的实践工作者已开始逐渐意识到跨文化因素在中外合作办学工作的各个层面上可能存在的影响，并从宏观上提出了一些处理原则、对策建议与解决途径，为本研究提供了一定的文献支持，拓展了笔者的研究思路。

2. 有关中外合作办学学生心理健康及疏导策略的研究。罗栋认为，中外合作办学大学生的心理健康教育工作目前主要存在思想认识不足、调查分析不足、正面引导不足的问题，应转变观念、加强领导，加强中外合作办学大学生心理健康的实证调查与研究，加强中外合作办学心理健康课程体系改革及适应性教育，加强中外合作办学心理健康网络平台建设，促

① 孟中媛：《中外合作办学中的文化冲突与超越》，载《中国高教研究》2008 年第 11 期，第 72—74 页。

② 邓琪、许骏：《中外合作办学跨文化教育研究》，载《重庆大学学报》（社会科学版）2008 年第 4 期，第 140—144 页。

③ 黄桂芳：《跨文化管理能力对中外合作办学的影响》，载《中央社会主义学院学报》2010 年第 4 期，第 91—94 页。

进中外合作办学事业和中外合作办学大学生的全面和谐发展[①]。秦伟伟通过对普通高校部分合作办学项目本科学生与普通本科学生的抽样对比调查，考察了中外合作办学学生的心理健康状况及自我评价。研究发现，中外合作办学学生的心理健康状况良好，与普通本科学生心理健康水平基本相同，而在自我评价各方面的得分略高于普通本科学生，并存在一些不良类群特征，如刻苦精神差，生活水平要求高，期望值过高，心理平衡能力较差，等等[②]。这些研究表明中外合作办学学生的心理适应问题确实存在，应予以关注。但该研究侧重考察的是中外合作办学学生在国内阶段的学习期间因为课程设置与教学方式等的特殊性而导致的一系列心理压力与文化适应相关问题，但对项目学生在国外阶段学习过程中的跨文化适应问题没有过多的涉及。本研究将对项目学生在海外留学期间的心理适应问题及社会文化适应问题进行深入探讨，以期更全面、准确地把握中外合作办学项目学生的跨文化适应状况及其影响因素。

3. 有关中外合作办学中双语教学、具体学科课程内容设置与跨文化交际能力培养的关系的研究。何清以内蒙古师范大学国际交流学院的英语选修课程设置为例，对中外合作办学项目中培养学生跨文化交际意识和能力的重要性进行了简要分析。她指出，中外合作办学项目中培养学生的跨文化交际意识及能力即是项目的基本要求，更是当今时代发展的必然要求[③]。宋鸿立通过调查中英合作办学学生对自己所参加的中英合作办学项目的满意度以及他们对项目教学质量的要求和反馈，构建了提高中英合作办学项目教学质量的理论框架，提出英语语言实践和跨文化知识的提供是中外合作办学课程设置和实施的两大关键性因素[④]。陈业玮和任雅静着眼于中外合作办学项目中的经济学专业课程，将双语教学视为跨文化适应的过程，提出一些可行性策略，例如全方位的课程设置树立语言环境，全体

---

① 罗栋：《中外合作办学大学生的心理健康教育研究》，载《当代教育理论与实践》2010年第4期，第18—20页。

② 秦伟伟：《中外合作办学学生心理健康及自我评价调查》，载《宁波大学学报》（教育科学版）2008年第6期，第107—109页。

③ 何清：《中外合作办学项目中以培养学生跨文化交际意识和能力为目标的英语选修课程设置——以内蒙古师范大学国际交流学院HND项目为例》，载《内蒙古师范大学学报》（教育科学版）2011年第5期，第90—93页。

④ 宋鸿立：《中外合作办学研究与实务：基于中外双向互动教学的英语语言实践和跨文化元素研究》，知识产权出版社2010年版。

系的教材教辅支持教学环节，高标准的课程门槛保证英语基础以及强刺激的跨文化适应控制教学过程等[①]。

4. 对中外合作办学项目的个案研究。这类研究在今年来逐渐增多，多为学位论文。如倪潇的硕士论文《中外合作办学课程实施的文化适应研究：以C校工商管理专业为例》，以语言适应理论、阶段适应理论和组织适应理论为依据通过访谈和观察，分析了C校工商管理专业课程实施的文化特征，从学生对该专业授课教师的教学语言的适应、课程内容的适应、课程参与方式的适应以及校规中与课程实施等方面考察了合作办学学生在课程实施上的文化适应问题以及影响因素。研究发现学生的自我评价、文化权威意识、为大多数亚洲学生所接受的“分数至上”的学术评价标准、对获得成就的程度的感知以及学校营造的文化环境与氛围是影响中国学生在高校中外合作办学项目这种多元文化环境下的课程实施的主要因素[②]。这些研究对于笔者调查了解项目学生在国内阶段的学习状况提供了一定的数据参考。但该研究关注的主要是中外合作办学项目中学生对国内阶段的课程实施的文化适应，尚未考虑学生在海外学习阶段的有关跨文化适应问题。此外，董良峰在《高校中外合作办学项目跨文化沟通管理研究：以徐州工程学院为例》文中试图将高校中外合作办学项目看作一个管理项目来运行，把中外高校合作比作不同国家企业与企业之间的国际合作，从而运用跨文化沟通管理理论来指导中外合作办学项目的实践，文中主要侧重探讨建立中外合作办学项目的谈判、执行、运行和收尾过程中跨文化沟通方面的问题，如中外教育体制的差异、中外高校课程设置、学分配置的分歧等，对合作办学学生的跨文化适应问题没有太多的关注[③]。本书将对这个尚未得到关注的问题进行专门的探讨。

由此可见，高校中外合作办学项目学生在海外留学期间的跨文化适应状况具有自身的特点，且的确还存在不少急需解决的问题和困难。这些问题不仅对学生的学业成就、个人成长具有重要的影响，也对整个合作项目

---

① 陈业玮、任雅静：《跨文化适应：中外合作办学中的经济学课程双语教学》，载《高等工程教育研究》2010年增刊，第170—172页。

② 倪潇：《中外合作办学课程实施的文化适应研究：以C校工商管理专业为例》，华东师范大学硕士学位论文，2011年。

③ 董良峰：《高校中外合作办学项目跨文化沟通管理研究：以徐州工程学院为例》，山东大学硕士学位论文，2010年。

的质量和可持续发展力度都具有重要作用，因此有必要对其进行专门的、有针对性的理论与实证研究。但就目前而言，有关高校中外合作办学跨文化问题的研究主要集中在对中外合作办学工作中存在的文化差异及其影响，跨文化能力培养的重要性与实施情况，以及对一些具体合作办学案例和课程教学方式方法的实践研究，虽然有少数研究也注意到了中外合作办学学生的心理健康状况与问题，但其考察范围多局限在对国内阶段项目学生心理健康问题的研究。而对项目学生在留学期间的心理适应和社会文化适应问题的研究还非常薄弱。因此，本书拟对高校中外合作办学项目学生海外留学期间的跨文化适应状况、问题及其影响因素进行有针对性的实证研究，以期为填补国内在该研究领域的缺失与不足做出一定的贡献。

二 中国留学生跨文化适应的研究

尽管有关高校中外合作办学学生跨文化适应的专门性研究还比较薄弱，但国内外对中国留学生群体跨文化适应的有关研究成果较为丰富。其理论、方法和技术，对中外合作办学学生的研究，无疑有重要的参考和借鉴价值。

随着中国留学生群体的日益壮大，国外学者以及海外的中国学者从心理学等角度针对中国留学生在跨文化适应方面的研究也日渐增多。下面主要综述这类研究。

1. 对整体跨文化适应状况的研究。如奥梯（Oatey，H. S.）和熊兆明（Zhaoming Xiong 音译）运用问卷和访谈法对在英中国留学生的心理和社会文化适应状况进行了考察，研究选取了就读某英国高校英语预科课程的两组（two cohorts）中国学生作为调查对象。研究结果发现在英中国留学生的整体跨文化适应状况良好，不存在特别严重的心理和社会文化方面的适应困难。但他们与来自其他文化的人们的互动交往方面相对来说存在较大的困难，同时他们在日常生活中的适应状况与心理压力高相关[①]。但文中尚未对中国留学生与其他留学生的适应状况进行比较。孙伟（Wei Sun 音译）和陈国明（Guoming Chen 音译）通过对旅美中国大陆留学生海外

① Oatey, H. S. & Xiong, Z., "Chinese Students' Psychological and Socio-cultural Adjustments to Britain: an Empirical Study", *Language, Culture and Curriculum*, Vol. 19, No. 1, 2006, pp. 37 - 53.

经历的研究，将中国留学生遇到的文化适应问题分为了三个方面，包括语言能力、文化自觉意识以及学业成就。他们在研究中发现外语能力的缺失、文化差异，以及对美国学术环境的不熟悉是导致中国留学生学业适应和社会生活适应困难的主要因素①。查塔韦（Chataway，C. J.）和贝瑞（Berry，J. W.）通过对留学加拿大的香港留学生与德国、英国留学生的跨文化适应比较研究发现，与德、英留学生相比，中国留学生存在较高的个性焦虑、更多的适应和交际困难以及较低的社会支持网络②。这些对本研究设计出描述学生跨文化适应总体框架有很大启示。

2. 侧重研究某一个或几个因素（如语言、学业压力、应对策略等）对其跨文化适应状况的影响。如黄锦言（Jinyan Huang 音译）探讨了语言能力对中国留学生心理与学业适应的影响。他的研究表明，中国留学生在美高校学习的最大挑战来自外语听力，他们对阅读和语法能力比较自信，但是在听说方面相对较弱。他们对自己的外语发音、词汇量以及写作技巧都不太有信心，而语言能力上的欠缺使得中国留学生普遍存在焦虑情绪和心理压力，不利于学生的学业表现③。尼奇（Nguyen，D. Q.）重点考察了中国留学生的心理健康、应对策略与其跨文化适应结果之间的关系。结果表明，与美国学生相比，在美的中国留学生更倾向于认为心理健康在于保持愉快积极的心态，避免负面情绪的侵扰，坚持锻炼以保持健康的身体，以及拥有朋友、家庭和社会的支持与指导，基于这种心态和认识，中国学生虽可能会因文化、语言、社会经济等问题在日常生活和学业上遇到困难，但是他们往往会倾向于采取健康积极的应对策略和风格来帮助自身更好地适应当地的生活，取得学业上的成功④。阎琨（kun Yan 音译）和柏林纳（Berliner，D. C.）主要侧重对在美中国留学生的学业压力进行了考察。通过访谈，研究发现旅美中国留学生在学业方面承受着很大的压

---

① Sun，W. & Chen，Guoming，"Dimensions of Difficulties Mainland Chinese Students Encounter in the United States"，*Intercultural Communication Studies*，Vol. 9，No. 1，1999，pp. 19 – 30.

② Chataway，C. J. & Berry，J. W.，"Acculturation Experiences，Appraisal，Coping，and Adaptation：A Comparison of Hong Kong，Chinese，French，and English Students in Canada"，*Canadian Journal of Behavioural Science*，Vol. 21，No. 3，1989，pp. 295 – 309.

③ Huang，J.，"English Abilities for Academic Listening：How Confident Are Chinese Students?"，*College Student Journal*，Vol. 40，No. 1，2006，pp. 218 – 226.

④ Nguyen，D. Q.，*Chinese Students' Views of Mental Health and Their Relation to Coping Strategies，Well-being，and Acculturation*，US：ProQuest Information & Learning，1996.

力。这主要是由于他们一方面对自身的学业有很高的要求和期望，但另一方面又难以做到与美国教授进行有效的互动交流，另外还有因交流技巧与外语能力的缺失以及中美教育体系的差异所带来的困惑[①]。王嘉志（Chia-Chih Wang 音译）和马林克罗特（Mallinckrodt，B.）对中国及中国台湾留学生心理适应状况的研究，研究发现学生的文化适应压力与其抑郁、孤独、失望等负面情绪正相关。心理焦虑程度较高的中国留学生通常会经历更多的社会文化适应困难[②]。魏美芬（Meifen Wei 音译）和赫伯（Heppner，P. P.）等人在其研究中也发现了类似的结论[③]。这些研究对跨文化适应带有被试性前设，本研究应注意其这种局限。

3. 侧重对中国留学生某一方面的适应状况（如学业适应、生活适应、心理适应等）的研究。如李（Li，Monica Z.）和斯特杜斯卡（Stodolska，M.）对旅美的中国留学生的娱乐休闲生活进行了重点研究，研究发现中国留学生普遍都认同娱乐休闲生活在海外生活中的重要性，也很享受放松的感觉。但是由于繁重的学习和工作（一般为兼职），以及自身社会交往圈的局限，他们实际的休闲方式和时间都大打折扣。大部分被调查到的学生都在访谈中显示出对自己目前的休闲生活不太满意，而且都非常怀念在中国的生活[④]。这再次给本研究的启示是：要看到学生适应的正能量性和能动性。

4. 对中国留学生跨文化适应影响因素及其相互之间关系的比较研究。如 Oudenhoven 等人对中国学生对留学生活的期望与在荷兰的中国留学生的实际经历进行了量化比较研究，对影响留学生跨文化适应的多种因素及其相互间的关系进行了统计分析。研究包括两大部分实证调查：一是有关

① Yan，K. & Berliner，D. C.，"Chinese international students' academic stressors in the United States"，*College Student Journal*，Vol. 43，No. 4，2009，pp. 939 – 960.

② Wang，C. & Mallinckrodt，B.，"Acculturation，Attachment，and Psychological Adjustment of Chinese/Taiwanese International Students"，*Journal of Counseling Psychology*，Vol. 53，No. 4，October 2006，pp. 422 – 433.

③ Wei，M.，Heppner，P. P.，Mallen，M. J.，Ku，Tsun-Yao，Liao，Hsin，K. Y. & Wu，Tsui-Feng.，"Acculturative Stress，Perfectionism，Years in the United States，and Depression among Chinese International Students"，*Journal of Counseling Psychology*，Vol. 54，No. 4，2007，pp. 385 – 394.

④ Li，M. Z. & Stodolska，M.，"Transnationalism，Leisure and Chinese Graduate Students in the United States"，*Leisure Sciences*，Vol. 28，No. 1，2006，pp. 39 – 55.

跨文化互动自我效能感、人格特征、跨文化交际能力以及朋友圈等变量因素与一组还未出国的中国学生（$n = 1\ 137$）期望中的适应结果（expected adaptation）之间关系的调查；二是探讨了同样的变量与已在荷兰居留多年的中国留学生（$n = 168$）的实际跨文化适应状况之间的关系。研究结果表明：其一，对英语的掌握程度，跨文化交际能力，情感的稳定性对学生的学业表现有显著影响。有趣的是，研究发现灵活性较小（less flexible）的中国学生不论在国内还是国外在学业表现上都相对较好；其二，中国学生对他们的海外留学生活的期望比较接近现实，这有利于他们在实际的海外生活和学习中表现更好；其三，与未出国的中国学生相比，跨文化交际能力对在外留学的中国学生的人际交往与朋友圈的影响更加明显。这一研究的另一个贡献在于对多元文化人格问卷（Multicultural Personality Questionnaire，MPQ）在亚洲学生样本中进行了跨文化有效性的检验，拓展了这一测量工具的适用范围①。这些研究为本研究定量部分的设计在方法和技术上有借鉴意义。

我国国内对中国留学生文化适应的研究主要是国别和个案研究，研究对象主要集中在旅美、日、澳等国家的中国留学生。其中比较具有代表性的学者和观点有：

陈向明在其《旅居者和"外国人"：留美中国学生跨文化人际交往研究》一书中从跨文化交际学的视角，采用质性研究方法，通过对9位中国留学生在美国最初8个月与美国人交往的经历和感受进行跟踪访谈调查，对学术界关于中国人际交往中的价值（如集体主义与个体主义）差异上的笼统论述进行了更深入的研究，对中美人际交往中的价值与文化差异进行了重新描述和分类，从"交往""人情""情感交流""交友""自尊""局外人"和"变化"七个重要的主题考察了在美中国留学生的社会交往与跨文化适应之间的关系，并在此基础上得出两个扎根理论：即文化对个体的"自我"和"人我"概念以及人际交往行为具有定向作用；跨文化人际交往具有对个体文化身份重新建构的功能。这两个理论可以统一

① Jan Pieter van Oudenhoven，Long，J. & Yan，Wenhua.，"Expectations and Real Life：Cross-cultural Adaptation of Chinese Students in China and the Netherlands"，In Chan-Hoong Leong & J. W. Berry（Eds.），*Intercultural Relations in Asia*：*Migration and Work Effectiveness.* World Scientific：Singapore，2010，pp. 215－238.

于一个主题之下，即文化对自我和人我关系的建构。中国留学生们在跨文化交流中的感受和行为方式都与他们对自我和人我关系的文化建构有关。事实上，他们在逐步把握新环境时所做的努力也就是一个重新构建其文化身份的过程。在这一重构过程中，他们习得了美国社会中人际交往的规范，找到了一些处理文化差异的策略，并且对自身的价值观和行为方式做了理性抉择①。该研究在质性设计和结合中国传统文化的分析，值得本研究借鉴。

阎琨与柏林纳（Berliner，D. C.）教授采用质性研究方法，通过对在美高校的中国留学生的访谈，从师生互动的维度解析了中国留学生在美国大学中的学业压力因素：包括语言功力不足、缺少对学业的自治和自主引领、言语表达的被动型和交流模式的非直接性四个方面。他认为中国学生的压力是中美两种文化模式和教育模式碰撞合力作用的结果。这为反思中国教育的问题提供了有效切入点。总的来说，该研究从英语语言教育和转变人才培养观念两个方面为中国教育提出了相应的建议。并指出中国学生应进行“深层结构性社会文化转化”，充分适应美国大学的学术文化，与美国教授形成良性互动，最终减缓跨文化所带来的压力②。

徐光兴博士主要从跨文化心理学的视角考察了在日本的中国留学生的心理健康和日常生活状况及其影响因素，在此基础上对中日两国文化的差异与关系展开讨论，并针对留学生的跨文化适应过程和心理健康的问题提出援助方法和改善途径。研究发现，与语言问题、修学问题、经济问题相比较，留学生在适应现状中更多面临着人际关系、文化价值观、心理方面的适应问题，其中中国留学生在日本生活中最大的心理烦恼是“孤独无聊”的问题，许多留学生在跨文化适应过程中因“现实的自我”和“理想的自我”产生矛盾，最终导致生活的不安感和不适应感。然而，在日留学生对心理咨询和援助有一种抵制感，他们在遇到问题时，通常倾向于独立解决或求助于与自己同一国家来的留学生。因此，适应援助中最首要的就是对留学生在异文化环境中的自我成长进行援助，同时留学生也应有

① 陈向明：《旅居者和“外国人”：留美中国学生跨文化人际交往研究》，教育科学出版社2004年版。

② 阎琨、Berliner. D. C.：《中国留学生在美国的师生互动压力：以美国某大学为例》，载《复旦教育论坛》2011年第9卷第1期，第77—82页。

意识地通过社会援助、心理咨询来促进自我的发展并改善适应状态。此外，徐光兴指出，培养留学生的意义不在于培养“亲日派”，而在于培养“日本通”，使他们通过学习日本文化，接触日本社会而深入理解日本国情，当精神的屏障和歧视得以消除时，人类之间新的友情便开始萌芽，中日人民才可在平等、互利、互助、互相尊重的基础上进行沟通、交流与合作①。

郑雪对于中国留学生跨文化适应相关问题的研究主要集中于选取在澳的中国留学生为调查样本进行考察。如郑雪与桑（Sang，D.）对 157 名在澳中国留学生进行问卷调查后发现，在对待主族文化和客族文化的态度上，在澳中国留学生的主族和客族文化认同指标均与心理适应指标有显著的正相关；在心理适应方面，整合者最好，其次为同化者和分离者，最差为边缘者。回归分析后发现，年龄是中国留学生社会文化适应的有效预测因素，主客族认同指标是心理适应的有效预测因素②。此外，郑雪在与贝瑞（Berry，J.）的合作研究中对在澳中国留学生健康水平及其与健康信念和健康行为的关系进行了探讨。研究通过纵向和横向比较相结合的方法，对在澳中国留学生问卷调查分析，揭示了中国留学生健康水平随旅居时间而变化的 U 型曲线关系，即在旅居国外的最初半年内，中国留学生的健康水平呈下降趋势（“危机期”）；在其后的半年到一年时间内，健康水平逐渐恢复，与出国前的健康水平大致接平（“回复期”）；在旅居国外 2 年到 5 年内，留学生基本适应了当地的社会文化，健康水平无明显的变化（“平稳适应期”）。研究同时指出健康信念和健康行为是影响留学生健康水平的重要因素。该研究成果对于留学生派出国和制定有关政策，加强留学生出国前培训和留学期间医疗保健的咨询和服务，帮助留学生尽快适应旅居生活，增进健康有一定的指导意义③。

2004 年郑雪再次对在澳中国留学生进行了一次问卷调查，重点考察了中国留学生的文化认同、社会取向和主观幸福感以及三者之间的关系。研究表明：（1）居澳时间与主族文化认同有显著正相关，与客族文化认

---

① 徐光兴：《跨文化适应的留学生活——中国留学生的心理健康与援助》，上海辞书出版社 2000 年版，第 184—188 页。

② 郑雪、Sang，D.：《文化融入与中国留学生的适应》，载《应用心理学》2003 年第 9 卷第 1 期，第 9—13 页。

③ 郑雪、Berry，J.：《中国留学生健康水平及其与健康信念和健康行为的关系》，载《中国社会医学》1993 年第 5 期，第 11—14 页。

同有显著负相关；（2）居澳时间与中国留学生集体主义取向指标有显著负相关，而与个体主义指标没有显著相关；（3）主族认同、客族认同与积极情感均有显著正相关，其中对主族文化的认同与积极情感和生活满意度产生直接的正效应；（4）个体取向与消极情感负相关，与生活满意度正相关，而集体取向与生活满意度负相关；（5）居澳时间与积极情感、消极情感和生活满意度均存在显著正相关。路径分析表明，居澳时间还通过对主客族文化的认同，间接作用于积极情感和消极情感，还可通过主客族文化认同和集体主义取向，间接作用于生活满意度①。

值得重视的是，除上述实证研究外，还有一些关于文化适应方法论的研究，如田美的《批判实质主义：中国留学生跨文化经历的方法论研究》，她认为批判实质主义是研究中国留学生跨文化经历的方法论依据，留学生的跨文化经历具有复杂性，因此采用语音日记法为主，包括后续采访、参与者观察、网络交谈、电子信件联系以及网络日志等多种数据搜集方法研究中国留学生的跨文化经历，可以敏感捕捉个体的差异性、过程的动态性，个人与环境互动关系的把握会更加准确，从而正确反映中国留学生的学习经历，为高等教育国际化政策的制定提供依据②。这对笔者在本研究中采用的研究方法有着重要的启示。

总之，从中外合作办学项目留学生研究来看，上述研究成果虽然已有不少对中外留学生跨文化适应问题的研究存在，且对中国留学生的相关研究多集中于在北美、欧洲和澳洲等地区的中国留学生的跨文化适应问题与状况分析。但仅有少量研究在对留学生跨文化适应问题进行考察时选取了中外合作办学项目留学生作为调查对象，以中外合作办学项目背景下出国的中国学生为研究主体的相关实证研究更是少见。高校中外合作办学是国家教育体系内的、有组织的、具有强烈跨文化性的一种有效办学模式，在这种合作办学项目下出国的中国学生往往具有自己的特点和优劣势，依据这些基本特征深入、系统地考察中外合作办学项目出国学生的跨文化适应状况与适应特点，能够为他们出国前的语言培训、学业和心理准备提供更

① 郑雪、王磊：《中国留学生的文化认同、社会取向与主观幸福感》，载《心理发展与教育》2005 年第 1 期，第 48—54 页。

② 田美：《批判实质主义：中国留学生跨文化经历的方法论研究》，载《教育理论与实践》2011 年第 1 期，第 15—17 页。

好的帮助，为高校进一步建设和完善跨文化适应教育提供有效的信息与支持，同时也能够为中国留学生群体的跨文化适应研究提供更丰富全面的实证资料与参考。

三　跨国高等教育与中外合作办学相关研究

该部分是本研究的背景文献综述，有助于本研究有一个系统的信息基础，并为本研究在实践对策上的建议提供参考。

跨国高等教育是教育国际化的重要内容与主要表现形式之一，高等院校作为国家培养现代化建设所需高层次人才的核心机构与重要平台，自20世纪80年代以来，逐渐进入国际教育合作活动及其研究的主题，得到越来越多学者、专家以及国际组织的关注。很多重要的国际机构和组织以及相关国家都陆续发表了一些关于跨国高等教育的办学规范、行为准则和质量保障的声明和共识。如欧盟和联合国教科文组织颁布的跨国教育办学行为准则，联合国教科文组织和经济合作与发展组织提出的"跨境高等教育质量提供的指导原则"，国际大学联合会等机构代表世界各国高等教育机构提出的对跨国高等教育质量的共识声明等①，这一系列相关条例与协议的达成，既直接促进了国际教育交流与合作，同时也在学术界引起了对于跨国高等教育研究的不小关注。

众多国际知名学者如阿尔特巴赫（Altbach，P. G.）②、奈特（Knight，J.）③、亚当（Adam，S.）④、麦克伯（Mcburnie，G.）和里格罗斯（Ziguras，C.）⑤ 等人都曾多次撰文对跨国高等教育的概念、模式、特征、现状与问题、发展趋势及其对各国高等教育和跨国高等教育发展的影响进行深入研究。阿尔特巴赫在其"Chinese Higher Education in an Open-door Era"一文中对开放时代的中国高等教育进行了专题论述，对中外高校合

① 林金辉、刘志平：《高等教育中外合作办学研究》，广东高等教育出版社2010年版，第4页。

② Altbach，P. G.，"Perspective on Internationalizing Higher Education"，*International Higher Education*，No. 27，Spring 2002，pp. 6－8.

③ Jane Knight，J.，"New Typologies for Cross-border Higher Education"，*International Higher Education*，No. 38，Winter 2005，pp. 3－4.

④ Adam，S.，*Transnational Education Project*，*Report and Recommendations*，London：University of Westminster，2001.

⑤ Grant Mcburnie & Christopher Ziguras，*Transnational Eduction*：*Issues and Trends in Offshore Higher Education*，London：Routledge，Taylor & Francis Group，2007.

作办学的发展动机、特点及潜在的问题提出了深刻见解，他认为西方发达国家出口教育的主要动机还是商业目的，中国必须仔细考虑外国学术机构与项目的流入，保障国家公共利益的需要。并提出“中国应组织本国学者以及一些比较客观的外国专家来建立一套运作制度，用以评估期望与中国高校开展教育合作的外国高等教育机构，了解这些机构在主办国的地位”的建议①。这给本研究的启发是，留学生适应中，文化问题是与政治经济问题复杂地交织在一起的。

此外，黄福涛（Futao Huang）在研究中指出，近年来中国跨国高等教育发展的重点在于大学课程的国际化以及中外合作办学项目的引进。将国际化内容和层面整合入教学、研究，以及快速发展的合作办学项目当中是中国大学提高自身质量和竞争实力，向世界一流大学发展的必要之举②。这些研究成果为我国研究跨国高等教育提供了理论基础与实证资料，同时，也为高等院校中外合作办学跨文化适应问题的理论与实践研究提供了有益的参考。

国内目前关于中外合作办学的研究主要集中在以下几个方面：

1. 高校中外合作办学的发展背景、动因和意义。此类研究主要从经济全球化、教育国际化、WTO 对中国教育的影响等方面探讨高校中外合作办学的发展背景、办学动机及意义。比较有代表性的有：邬志辉在其《教育全球化：中国的视点与问题》一书中以中国的视点与问题为基本立场，探讨了“教育全球化”对于中国教育市场、教育结构与办学体制的挑战，提出中国教育国际化必须处理好教育公平、公民身份认同以及国家教育主权等方面的问题③。邬大光、林莉在其著作《危机与转机：WTO 视野中的中国高等教育》中详细介绍了 WTO 体制下教育服务贸易的法律与实践，对我国入世以后必须面对的教育市场、教育服务、教育主权等问题做了较为深入的研究④。

---

① Altbach, Philip G., “Chinese Education in an Open-door Era”, *International Higher Education*, No. 45, Fall 2006, pp. 15 – 17.

② Huang F., “Transnational Higher Education: A Perspective from China”, *Higher Education Research and Development*, Vol. 22, No. 2, 2003, pp. 193 – 203.

③ 邬志辉：《教育全球化：中国的视点与问题》，华东师范大学出版社 2004 年版。

④ 邬大光、林莉：《危机与转机：WTO 视野中的中国高等教育》，厦门大学出版社 2004 年版。

2. 高校中外合作办学的教育主权、办学模式、运行与监管机制。这方面比较有代表性的学者和观点有：潘懋元先生在《教育主权与教育产权关系辨析》一文中谈到，教育主权是国家主权的重要组成部分，在中外合作办学中维护国家教育主权是一个严肃而艰巨的任务。只有从理论上分清了教育主权和教育产权，我们才能更好地运用像 WTO 这些世界组织的规则、规范和运作方式，以此制定本国相应的法规和制度，在合作办学中既维护国家教育主权，又明确教育产权，这样才会有利于合作办学的发展[①]。王剑波在《跨国高等教育与中外合作办学》一书中构建出有利于完善投资体制、管理体制和办学体制的新型办学模式：中外教育股份合作制模式，旨在以坚实的经济基础切实保证办学质量和效益[②]。赵彦志编著的《中外合作办学：治理与发展》是根据 2009 年“中外合作办学理论与实践研讨会”的与会者论文编纂而成，内容包括中外合作办学的风险管理、监管评估、教学模式、品牌建设、学生管理和校园文化等多个方面有研究价值的问题，具有借鉴意义[③]。龚思怡在《高校中外合作办学模式与运行机制的研究》一书中以上海地区为例系统分析了高校中外合作办学模式和运行机制，提出合作办学伙伴和合作模式的选择必须与院校实际情况与国家发展对专业知识的需求相一致，只有当双方院校目的较为一致的情况下合作项目才可能取得较好的效果[④]。

3. 高校中外合作办学的发展现状、问题及对策研究。覃美琼[⑤]、程斌[⑥]、张国强[⑦]、李盛兵[⑧]等学者撰文对我国中外合作办学的发展脉络进行了梳理，对合作办学的发展现状及问题进行了分析和总结，并提出了相应

① 潘懋元：《教育主权与教育产权关系辨析》，载《中国高等教育》2003 年第 6 期，第 14—16 页。

② 王剑波：《跨国高等教育与中外合作办学》，山东教育出版社 2005 年版。

③ 赵彦志编著：《中外合作办学：治理与发展》，东北财经大学出版社 2010 年版。

④ 龚思怡：《高校中外合作办学模式与运行机制的研究》，上海大学出版社 2007 年版。

⑤ 覃美琼：《中外合作办学现状分析与对策建议》，载《高等教育研究》2006 年第 5 期，第 34—39 页。

⑥ 程斌、程宜康：《2000 年以来我国中外合作办学研究综述》，载《学术论坛》2007 年第 2 期，第 196—199 页。

⑦ 张国强：《高等教育中外合作办学的历史与反思》，载《高教发展与评估》2006 年第 1 期，第 36—38 页。

⑧ 李盛兵、王志强：《中外合作办学 30 年：基于 11 省市中外合作办学分析》，载《华南师范大学学报》（社会科学版）2009 年第 2 期，第 96—99 页。

的对策与建议。他们认为，随着国家相关重要政策法规的颁布，中外合作办学工作已逐渐规范化，从早期的萌芽、探索阶段进入了发展与成熟阶段，整体上取得了良好的进展。但仍然存在多方问题，如我国传统文化与国际规范的平衡、市场化与教育特殊性的协调、办学整体水平不高学科重复等，我们应时刻保持理性，加强历史反思，争取创新发展。

4. 高校中外合作办学的区域或个案研究。这类研究主要包括对北京、江苏、福建、湖南、深圳等国内多个省市中外合作办学的实践状况与发展对策研究，以及对一些成功的中外合作办学项目的个案研究，如肖地生的《一个独特的中外合作办学模式：南京大学约翰逊—霍普金斯大学中美文化研究中心》，叶光煌的《中外合作办学的实践与若干问题的思考：以集美大学与美国库克大学合作项目为例》等。

5. 高校中外合作办学引进优质教育资源的研究。林金辉、刘志平在《高等教育中外合作办学研究》一书中将高等教育中外合作办学引进优质教育资源作为一个全过程进行了系统的考察，通过案例分析与国际比较研究，初步构建了以优质教育资源的引进与利用问题作为研究主线的高等教育中外合作办学理论框架，为促进高等教育中外合作办学优质教育资源合理引进与有效利用机制的形成提供了理论支持和实践指导①。此外，林金辉教授在其相关研究中总结出的中外合作办学最基本的两条规律，即中外合作办学必须适应和服务于国家改革和发展的大局以及学生的发展和成长，对于进一步深入研究中外合作办学各个方面的问题具有很好的指导意义②。

从目前已有研究成果来看，关于高校中外合作办学这一主题的研究内容非常广泛，涉及政策法规、办学模式、教学与课程管理、质量监管与评估等各个方面，为本研究提供了大量的信息与参考文献。实际上，上述很多学者在对中外合作办学的研究与实践工作当中已经意识到了培养学生跨文化适应能力与“文化自觉”意识的重要性与紧迫性，以及目前大多数高校对学生跨文化适应与交际能力培养的缺失。但总体而言，对高校中外合作办学跨文化适应问题的研究还不多，比较零散，主要为一些期刊文

---

① 林金辉、刘志平：《高等教育中外合作办学研究》，广东高等教育出版社2010年版。

② 林金辉：《中外合作办学基本规律及其运用》，载《江苏高教》2012年第1期，第47—49页。

章，内容侧重于对跨文化意识与能力培养的重要性与实践策略的宏观描述与建议，或是对某具体合作项目中语言教学、学科课程设置的相关跨文化因素的调查分析。以中外合作办学学生为研究主体的心理适应与社会文化适应方面的实证性研究还比较少见。因此，本书旨在丰富这一领域的研究内容，拟对目前高校中外合作办学学生在学业、日常生活、心理、社会交往等各个方面的不适应状况及影响因素进行调查分析，侧重了解中外合作办学模式对学生留学期间的心理与社会文化适应方面的影响，帮助建构高校中外合作办学跨文化适应教育与培训体系及实践途径，为促进高校中外合作办学跨文化适应教育体系的形成提供理论支持和文献参考。

第四节　研究方法

根据本书的研究目的和内容，笔者采用质性研究和量化研究相结合的方式进行。首先通过问卷调查从整体上了解和把握中外合作办学项目学生的心理适应和社会文化适应状况与适应特点，然后基于量化分析结果制定访谈提纲，通过开放式访谈从微观层面上对项目留学生的主要跨文化适应问题及其影响因素进行更深入、细致的描述与分析。最后在此基础上，建构出高校中外合作办学项目学生跨文化适应的理论框架，并提出具体的实践对策建议。总的来说，本研究要调查的内容包括以下几个方面：

1. 对现有的中外合作办学项目学生跨文化适应问题的相关研究进行回顾与综述，并对跨文化适应的基本概念和相关理论进行梳理和分析。

2. 从日常生活、学业表现、人际交往、心理适应以及涵化态度和所获得的社会支持等方面来考察项目学生的跨文化适应状况及适应特点。尤其是对其学业表现、中国传统文化影响等方面进行深度描述和阐释。

3. 对国内中外合作办学单位有关实践的考察。主要从学生的角度了解他们在参与中外合作办学项目的过程中得到了哪些有利于提高或培养他们自身跨文化交际与适应能力的支持和帮助，他们对国内阶段的课程与跨文化培训的满意度如何。他们在跨文化适应方面对学校还有哪些诉求，如对跨文化培训内容的安排和对培训方式的偏好。

4. 考察现有的跨文化适应理论框架对于解释中外合作办学项目学生跨文化适应的适用程度以及可能存在的不足，并尝试建构专门分析中外合作办学项目学生跨文化适应的理论框架。

5. 在上述研究基础上，探索如何进一步提高中外合作办学项目学生跨文化适应与反思能力的实践对策。

上节中第一部分的调查内容主要通过对大量相关文献的查阅和研究完成。这是本研究展开的必要环节与先决条件。本研究采用文献法主要有两个目的：一是为形成本研究的核心问题聚焦及理论框架建立基础，相关内容主要在文献综述及理论视角部分系统呈现；二是为本研究提供相关的历史背景，对中外合作办学的发展历程及现状进行回顾，为后文实践建议的提出提供更充分的参考论据。其中所用到的文献资料主要包括政府文件、法规条例等一手资料以及期刊、著作等来源于学术界的二手资料。

第二、三、四部分主要通过对中外合作办学学生（计划出国、在外留学及已回国学生）的问卷调查、深入访谈与观察完成。第五部分主要通过对项目相关负责人、任课老师、其他管理人员以及相关领域的专家的访谈以及前几部分的调查结果来完成。另外，笔者还通过参加学校举办的留学经验交流会及部分外教课程等活动来收集数据，进一步补充和丰富所需的一手资料。下面分别说明本研究采用的主要研究方法。

1. 问卷法：中外合作办学项目学生是一个很大的群体，因此要从宏观上了解中外合作办学项目学生在海外留学期间的整体跨文化状况及其影响因素之间的关系，采用问卷调查法及量化分析是比较适宜的选择。具体来讲，本研究主要采用了目的性抽样和滚雪球式抽样的方法，选取对研究内容的相关信息掌握较多且丰富的个体为问卷样本。本次问卷调查总共涉及被试者 412 名，其中包括计划出国的项目学生与已出国的项目学生群体，问卷主体内容主要包括人口统计学因素、留学动机与期望、心理适应、社会文化适应、涵化态度、社会支持及国内阶段教学满意度共七个部分，具体的问卷样本选择与问卷设计在第三章第一部分有更详细的说明。

2. 访谈法：要深度地认识跨文化适应，需要质性访谈，尤其是叙事性的访谈。访谈法的应用贯穿本研究的整个过程：在问卷设计的初步阶段，笔者与部分预试学生进行了座谈和小组讨论，同时参考了部分任课老师和项目负责人的看法和意见，并在此基础上确定了最终的问卷内容；在对问卷结果进行初步分析的基础上，笔者进一步确定了访谈要了解的主要内容与侧重点，采用半开放式和非正式访谈，以及讨论小组的形式进行。力求从项目学生本人的角度描述他们的留学经历，解释造成其跨文化适应困难的原因以及帮助他们适应的有效应对策略。同时，笔者还采访了 3 位学生家长，了解他们对自己儿女的要求、期望和担心，并从他们的角度看待学生在留学过程中存在的主要问题和原因所在。在访谈中，笔者尽可能详细地记录了访谈时的情境信息，如访谈地点、访谈对象当时的心情、访谈过程中较为典型的肢体语言等，并采取事后反思笔录和适时速记笔记的方式，来收集较为真实的交际实录材料。另外，笔者对于项目相关负责人、任课老师以及其他相关管理人员的访谈主要着眼于了解：项目学生的整体状况、国内阶段学校提供给学生的跨文化能力培训的形式、效果、问题与可能的改进方式等。此外，笔者还咨询了4位高等教育领域和跨文化研究领域的中外专家，请他们对高校中外合作办学跨文化适应教育与培训体系的建立与发展提出建设性的意见和建议。

就访谈对象而言，笔者主要通过项目学生在问卷上自愿留下的联系方式[①]，任课老师、项目相关负责人以及其他熟人的推荐。就具体的访谈方式而言，笔者采用了面对面访谈、小组讨论、视频聊天、电话访谈、邮件沟通（笔谈）等多种访谈方式，这一方面是因为部分调查对象正在海外留学，无法实现面对面的访谈，另一方面，运用网上即时聊天工具（如QQ、MSN、微信）更有助于与访谈对象进行多次、持续的有效沟通，从而动态地了解他们的适应状况和心理变化，并与其建立良好、真诚的关系，从而提高访谈内容的可信度与丰富度。更详细的访谈设计与实施步骤参见第四章第一部分的相关介绍。

3. 观察法：观察法在本研究中是对上述研究方法的有力补充和支持。研究者通过参加学校举办的项目学生留学经验交流会和部分外教课程来收集一手资料，尽可能地丰富和补充研究所需的信息和材料，并注意与接触中的目标项目学生、老师和工作人员建立良好的关系，为进一步深入研究提供条件。

需要说明的是，就数据与资料的处理步骤与研究过程而言，对于问卷调查结果，本研究主要采用了量化分析法，运用SPSS软件与Excel对其进行量化统计与数据分析，分析结果主要以图表及文字阐述的方式呈现；对于访谈结果及其他文本资料，本研究主要采用质性分析法，对其进行了整理、编码、归纳与分析，并以详细的文字描述呈现研究发现的受访者眼

① 注：研究者在调查问卷第一部分的最后一题提出希望愿意接受访谈的同学留下自己的联系方式，以便研究者进行进一步的访谈和调查。

中的“真实”及研究者本人的一些思考与解释。

此外，由于本书研究的是高校中外合作办学项目学生在海外留学期间的跨文化适应问题，这些项目留学生在东道国的学习和生活中经历了两种不同文化传统下的价值观、思维方式与行为习惯的差异，这就要求我们要用一种跨文化的视角与方法来观察他们在东道国文化中的心理动态与行为模式。因此，本研究选择从中西两种文化的对比中来考察和反思旅居异国的项目留学生的跨文化适应过程及适应结果。

第 二 章

跨文化适应相关理论

好的理论是研究的基础，因为它能成为研究设计与实施的思维工具。本书从跨文化心理学和跨文化交际学等多学科的研究视角，对高校中外合作办学项目学生的海外跨文化适应问题进行全面、深入的探讨。这一章，我们将结合研究需要，对跨文化适应的相关理论与概念框架进行系统的梳理和分析，为后面的研究奠定坚实的理论基础。在本章，我们先对跨文化研究中的核心概念：文化、涵化与跨文化适应进行了回顾与梳理。在此基础上，对贝瑞等人的涵化双维度模型、涵化理论框架以及进行跨文化研究的三种理论方法进行了重点探讨，并对沃德等人对跨文化适应结果的划分及其影响因素进行了深入分析。

第一节　跨文化适应核心概念

一　文化

作为学术概念的“文化”是在现代人类学中建构的。在此基础上，人类学家、社会学家、心理学家等都纷纷从各自的学科领域出发对文化做出了不同的界定和理解。英国文化人类学家泰勒（Tylor，E. B.）于 1871 年在其《原始文化》一书中提出的文化的定义是人类学的经典文化概念。他认为：“文化是一种复合体，它包括知识、信仰、艺术、道德、法律、风俗，以及其他所有作为社会成员的人所获得的能力和习惯。”① 后来美国一些社会学家、文化人类学家如奥格本（Ogburn，W. F.）等人对泰勒

---

① Tylor，E. B.，*The Origins of Culture*，New York：Haper and Row Publishers，1958，p. 1.

的定义作了进一步的修正，补充了实物这一文化现象[①]，使得文化概念的内涵更加丰富。此外，人类学家克拉克洪（Kluckhohn，C. K.）对文化的定义也具有很大的影响，他认为："所谓文化指的是历史上创造的所有的生活方式，包括显性的和隐性的，包括合理的、不合理的以及谈不上是合理的或不合理的一切，他们在某一时期作为人们行为的潜在指南而存在。"[②] 克拉克洪定义的主要贡献在于强调了文化的历史继承性、文化显隐型之分，以及文化是人们行为的指南三个重要观点。我国著名学者费孝通先生也非常重视对文化历史性和社会性的思考，他认为，"从'个人和群体'的角度理解文化，'文化'就是在'社会'这种群体形式下，把历史上众多个体的、有限的生命的经验积累起来，变成一种社会共有的精神、思想、知识财富，又以各种方式保存在今天一个个活着的个体的生活、思想、态度、行为中，成为一种超越个体的东西"[③]，"文化在学习、继承中不断有修正和创新，但只有在继承中才可能有创新。"[④] 因此，文化可以说是出于一个个人生死的"差序格局"[⑤]。

在人类学文化概念基础上，重视文化的心理学家在人类学文化概念的基础上进一步关注了其中的价值观、思维模式等隐性文化部分。荷兰著名跨文化心理学家霍夫斯泰德（Hofstede，G.）提出的著名的"洋葱皮文化论"（或称多层文化论）对我们进一步认识文化的复杂性具有重要的意义。该理论将文化从外到内，从浅层到深层依次分为象征物（symbols，如服饰、语言、建筑物）—民族性格（heroes，一种文化中人们所崇拜的英雄的性格代表了该文化中大部分人的性格）—礼仪（rituals，每种文化里对待人和自然的独特表示方式）—价值观（values），其中价值观是文化中最核心及最难理解的部分[⑥]。有研究者认为显性文化，即我们能感受到的文化，如艺术、服饰、食物、建筑等只是文化可见的一小部分，就好

① 转引自司马云杰《文化社会学》，中国社会科学出版社 2001 年版，第 7 页。

② 覃光广等编：《文化学词典》，中央民族学院出版社 1988 年版。

③ 费孝通：《试探扩展社会学的传统界限》，载《文化与文化自觉》，群言出版社 2010 年版，第 415—416 页。

④ 同上书，第 416 页。

⑤ 费孝通：《对文化的历史性和社会性的思考》，载《文化与文化自觉》，群言出版社 2010 年版，第 434 页。

⑥ Hofstede，G.，*Culture's Consequences*，Sage Publications，2001，pp. 9 – 10.

像浮于水面之上的冰山一角，而在水面以下还存在着更大更广泛的部分，包括时空观念、交际模式、成就感、控制情感的模式、价值观、世界观等等很多方面，这部分才是“冰山”的根基所在①。如果来自不同文化背景的人不明白隐藏在水下的看不见的部分，那么就很容易在之后的互动交往中产生误解甚至冲突。而文化中这些看不见摸不着的因素正是跨文化交往中最为核心也最为困难之处，费孝通先生将这类文化因素称之为“不言而喻，只能意会”的文化部分，它们弥散在日常生活中的各个角落，是特定文化中最基本、最一致、最深刻、最核心的部分，它们在人们生活的每个细节里发生作用，制约着每个人每时每刻的生活，成为一种活生生的、强大的文化力量②。

基于这些深层且复杂的文化因素的影响，人们在行动时通常不会意识到自己受到自身所属文化的左右和指导，如同人呼吸氧气、鱼活在水中一样，我们对于自身文化的许多方面都已经习以为常，疏于觉察了。尤其是像民族文化中最为稳定的深层心理结构，如中华传统文化中重视伦理，追求社会和谐，秉持“天人合一”观，提倡“和而不同”等以儒学为主导因素的具有哲学特性的思想，这些思想都是在中华文明上下五千年的悠久历史岁月中慢慢沉淀积累而成，且经过千百年的洗礼和反思，直至今天仍焕发着勃勃的生机，是我们民族精神力量的根本所在。这些根植于心灵深处的文化因素总是以最深刻最微妙的方式指导和影响着人们的行为和思想。

可以说，一个国家的学生带着满箱的行李和满载的期望踏出国门时，他们同时也带上了自己的“文化行囊”，行囊中包含着他们长久以来形成并尊崇的价值观念、意识形态，以及自己熟悉但不自觉的思维方式和行为模式，这是他们能与新的社会文化环境展开积极互动的前提条件和思想后盾。加拿大的跨文化心理学家贝瑞在其研究中发现，文化群体及其个体成员对自身母文化越是了解，对维护和保持自身传统文化越是自信，他们在与其他文化群体及其个体成员的接触和互动中就更倾向于积极和主动，从

① Amorim, L., *Intercultural Learning: A Few Awareness Tips for US and European Fellows & Host Community Foundation*, Washing D. C.: European Foundation Centre, 2001.

② 费孝通：《试探扩展社会学的传统界限》，载《文化与文化自觉》，群言出版社2010年版，第417—419页。

而也就更容易获得较好的跨文化适应结果①。因此“文化行囊”的存在对于留学生的跨文化经历具有重要的意义。同时，通过与属于其他文化的人们的日常交往和学术交流，感受到他们与我们截然不同的价值观念、人际关系、日常交往、行为方式，我们才最有可能意识到自身原有文化的独特性，才会对往日里习而不察的自身文化特质和文化行为进行深刻的反思，从而加深和丰富对中华民族文化的理解，最终获得对自己文化的高度自觉②。

二　涵化

早期的文化适应研究是由人类学家和社会学家组织进行的，主要关注的是文化交往中群体层面上的变化，如文化群体在经济地位、社会结构和政治组织等方面的变化；不同文化群体的生活方式以及价值观的变化。美国人类学家罗伯特·雷德菲尔德（Redfield，R.）、拉尔夫·林顿（Linton，R.）和梅尔维尔·赫斯科维茨（Herskovits，M.）等人在1936年发表的《文化适应研究备忘录》中最早给出了对涵化（acculturation）概念的界定，他们认为涵化是指“两种或两种以上的文化群体及其个体成员在持续直接的接触中，一方或双方原有文化模式发生变迁的现象”③。1954年社会科学研究理事会（Social Science Research Council）在其对涵化的一项探索性研究中也提到，涵化是两种或两种以上自治独立的文化体系互相结合所导致的文化变迁。它是一个动态的过程，包括对价值体系的选择性接受，整合与差异化的过程等④。可以看出，这些定义都强调了涵化的双向性，即文化适应对移民和东道国人员双方都会产生影响。不过从长远来看，移民群体相对来说会经历更大的文化变迁。后者（SSRC的论述）更是开始将心理维度纳入涵化的理论框架当中，强调文化互动中文

① ［加］约翰·W·贝瑞：《跨文化关系中的基本心理过程》，载［美］丹·兰迪斯、珍妮特·M·贝内特、米尔顿·J·贝内特主编《跨文化培训指南》，关世杰等译，北京大学出版社2009年版，第255—257页。

② 费孝通：《反思、对话、文化自觉》，载《文化与文化自觉》，群言出版社2010年版，第195页。

③ Redfield, R., Linton, R. & Herskovits, M. J., “Memorandum on the Study of Acculturation”, *American Anthropologist*, 1936 (38), 149－152.

④ Social Science Research Council Summer Seminar on Acculturation, “Acculturation: Exploratory formulation”, *American Anthropologist*, Vol. 56, No. 6, 1954, pp. 973－1002.

化取向的转变具有选择性，即参与互动的人们可以决定他们愿意放弃原有文化中的哪些方面或是愿意接受新文化中的哪些方面。这使得涵化的内涵更加丰富，因此具有重要意义。

20世纪中后期开始，世界各地跨文化交流日益增多，在此背景下，跨文化心理学领域有关涵化的研究也随之增多，涵化概念借此得到了进一步的丰富和完善。例如，著名跨文化心理学家贝瑞（Berry，J.）在对涵化下的定义中进一步强调了涵化具有群体层面（文化涵化）与个体层面（心理涵化）两个维度①。跨文化交际学专家金荣渊（Kim，Y. Y.）认为，交际是涵化过程的中心，因此“涵化是在对东道国社会的一系列重要符号的认同和内化的过程中发生的”②。涵化过程是一个互动和持续性的过程，是在移民与新的社会文化环境的互动、交流中逐步发展和演变的。交际能力的好坏反过来也能够反应出移民的涵化程度③。总之，心理学家的涵化研究逐步将文化适应研究拓展到个体层面，包括个体在社会文化/民族认同、价值观、态度和行为方面的变化。约翰森（Johnson，L. R.）和桑杜（Sandhu，D. S.）在其研究中将涵化定义为“个体在与第二文化的持续接触中导致的价值观和行为的变化”④。格瑞夫（Graves，T. D.）则创造了“心理涵化”这一术语来强调个体层面的文化变迁现象。他指出，涵化现象不仅涉及生态、文化、社会体制等群体层面的变化，同时也发生在个体层面，参与到文化接触场境中的个体因既直接受到外部文化的影响，又经历到自己所属文化的变迁，其自身原有的态度、行为、生活方式、价值观以及身份认同等方面都可能会发生一系列变化⑤。贝瑞等人在此基础上进一步将“心理涵化”定义为：“个体由于与不同文化群体进

---

① Berry，J. W.，“Acculutration：Living successfully in two cultures”，*International Journal of Intercultural Relations*，Vol. 29，No. 6，2005，pp. 698.

② Kim，Y. Y.，“Communication and acculturation”. In L. A. Samovar & R. E. Porter（Eds.），*Intercultural Communication：A Reader*（4th ed.）. Belmont，CA：Wadsworth，1982，p. 378.

③ Kim，Y. Y.，ibid，p. 380.

④ Johnson，L. R. & Sandhu，D. S.，“Isolation，Adjustment，and Acculturation Issues of International Students：Intervention Strategies for Counselors”，In H. D. Singaravelu & M. Pope（Eds.），*A Handbook for Counseling International Students in the United States*，Alexandria，VA：American Counseling Association，2007，p. 13.

⑤ Graves，T. D.，“Psychological Acculturation in a Tri-ethnic Community”，*Southwestern Journal of Anthropology*，Vol. 23，1967，pp. 337 - 350.

行接触，或参与自身所属文化群体的涵化过程而导致自身发生的一系列变化。”①

基于此，在本研究中，高校中外合作办学项目学生的心理涵化可以具体表述为：项目学生在与东道国主流文化及其他文化群体的接触与互动过程中，自身在价值观、思维方式、行为规范、生活方式以及文化身份认同等方面发生的一系列变化。本研究将主要从心理涵化视角对高校中外合作办学项目学生在东道国生活和学习的过程中在自身心理、行为与文化认同等方面可能发生的一系列变化进行深入探讨。

需要说明的是，acculturation 这一术语在人类学和民族学等学科中多译为“涵化”，但新近也有部分研究者，尤其是在心理学领域也将其译为“文化适应”②，为了避免概念混淆，本书统一将其表述为“涵化”，主要侧重指跨文化适应的过程。而下节中谈到的 cross-cultural adaptation 译为“跨文化适应”，则主要是强调跨文化适应的结果。

三　跨文化适应

跨文化适应（cross-cultural adaptation）主要是指个体或群体在回应外部需求过程中，即在重新安排和适应在新社会文化环境下的生活的过程（即涵化过程）中，最终形成的较为稳定的变化结果。这种适应结果可能会也可能不会改善个体与他们环境间的“相适”关系。因此，适应并不意味着个体一定会变得更倾向于他们所在的环境，他们也有可能会抵制或试图改变环境。因此，长期涵化的跨文化适应结果具有多样性：从良好到差劲的适应，从个体成功管理好新生活的情况到个体无法在新的社会文化环境下生活下去的情况③。沃德及其同事在研究中将跨文化适应结果分为心理适应和社会文化适应两个维度④。他们认为，心理适应主要指个体的

---

① Berry, J. W., "Psychology of Acculturation", In J. Berman (eds.), *Cross-cultural Perspectives: Nebraska Symposium on Motivation*, Linconln: University of Nebraska Press, 1990, p. 460.

② 余伟：《中山市青年农民工的生活状况、文化适应及心理健康的调查研究》，中国科学院硕士学位论文，2006 年。

③ Berry, J. W., Poortinga, Y. H., Segall, M. H. & Dasen, P. R., *Cross-Cultural Psychology: Research and Applications* (2nd ed.), UK: Cambridge University Press, 2002, pp. 369 – 370.

④ Searle, W. & Ward, C., "The Prediction of Psychological and Sociocultural Adjustment during Cross-cultural Transitions", *International Journal of Intercultural Relations*, Vol. 14, 1990, pp. 449 – 464.

身心健康，社会文化适应主要指涵化个体在新文化场境中有效管理日常生活的程度。良好的心理适应可由个性变量、生活变迁事件和社会支持预测；而良好的社会文化适应可由文化知识、社会文化接触程度和正面的文化互动态度预测①。目前研究多依据这种划分方式对涵化个体的跨文化适应结果进行分析研究。总的来说，跨文化心理学家贝瑞提出的涵化总体框架图（见图2—1），系统而简明地展示了涵化与跨文化适应（结果）之间的关系，对本研究有很大启示。从图2—1中可以看出，贝瑞认为对涵化的认识应包括文化/群体和心理/个体两个层面。涵化中的个体会通过一系列的不同程度的行为变换和各种涵化压力应对策略来逐渐达到某种较为稳定的心理适应与社会文化适应结果。本书将主要依据该理论框架对中外合作办学项目学生在海外期间的跨文化适应状况、问题及其影响因素及涵化压力源进行深入探讨。

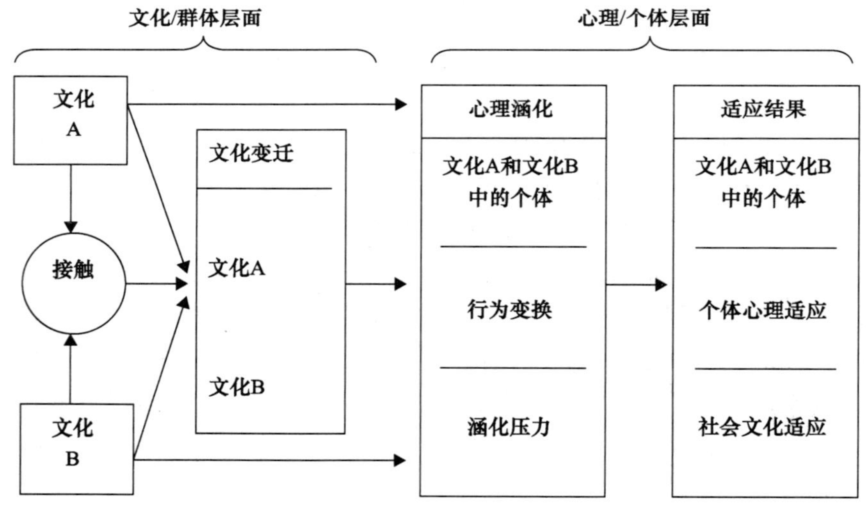

图2—1　涵化总体框架图②

① Ward, C., Rana-Deuba, A., "Acculturation and Adaptation Revisited", *Journal of Cross-Cultural Psychology*, Vol. 30, No. 4, 1999, pp. 422－442.

② Berry, J. W., Poortinga, Y. H., Segall, M. H. & Dasen, P. R. *Cross-Cultural Psychology: Research and Applications* (2nd ed.), UK: Cambridge University Press, 2002, p. 351.

第二节　应对文化多样性的基本立场

当今世界全球化已经成为不可逆转的潮流，并且以越来越快的速度席卷世界的每一个角落。不同民族、不同国家人们的交流与合作更加广泛和深入，但同时文化的碰撞和文化价值观的冲突也随之而生。由于社会历史发展的进程和文化生态环境的差异性，各民族形成不同的文化模式，不同特质的文化在价值观、道德观、人生观、精神信仰以及生活方式等方面都具有差异性。而如果每一个民族都以民族中心主义、文化本位主义出发，用自己民族的价值观去评判别的民族的文化，则必然会产生民族间的偏见和冲突。基于这样一种形势所趋，关于如何看待文化多样性和自身发展的议题已成为世界各国都极为关注的议题。跨文化适应的问题实际上也是个体在与他文化的接触与互动过程中如何看待和应对文化多样性的问题。因此，笔者在具体分析跨文化适应理论之前将先对如何应对文化多样性的基本立场问题进行一个简要的阐述。

总的来说，目前关注文化多样性且较有影响的基本观点有两种：一种是出现较早，且在英语国家，尤其是北美地区影响颇大的多元文化观（multiculturalism）；另一种是成型较晚，多用于欧洲地区，但新近已越来越受到国际上认可和支持的文化互动观（interculturalism）①。多元文化观承认不同文化间存在差异，倡导不同民族、不同文化的人们拥有平等的地位，认为每一种文化都该受到应有的尊重。自出现以来，多元文化主义观念在西方国家的政策、理论和长期实践中对帮助少数民族获得平等机会和权益，保护和发展少数民族传统文化，促进全球各族人民和平共处起到了非常大的作用②。

但随着全球化形势的进一步加剧，这种观点也暴露出了一些理论上的局限性。多元文化观在理论上基于本质主义性质的文化概念，倾向于将文化视为一种疆界分明、内部连贯匀质、稳定不变的静态实体，对文化多样

① 常永才：《当今国际化态势下我国开展跨文化互动教育的根本：文化自觉》，载《世界教育信息》（教育国际化论坛专刊）2011 年第 3 期。

② Henry Louis Gates Jr. , "Goodbye, Columbus? Notes on the Culture of Criticism", *American Literacy History*, No. 3, 1991, pp. 711 – 727.

性持相对主义立场，将不同的文化机械、静态地并置，甚至单向地突出弱势文化，从而在促进互惠性文化对话和社会整合等方面容易导致误解和质疑。目前全球化进程的加剧促成了不同文化间更大规模、更有深度的接触与碰撞，文化与文化间的界限在互动传递中渐现模糊，多元文化观所持有的静态文化观点显然与这种现实态势不相符①。

与多元文化观相比，文化互动观同样承认文化间的差异，提倡文化平等。但同时，它坚持动力性的文化概念，认为文化具有流动性，重视不同文化中存在的普适性，尤其强调不同文化间的相互尊重、互动交流和融合创新。可以说，文化互动观给人们提供了一个能够“展示”各自真正的文化差异的机会，并在此基础上促成世界不同国家或地区的人们进行文化互换、沟通、借鉴和对话，从而在比较与互动的过程中寻求不断进步的普遍价值观和共有能力②。据此，本研究将以文化互动观为看待文化多样性的基本理论立场。

此外，西方跨文化研究领域也出现了很多用以描述当代世界多元文化的术语，如 cross-culture、interculture、transculture 等，这些不同的表达都涉及不同文化间的比较、互动、吸收借鉴和融合创新等含义，各有侧重、互有交集，在很多情况下是可以互解的，因此都被广泛地运用到跨文化研究的不同领域中。例如，Berry 将 interculture 的相关研究比作是研究者在家（多元文化并存的同一个社会）进行的 cross-culture 的研究。因此可以看作是 cross-culture 研究的一个子领域，或是对传统跨文化研究的一个拓展③。具体点说，cross-cultural 可能更多的是注重不同文化间的差异和异质性，继而需要通过某些方式和技能来改变这种隔阂，已达到目标。interculture 强调不同文化间的对等和互动，往往暗示各文化间的价值平等和共性。Transculture 可以看成是 interculture 的最佳结果，即更侧重于文化传递与超越，即不同文化通过相互之间信息和知识的交流与互换，互相吸收和借鉴，继而融合和创新，从而达到能够超越于不同文化的异质性来

① 常永才：《治理文化多样性的教育政策理念：从多元观到互动观》，世界比较教育学论坛，2011 年 10 月。

② Agostino Portera, “Intercultural Education in Europe: Epistemological and Semantic Aspects”, *Intercultural Education*, Vol. 19, No. 6, 2008, pp. 481 – 491.

③ John W. Berry, Ype H. Poortinga, Marshall H. Segall & Pierre R. Dasen, *Cross-Cultural Psychology: Research and Application*, UK: Cambridge University Press, 1992, pp. 345 – 346.

进行交流和统一行动的目的[1]。可见，文化互动观较文化多元观更加符合全球化时代文化多样性运用态势，而且几乎关联的上述新近有关术语的含义，因此本研究以文化互动观为基本的理论立场。

据此，对于中国留学生的跨文化经历也许我们可以先进行这样的一个大致的描述：中国留学生到国外留学，由于感受到不同文化中价值观念、生活方式、人际关系、思维方式等方方面面的差异，往往会经历文化休克（culture）。为了能取得学业上的成功，顺利与当地人进行日常交往，保证心理和生理上的健康成长，他们需要在留学前后及留学的整个过程中不断地学习跨文化交际技能和知识（cross-cultural skills，techniques，knowledge），增强跨文化敏感度（cross-cultural sensitivity），以培养高水平的跨文化意识/敏感性（cross-cultural awareness/sensitivity）和跨文化能力（cross-cultural competence），从而和东道国主流文化群体及其他文化群体（如来自其他国家的留学生）进行有效的文化互动，交换各自的观点和思想（intercultural exchange），增进对彼此文化间的理解（intercultural communication and understanding），进而达到互相欣赏，互相借鉴吸收彼此文化的优秀之处的阶段。中国留学生的跨文化经历会让他们产生一些超越某种特定文化的超文化观念（transcultural views）。这些观念与他们参与跨文化交往之前已经大有不同。那些有留学经历的中国学生在世界观，以及对中国在处理国际事务上的态度较之他们出国以前，以及其他未出国的中国学生的观点和态度都会有所不同。例如他们往往更倾向于合作性国际主义（co-operative internationalism），而非过于自负的民族主义（assertive nationalism）[2]。这种思想观念的变化便是不同文化互动、传递的结果。

第三节　跨文化适应理论模型

跨文化适应的相关理论类型众多，许多跨文化心理学家都提出了他们

① Epstein, M., "Transculture: A Broad Way Between Globalism and Multiculturalism", *American Journal of Economics and Sociology*, Vol. 68, 2009, pp. 327 – 351.

② Donglin Han & David Zweig, "Images of the World: Studying Abroad and Chinese Attitudes towards International Affairs", *The China Quarterly*, 2010, pp. 290 – 297.

自己的理论框架。这些理论框架的构建、验证和比较有利地推动了文化适应理论的发展。从心理涵化视角上看，目前主要有两种关于跨文化适应研究的维度模型：单维度模型和双维度模型。

单维度模型认为涵化就是个体从原有文化逐渐被完全同化入东道国文化的过程，这一过程是单向的，而且是不可避免的。个体总是位于从完全的原有文化到完全的主流文化这样一个连续体的某一点上①，也就是说个体会在逐渐接受东道国文化的各个方面的同时，越来越多地失去其原来所属文化的特征。例如，依据这一理论模型可以预测，随着移民对东道国语言的掌握程度越高，他们的第一语言能力会日渐消失②。美国的“熔炉论”（melting pot）便是这一理论的具体体现。虽然这种单维度模型在20世纪早、中期占据着主要地位，但是自20世纪70年代以来，越来越多的跨文化心理学家③开始对它提出了挑战，纷纷提出了新的跨文化适应理论和研究模型。他们认为，保持个体原有文化与接受主流文化是两个互相独立的维度，一方维度的加强不一定意味着另一方维度的减弱。

现在研究中运用最多的是加拿大跨文化心理学家贝瑞发展出来的双维度模型（见图2—2）。贝瑞认为涵化具有两个基本维度，即保持自身传统文化和身份认同的倾向性，以及和其他文化群体交流的倾向性。这两个维度之间是互相独立的，也就是说对一种文化的高认同并不意味着对其他文化的认同就低。根据这两个基本维度，贝瑞区分出了四种涵化策略：同化、分离、整合、边缘化。当个体在涵化的过程中，无意保持自身原有的文化认同，但积极地参与到与其他文化群体的互动交往中，他们所使用的策略就是“同化”；相反，当个体非常重视自己的原有文化，而尽量避免与其他文化群体的接触和交往时，他们采取的就是“分

---

① 余伟、郑钢：《跨文化心理学中的文化适应研究》，载《心理科学进展》2005年第13卷第6期，第837页。

② Arends-Toth J. & Van de Vijver, F. J. R., “Issues in the Conceptualization and Assessment of Acculturation”, In M. H. Bornstein & L. R. Cote (Eds.), *Acculturation and Parent-child Relationships: Measurement and Development*, Mahwah, NJ: Lawrence Erlbaum Associates, 2006, pp. 33-62.

③ 如LaFromboise, T., Coleman, H. L. & Gerton, J., “Psychological Impact of Biculturalism: Evidence and Theory”, *Psychological Bulletin*, Vol. 114, 1993, pp. 395-412; Sanchez, J. & Fernandez, D., “Acculturative Stress among Hispanics: A Bi-dimensional Model of Ethnic Identification”, *Journal of Applied Social Psychology*, Vol. 23, 1993, pp. 654-668.

离”策略；当个体既重视保持自身原有的文化与身份认同，又注重与其他群体的互动交往时，他们采用了“整合”策略；而当个体既不重视保持自身文化，又无意与其他文化群体进行交流时，他们的文化适应策略就是“边缘化”①。贝瑞认为个体对涵化策略的选择对他们跨文化适应结果有很重要的影响。

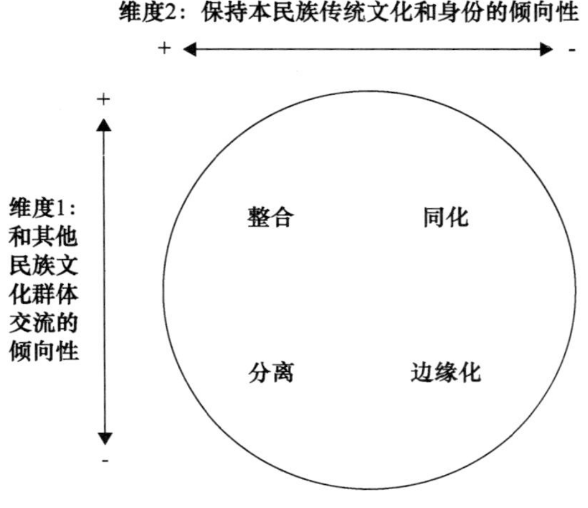

图 2—2 跨文化适应双维度模型②

很多研究者对贝瑞的双维度理论模型进行了验证。多项研究发现③，整合策略往往是最佳的涵化策略，而边缘化是最差的策略选择；同化和分离策略居中。在一项关于来自 13 个国家的青年移民的跨文化适应状况的比较研究中发现，倾向于运用整合策略的移民在心理和社会文化适应上的状况最好，而那些对于自身文化取向模糊不清，对自己的生活目标感到茫

① Berry, J. W., "Immigration, Acculturation, and Adaptation", *Applied Psychology*, Vol. 46, 1997, pp. 5 - 68.

② Berry, J. W., Poortinga, Y. H., Segall, M. H. & Dasen, P. R., *Cross-Cultural Psychology: Research and Applications* (2nd ed.), UK: Cambridge University Press, 2002, p. 354.

③ 如 Berry, J. W., "Immigration, Acculturation, and Adaptation", *Applied Psychology*, Vol. 46, No. 1, 1997, pp. 5 - 68; Dona, G., Berry, J. W., "Acculturation Attitudes and Acculturative Stress of Central American Refugees", *International Journal of Psychology*, Vol. 29, No. 1, 1994, pp. 57 - 70; Phinney, J., "Ethnic Identity and Self-esteem: A Review and Integration", *Hispanic Journal of Behavioral Sciences*, Vol. 13, 1991, pp. 193 - 208.

然的青年移民的适应状况最差[①]。沃德（Ward，C.）和拉纳（Rana-Deuba，A.）在她们关于尼泊尔国际义工跨文化适应的一项研究中也得出了类似的结论，即对自身原有文化的高认同能够预测心理层次上更好的适应，而对东道国文化的高认同则意味着更少的社交困难[②]。此外还有尼奇（Nyguen，H. H.）等对生活在英美社区的越南青年的跨文化适应研究[③]，李（Lee，S.）等对韩裔美国人的文化适应状况及策略选择的研究[④]等都分别从不同的具体文化场域有力地支持了贝瑞的双维度理论模型。

此外应该注意到，新近有学者进一步发展了贝瑞的理论框架，他们认为涵化策略的选择还具有一定的情境依赖性，也就是说文化适应中的个体在不同的生活领域不同的时间段可能会选择不同的涵化策略。例如一个移民或旅居者很可能追求经济和工作上的同化，语言上的整合，婚姻上的分离策略[⑤]。阿连兹（Arends-Toth）和维杰威（Van de Vijver）在对荷兰的土耳其移民的文化适应维度的研究中发现，这些土耳其移民可能在公共领域选择同化或整合策略，因为这样做有利于他们获得社会承认和事业上的成功，但是在家庭这种私人领域，他们则更愿意保持自身原有的文化传统[⑥]。纳瓦斯（Navas，M.）等人在对马格里布移民的量化研究中也发现，他们在诸如政治、工作和经济等公共或边缘领域偏向于采用同化或整合，而在家庭、宗教和思维方式等接近文化核心部分或私人的领域则更偏向于分离[⑦]。

① Berry, J. W., Phinney, J. S., Sam, D. L. & Vedder, P., "Immigration Youth: Acculturation, Identity, and Adaptation", *Applied Psychology*, Vol. 55, No. 3, 2006, pp. 303 - 332.

② Ward, C. & Rana-Deuba, A., "Acculturation and Adaptation Revisited", *Journal of Cross-Cultural Psychology*, Vol. 30, No. 4, 1999, pp. 422 - 442.

③ Nyguen, H. H., Messe, L. A. & Stollak, G. E., "Toward a More Complex Understanding of Acculturation and Adjustment: Cultural Involvements and Psychosocial Functioning in Vietnamese Youth", *Journal of Cross-Cultural Psychology*, Vol. 30, No. 1, 1999, pp. 5 - 31.

④ Lee, S., Sobal J. & Frongillo E. A., "Comparison of Models of Acculturation: The Case of Korean Americans", *Journal of Cross-Cultural Psychology*, Vol. 34, No. 3, 2003, pp. 282 - 296.

⑤ 余刚、郑钢：《跨文化心理学中的文化适应研究》，载《心理科学进展》2005 年第 13 卷第 6 期，第 836—846 页。

⑥ Arends-Toth J., Van de Vijver F. J. R., "Domains and Dimensions in Acculturation: Implicit Theories of Turkish-Dutch", *International Journal of Intercultural Relations*, Vol. 28, 2004, pp. 19 - 35.

⑦ Navas, M., Rojas, A., Garcia, M. M. & Pumares, P., "Acculturation Strategies and Attitudes According to the Relative Acculturation Extended Model (RAEM): The Perspective of Natives versus Immigrants", *International Journal of Intercultural Relations*, Vol. 31, No. 1, 2007, pp. 67 - 86.

总的来说，在当今的跨文化心理学领域，虽然仍有少部分研究支持单维度模型，但双维度理论模型逐渐得到了越来越研究者的支持，并对社会舆论和国家政策产生着日益显著的影响。虽然随着心理学家对文化适应研究的深入，又出现了多维度模型和融合模型等多种理论框架，但就现阶段而言后两种模型还缺乏足够的实证性证据[①]。基于此，本研究将主要基于贝瑞的涵化双维度理论模型对中外合作办学项目学生的涵化态度及其情境性进行考察，并同时关注项目学生的涵化态度与实际涵化行为之间可能存在的差异及其形成原因。

第四节　跨文化适应理论方法

目前跨文化心理学与跨文化交际学领域关于跨文化适应的研究主要存在三种理论方法：文化学习法、压力—应对法，以及社会认同法。文化学习法主要是对个体在跨文化互动和适应过程中的行为进行分析，强调的是个体对在新的社会文化环境中生存所必需的文化技能的习得过程；压力—应对法主要是强调跨文化适应过程中情感因素的变化；社会认同法主要关注的是认知因素，如人们感知和看待自我和他人的方法[②]。这三种理论方法被沃德（Ward，C.），博赫纳（Bochner，S.）和弗恩海姆（Furnham，A.）归纳为“涵化的 ABC 模型”（又称“文化适应的 ABC 模型，ABCs of acculturation)[③]。它们分别从不同的侧重点（情感、行为和认知）出发对跨文化适应过程进行了分析，同时反映了跨文化心理适应和社会文化适应的基本因素，三者互相联系，互有交集，共同影响着跨文化适应的过程和结果。对本研究在理论上有很重要的指导意义。

一　文化学习法

文化学习法的理论主要是基于这样一个假设，即跨文化适应困难之所

---

① 余伟、郑钢：《跨文化心理学中的文化适应研究》，载《心理科学进展》2005 年第 13 卷第 6 期，第 836—846 页。

② ［新西兰］科琳·沃德：《文化接触的心理学理论及其对跨文化培训和介入的启示》，载［美］丹·兰迪斯等编《跨文化培训指南》，关世杰等译，北京大学出版社 2009 年版，第 261—264 页。

③ Ward，C.，Bochner，S. & Furnham，A.，*The Psychology of Culture Shock*，London：Routledge，2001.

以发生时因为文化接触中的个体在处理日常社会交往的过程中遇到了困难。因此，必须通过学习具体的文化和社会技能及行为来适应新的社会文化环境①。文化学习法比较注重跨文化交际风格（包括语言和非语言要素）、行为准则、社会习俗及价值观等方面的跨文化差异及其对跨文化效力的影响，同时也强调特定的文化知识、跨文化培训、外语能力水平、之前的出国经历、与东道国民的接触、文化距离以及文化认同这样一些因素能够帮助最大限度地减少接触中的困惑和不满②。目前的一些研究已经考虑到成功的跨文化适应必须具有特定领域的技能。例如国际留学生所需的学术技能和企业外派人员所需的工作技能等，如果发现了他们在这些领域的行为缺陷，就可以有针对性地对他们进行专业技能和社会技能的培训，以期缓解他们进入新的社会文化环境后的"不确定性"和由此引发的"焦虑感"③。

二　压力—应对法

压力和应对理论源自系统论，认为跨文化接触中的压力是当个体面对跨文化适应困难，并且认为这些文化冲突和难题无法通过简单的行为变换解决时所产生的一种压力反应④。换句话说，该理论是将跨文化接触和变化看成本身能够产生压力的重要事件并要求采取相应的应对策略，以便能顺利地在新的社会文化环境中生存和发展⑤。

在跨文化接触过程中，个体会思考他们海外经历的意义，将他们所经历的生活变化看成是困难、危机，又或是机遇和挑战。不同个体对这些变化的评价结果是不同的。当个体将跨文化经历看做是困难重重、难以逾越的高山时，可能会遇到更多的问题和困难；当个体将跨文化经历

① Bochner, S., "Problems in culture learning", In S. Bochner & P. P. Wicks (Ed.), *Overseas Students in Australia*, Sydney: The New South Wales University Press, 1972, pp. 65 - 81.

② ［新西兰］科琳·沃德：《文化接触的心理学理论及其对跨文化培训和介入的启示》，载［美］丹·兰迪斯等编《跨文化培训指南》，关世杰等译，北京大学出版社2009年版，第262页。

③ Gudykunst, W. B., "Uncertainty Reduction and Predictability of Behavior in Low-and High-context Cultures", *Communication Quarterly*, 1983.

④ Lazarus, R. & Folkman, S., *Stress, Coping and Appraisal*, New York: Springer, 1984.

⑤ ［新西兰］科琳·沃德：《文化接触的心理学理论及其对跨文化培训和介入的启示》，载［美］丹·兰迪斯、珍妮特·M. 贝内特、米尔顿·J. 贝内特编《跨文化培训指南》，关世杰等译，北京大学出版社2009年版，第274页。

视作一种机遇或有趣的经历时，他们在跨文化适应过程中经历的困难可能会相对较少。而这种对生活变化的认知评估会受到跨文化经历的方方面面的影响。尤其是期望与实际情况之间的差异程度对评估结果的影响非常的显著。一些研究者指出，与实际经历一致的期望有助于人们进行调整，而期望与实际经历差别越大，心理调适和心理压力问题就会越大①。

为了应对跨文化适应过程中产生的这些困难和压力，个体会采取不同的应对策略来进行心理调整。不同的研究者基于他们的实证研究将应对方式分为不同的类别。如，福克曼（Folkman）提出问题导向型应对（problem-focused coping），情绪导向型应对（emotion-focused coping）及意义导向型应对（meaning-focused coping）②。迪亚兹（Diaz-Guerrero，R.）将应对方式分为两类：积极应对（有计划地、主动积极地寻找解决适应压力的途径）和消极应对（更倾向于忍耐和自我调整）③。贝瑞在其一项研究中指出这些应对策略只有在东道国对移民或旅居者群体持正面的态度，且愿意接受他们的情况下，才最为有效。否则消极的应对方式可能会导致文化隔离的结果④。此外，沃德（Ward，C.）和肯尼迪（Kennedy，A.）在对移居加拿大的英国人的应激策略和心理适应结果间关系的研究中发现，采用积极应对策略的英国移民的心理调适结果较好，而那些一味采用回避策略的人群的抑郁、沮丧等负面情绪的程度偏高⑤。克洛斯（Cross，S. E.）对在美国的国际学生以及伯恩（Berno，T.）和沃德（Ward，C.）对新西兰的国际学生跨

① Weissman, D. & Furnham, A., "The Expectations and Experiences of A Sojourning Temporary Resident Aborad: A Preliminary Study", *Human Relations*, Vol. 40, 1987, pp. 313 – 326.

② Folkman, S., "The Case for Positive Emotions in the Stress Process", *Anxiety, Stress and Coping*, Vol. 21, 2008, pp. 3 – 14.

③ Diaz-Guerrero, R., "The Development of Coping Style", *Human Development*, Vol. 22, 1979, pp. 320 – 331.

④ Berry, J. W., "Stress Perspectives on Acculturation", In D. L. Sam & J. W. Berry (Eds.), *The Cambridge Handbook of Acculturation Psychology*, New York: Cambridge University Press, 2006, pp. 43 – 57.

⑤ Ward, C. & Kennedy, A., "Coping with Cross-cultural Transition", *Journal of Cross-Cultural Psychology*, Vol. 32, 2001, pp. 636 – 642.

文化适应的相关研究[①②]也得出了类似的结论。

另一种应对策略模型是首要和次要应对策略（primary and secondary coping strategy）。首要应对策略主要是以任务为导向的行为，目的在于改变令人不快的环境中的负面因素。而次要应对策略更多的是涉及改变对压力事件和情境的认知和评价[③]。沃德及其同事在对新加坡的东亚和欧美留学生的研究中发现，次要应对策略能够帮助降低感知压力的程度，从而减轻抑郁、失望等症状。而首要应对策略（如积极应对和计划）相对来说不能对感知压力产生直接的影响[④]。当然这些发现的跨文化效力还需要更多的实证研究来加以验证。

除了认知评估和应对策略，社会支持在压力和应对研究中一直被看成是调节社会文化适应过程的主要手段和预测心理与生理健康的重要因素[⑤]。个体可以通过构建和维持自己的社会支持网络来获得各种资源（包括物质、情感、友谊、技能、信息等各个方面）的支持。社会支持的来源非常广泛，从亲疏程度上讲，包括家庭、朋友、熟人、长辈、工作伙伴等；从文化身份上讲，包括来自本国人士和机构的支持，以及东道国（以及来自其他国家的）人士和机构的支持。很多研究都表明跨文化适应过程中，尤其是在有压力的情境下，社会支持的缺乏很容易导致个体一系

---

① Cross, S. E., "Self-construals, Coping, and Stress in Cross-cultural Adaptation", *Journal of Cross-Cultural Psychology*. Vol. 26, 1995, pp. 673 – 697.

② Berno, T. & Ward, C., "Psychological and Sociocultural Adjustment of International Students in New Zealand", Paper presented at the Annual Meeting of the Society of Australasian Social Psychologists, Christchurch, New Zealand, 1998.

③ Weisz, J. R., Rothbaum, F. M. & Blackburn, T. C., "Standing Out and Standing In: The Psychology of Control in America and Japan", *American Psychologist*, Vol. 39, 1984, pp. 955 – 969.

④ 转引自［新西兰］科琳·沃德：《文化接触的心理学理论及其对跨文化培训和介入的启示》，载［美］丹·兰迪斯等编《跨文化培训指南》，关世杰等译，北京大学出版社2009年版，第272页。

⑤ 如Berry, J. W., "Stress Perspectives on Acculturation", In D. L. Sam & J. W. Berry (eds.), *The Cambridge Handbook of Acculturation Psychology*, Cambridge: Cambridge University Press, 2006, pp. 43 – 57; Ward, C., Bochner, S. & Furnham, A., *The Psychology of Culture Shock* (2nd ed.), London: Routledge, 2001; Yeh, C. J. & Inose, M., "International Students' Reported English Fluency, Social Support Satisfaction, and Social Connectedness as Predictors of Acculturative Stress", *Counselling Psychology Quarterly*, 2003, pp. 15 – 28.

列的的心理压力、情感上的困惑和生活满意度的降低①，甚至是更严重的心理问题②。博赫纳和弗恩海姆等人对旅居者的朋友圈模式进行了研究，将其由里向外划分成三个圈，包括单一文化圈（主要由本国同胞组成）、双文化圈（包括提供职业、学业及生活帮助的东道国人士），以及多元文化圈（包括周围其他国家的旅居者）③。多项研究表明这三种朋友圈对旅居者的跨文化适应都是必不可少的，各自有各自不同的作用。是一种强有力的社会支持方式④。

三　社会认同法

社会认同理论主要注重的是跨文化接触的社会认知方面，如知觉、态度、价值观、期望、归因等，而非外部的行为因素和内心情感，他们关注的是人们怎么看待自我和他人的问题。其中，文化/民族认同的变化是跨文化接触研究中基于社会认同理论的一个重要因素，广泛意义上的文化/民族认同是指个体对自己作为某文化或民族群体成员身份的认可（recognition）、分类（categorization）和确认（identification）。社会认同理论认为有多种动态的复杂的因素影响着文化接触中的个体对其自身和他人文化/民族身份的定义、再定义和构建的过程。从个体层面上讲，这些因素

---

① 如 Chataway, C. J. & Berry, J. W., "Acculturation Experiences, Appraisal, Coping and Adaptation: A Comparison of Hong Kong Chinese, French and English Students in Canada", *Canadian Journal of Behavioral Science*, Vol. 21, 1989, pp. 295 – 301; Ward, C. & Searle, W., "The Impact of Value Discrepancies and Cultural Identity on Psychological and Sociocultural Adjustment of Sojourners", *International Journal of Intercultural Relations*, Vol. 15, No. 2, 1991, pp. 209 – 225; Neto, F., "Predictors of Satisfaction with Life Satisfaction among Second Generation Migrants", *Social Indicators Research*, Vol. 35, 1995, pp. 93 – 116.

② 如 Antonovsky, A., *Health Stress and Coping*, San Francisco, CA: Jossey-Bass, 1979; Hammer, M., "Behavioral Dimensions of Intercultural Effectiveness: A Replication and Extension", *International Journal of Intercultural Relations*, Vol. 11, No. 1, 1987, pp. 65 – 88.

③ Bochner S., Hutnik, N. & Furnham, A., "The Friendship Patterns of Overseas and Host Students in an Oxford Student Residence", *The Journal of Social Psychology*, Vol. 125, 1985, pp. 689 – 694.

④ 如 Kashima, E. S. & Loh, E., "International Students' Acculturation: Effects of International, Conational, and Local Ties and Need for Closure", *International Journal of Intercultural Relations*, Vol. 30, 2006, pp. 471 – 485; Sawir, E., Marginson, S., Deumert, A., Nyland, C. & Ramia, G., "Loneiness and International Students: An Australian Study", *Journal of Studies in International Education*, Vol. 12, No. 2, 2008, pp. 148 – 180.

主要包括年龄、性别、教育，人格特征（包括敏感性，心态开放程度、灵活性和自信），外语熟练程度等；在群体层面上主要包括移民动机和居留的稳定度等；从社会背景层面上看，这些因素还包括歧视与偏见以及社会的多元文化性①。而身份认同的改变对个体的跨文化适应结果具有重要的影响。

与情感（压力—应对）和行为（文化学习）方法相比，文化适应的认知方式界限比较模糊，涉及的理论比较宽泛。其中泰吉尔（Tajfel, H.）的社会认同理论②是研究文化适应中个体和群体的身份和群际关系最常用的理论框架之一，它认为民族中心主义不可避免，社会身份认同能够使个体在看待本群体时采取一种比别的群体更赞同的方式，将其作为提高个人自尊的一种手段。与此不同，贝瑞提出的多元文化假设主张集体自尊和安全感会导致更有力的群际感知和更高的外群体容忍度③。也就是说，某少数文化群体对自身传统文化越是自豪和欣赏，对保持自身文化越是有自信，那么他们就更容易与主流文化群体或其他少数文化群体互动交流，对异文化的宽容和理解程度也会相对高些。这一观点在文化适应研究中正不断得到推广和普及。笔者亦赞同这一理论观点，并将其作为本研究的理论基础之一。另外，史蒂芬夫妇的整合威胁理论④对于整个群际感知和关系（如偏见和歧视）的研究也具有一定的影响力。

第五节　跨文化适应结果及其影响因素分析

跨文化适应的人群一般认为可分为两大类：一类是长期移民（包括难民）；另一类是短期居留者，通常被称为“旅居者”（sojourner），包括国际留学生、企业外派人员、访问学者、外交家、旅游者等。总体上看，

---

① Ward, C., Bochner, S. & Furnham, A., *The Psychology of Culture Shock* (2nd ed.), Routledge: London, 2001.

② Tajfel, H., *Human Groups and Social Categories*, Cambridge, UK: Cambridge University Press, 1981.

③ ［新西兰］科琳·沃德：《文化接触的心理学理论及其对跨文化培训和介入的启示》，载［美］丹·兰迪斯等编《跨文化培训指南》，关世杰等译，北京大学出版社 2009 年版，第 276 页。

④ Stephan, W. G. & Stephan, C. W., “Intergroup Anxiety”, *Journal of Social Issues*, Vol. 41, 1985, pp. 157 - 175.

现存的较为权威的跨文化适应理论模型，如前文所述贝瑞的涵化双维度模型，均是以长期移民、难民或少数民族为主要的测试人群和研究对象，而仅有少部分研究以国际留学生群体为研究对象，专门针对国际留学生群体跨文化适应的理论模型尚未建立起来。

从研究层面上讲，目前对跨文化适应层面的划分主要是根据沃德及其同事的观点，他们认为跨文化适应可以分为两个层次：心理适应与社会文化适应。心理适应是以情感反应为基础，主要指跨文化过渡中的心理健康和生活满意度，多从自尊和心理调适（对焦虑、抑郁等症状和身心疾病的调适）等方面来衡量。因此最适合运用压力—应对法进行分析；社会文化适应主要指的是与新的社会文化环境互动的能力，偏属于行为范畴，可通过文化学习法来了解①。社会文化适应主要关注的是个体在日常生活中所遇到的困难，如理解当地语言，交朋友，参加社会活动，处理好学习或工作相关的问题②。当然，社会文化适应也包括对新文化的价值观与行为准则等深层文化因素的理解。同时马斯格特（Masgoret，A.）和沃德（Ward，C.）强调，社会文化适应不是要求国际学生一定得接受新文化当中的一系列行为准则和价值观，但是他们必须意识到这些价值观差异的存在，而且做好能有效应对这些差异和变化的充分准备③。

跨文化适应是一个动态的过程。跨文化适应结果包括文化和社会技能的提高，对新文化中的信仰、价值观和准则规范等的敏感度，以及跨文化交际技能的习得等④。当个体在文化上和社交上都有充分的准备时，他们就有能力在新的文化社会中保持积极健康的社会关系，取得学业或职业上的成功⑤。对于国际留学生而言，他们在出国时面临着如社会、经济地位

---

① Ward, C., Bochner, S. & Furnham, A., *The Psychology of Culture Shock* (2nd edition), Routledge: London, 2001.

② Ward C., Rana-Deuba, A., "Acculturation and Adaptation Revisited", *Journal of Cross-Cultural Psychology*, Vol. 30, 1999, pp. 422 – 442.

③ Masgoret, A. & Ward, C., "Culture Learning Approach to Acculturation", In D. L. Sam & J. W. Berry (Eds.), *The Cambridge Handbook of Acculturation Psychology*, New York: Cambridge University Press, 2006, pp. 58 – 77.

④ Castro, V. S., *Acculturation and Psychological Adaptation*, Westport, CT: Greenwood Press, 2003.

⑤ LaFromboise, T., Coleman, H. L. & Gerton, J., "Psychological Impact of Biculturalism: Evidence and Theory", *Psychological Bulletin*, Vol. 114, 1993, pp. 395 – 412.

下降，与父母、朋友分离，外语能力缺乏以及与母国文化背景相隔离等问题，这些问题给留学生的跨文化适应带来了不小的挑战。沃德在其研究中对影响心理适应和社会文化适应的一系列因素进行了论述。她认为心理适应主要受到人格特质、应对策略、社会支持的影响；社会文化适应主要受到在外居留时间、文化知识、语言能力和文化适应策略的影响①。陈慧等将影响跨文化适应的因素分为内部和外部因素。外部因素主要包括生活变化、在外居留时间、社会支持、文化距离、歧视与偏见；内部因素包括认知和评估方式、人格特征（如灵活性和自信、主动意识、敏感性、心态开放程度）、知识与技能、应对策略和人口统计学因素（如性别、年龄、受教育程度、婚姻状况等）②。

一般来说，影响留学生跨文化适应的因素可以分为：（1）社会背景因素：包括母国与东道国的社会、文化、经济等方面的大环境；（2）个体因素（也是本书研究的重点）：留学目的与动机、外语水平、出国准备情况（专业知识、具体文化知识与跨文化技能的学习等）、先前海外生活经历、人格特征（灵活度与自信、心态开放程度等）、人口统计学变量（如年龄、性别、教育水平、留学国别等）；（3）个体与当地社会文化环境互动的状况：包括参与东道国社会文化的程度、与东道国居民的接触频次和时长、社会支持（来自母国与东道国的各种可利用资源）等。

根据本书的研究内容，笔者对影响留学生跨文化适应的影响因素进行了以下梳理：

（1）在外居留时间：1955 年利兹格德（Lysgard，S.）通过对赴美访学的 200 名挪威学者的跨文化适应过程的考察，提出跨文化适应的 U 型曲线。他在研究中发现在美居留时间少于 6 个月或多于 18 个月的挪威学者的适应状况比居留时间介于 6—18 个月之间的学者要好③。根据这一模型，美国文化人类学家奥伯格（Kalvero Oberg）创造了“文化休克”（Culture Shock）这个词，用以描述旅居者在新的社会文化环境中

① Ward，C.，“The ABCs of Acculturation”，In D. Matsumoto（Ed.），*The Handbook of Culture and Psychology*，New York：Oxford University Press，2001，pp. 411 – 445.

② 陈慧、车宏生、朱敏：《跨文化适应影响因素研究述评》，载《心理科学进展》2003 年第 11 卷第 6 期，第 704—710 页。

③ Lysgaard，S.，“Adjustment in a Foreign Society Norwegian Fulbright Grantees Visiting the United States”，*International Social Science Bulletin*，1955，p. 7.

遇到的困难。他指出，文化休克是“突然失去所熟悉的社会交往符号和象征，对于对方的社会符号不熟悉，而在心理上产生的一种突如其来的深度焦虑症”[①]。这种焦虑表现为身体上的疲劳感、长期的精神压力、对东道国文化的反感、对自己价值观受到挑战而产生的不满、对自己应付新的社会环境的无能感等[②]。奥伯格在利兹格德研究的基础上提出跨文化适应的四个阶段，即蜜月阶段、危机阶段、恢复阶段、适应阶段。蜜月阶段意指旅居者在刚接触新的文化环境时，会对一切感到好奇和新鲜，因此会经历一个最初的愉快阶段。但随着旅居者与东道国居民跨文化交往的一步步加深，他们开始碰到各种各样的问题，例如语言问题、行为习惯等，因此会产生各种挫败感、困惑、焦虑和封闭等负面情绪，这一阶段被称作危机阶段。再经过一段时间旅居者开始熟悉东道国的文化和社会环境，各种跨文化技能和知识得到了提高，开始与当地人交朋友，情绪逐渐转好，这就是第三阶段，即恢复阶段。最后第四阶段（适应阶段）意指旅居者已经能够在新的文化环境中自如生活了，已经完全融入了东道国社会中[③]。

葛勒豪（Gullahorn，J. T.）在 U 曲线的基础上发展出 W 曲线模型，该模型增加了描述旅居者回国后的再适应阶段。总共分 7 个阶段：蜜月期、斗争期、纠葛期、适应期、再纠葛期、归国前期和归国后的冲击[④]。U 曲线和 W 曲线模型为旅居者的跨文化适应研究提供了很好的参考，但是因其存在的很多漏洞长期以来也一直受到各方的质疑和挑战。目前对这个领域还缺乏足够的研究来支持或反对 U/W 型曲线模型。此外，奥地利心理学家阿德勒（Adler，P. S.）在他的《文化休克与跨文化学习经历》中提出，文化休克是一种深刻的学习经历，能够导致较高程度的自我意识和个性的成长[⑤]。这相较于传统意义上将文化休克看作一种疾病或负面经历的观点是一种进步。

---

① Oberg, K., "Culture Shock Adjustment to New Cultural Environments", *Practical Anthropology*, Vol. 7, 1960, p. 177.

② 关世杰：《跨文化交流学》，北京大学出版社 1995 年版，第 57 页。

③ Oberg, K., "Culture Shock Adjustment to New Cultural Environments", *Practical Anthropology*, Vol. 7, 1960, p. 177.

④ Gullahorn, J. T. & Gullahorn, J. E., "An Extension of the U-curve Hypothesis", *Journal of Social Issues*, Vol. 19, No. 3, 1963, pp. 33 - 47.

⑤ Adler, P. S., "Culture Shock and The Cross-cultural Learning Experience", In Hoopes, David S. (ed.), *Readings in Intercultural Communication*, Pittsburg, Vol. 2, 1987.

（2）文化距离：所谓文化距离，是指不同文化由于地理或空间的遥远，文化共同点较少而产生的距离感和陌生感[①]。客观的文化差距通常从民族渊源、人文传统、宗教信仰及地域范围等角度来考察。先前的很多研究[②]表明，当旅居者的文化和东道国的文化间差距很大，那么他们的跨文化交往与适应难度就越大。根据文化距离概念，留学生适应问题的产生在于留学生的母文化与东道国文化间存在的差异。因此，文化传统、语言文字相近的国家和地区往往相对比较容易开展留学生交流。例如，去往日本、韩国、越南的中国留学生受到的文化冲击可能相对较小，因为这些国家同属于东亚文化的范畴，因此文化距离相对较小；而那些去往欧美国家的中国留学生可能会经历更大的文化震荡，因为他们在价值观、语言、行为模式等方面都存在着很大的差异，文化距离很大。霍夫斯泰德根据对IBM公司全球员工的大面积调查提出的文化五维度说（个体主义/集体主义；权力距离；不确定性规避；男性气质/女性气质；长期导向/短期导向）[③④]常常被看作衡量文化距离的一个有效参考。同时特里安迪斯（Triandis，H. C.）提出个人主义和集体主义是文化中的综合体，而不是一个两极化的维度。也就是说，个体的行为是倾向于个人主义还是集体主义其实更多地取决于行为人权衡成本和后果后的选择，而不是一味地坚持某种偏好。这些观点都有利于帮助进一步厘清具体文化间的差距情况[⑤]。

（3）社会支持：社会支持网络是一定范围内人和人之间相对稳定的社会关系。个人的社会支持网络就是指个人能借以获得各种资源（情感、友谊、技能、信息等）支持的社会网络。它是影响留学生适应的一个非

---

① Babiker，I. E.，Cox，J. L. & Miller，P.，“The Measurement of Cultural Distance and its Relationship to Medical Consultations，Symptomatology，and Examination Performance of Overseas Students at Edinburgh University”，*Social Psychiatry*，Vol. 15，No. 3，1980，pp. 109 – 116.

② 如 Furnham，A. and Bochner，S.，*Culture Shock：Psychological Reactions to Unfamiliar Environment*，Routledge：London，1989；Malcolm Chapman，Hanna Gajewska-De Mattos，Jeremy Clegg & Peter Jennings Buckley.，“Close Neighbours and Distant Friends：Perceptions of Cultural Distance”，*International Business Review*，Vol. 17，No. 3，2008，pp. 217 – 234.

③ Hofstede G.，*Culture's Consequences：International Differences in Work-related Values*，Beverly Hills，1980.

④ Hofstede，G.，*Cultures and Organizations：Software of the Mind*，London：McGraw-Hill，1991.

⑤ Harry C. Triandis.，*Individualism and Collectivism*，Boulder Oxford：Westview Press，1995，pp. 81 – 144.

常重要的社会环境因素。社会支持的来源非常广泛，包括家庭和亲友，还有来自本国以及东道国的朋友、社区、学校以及社会各界能够对留学生提供心理上、情感上、生活上和学习上的支持和帮助的资源。良好的社会支持网络能够缓解留学生的心理和生活压力，有利于他们在新的社会文化环境下保持身心健康和进行有效的社会互动交往。阿德尔曼（Adelman，M. B.）认为，根据信息支持和情感支持的观点，由同胞提供的支持系统最为有用。尤其是那些与自己有类似旅居经历的同胞可以给留学生提供情感上和信息上的帮助，从而增加他们的心理安全、自我尊重和归属感，减少抑郁、焦虑、封闭、无助等负面状态。但同时，这些社会支持也可能会阻碍旅居者对当地文化的学习。因为如果和本国同胞接触过多，而忽视或避免与当地人交朋友或日常交往，那么留学生在第二语言水平的提高，对跨文化技能的习得以及对生活的满意度等方面都会表现较差①。例如陈向明在对旅美中国留学生的人际交往研究中发现，与当地人交往的缺乏和困难使得中国学生产生很多的负面情绪，如孤独、无助、沮丧等。而造成这种现象的一个重要原因就在于交往模式、交往态度和交往习俗不同②。沃德和肯尼迪等学者也在相关研究中发现有当地朋友的旅居者适应问题会比较少，生活满意度和心理幸福感相对较高。而有较多同胞朋友而较少当地朋友的移民对移民生活不太满意③。

（4）歧视与偏见：民族（或文化）中心主义与刻板印象是造成歧视与偏见的主要原因，对旅居者的心理与社会文化适应会产生很大的影响。民族中心主义的含义是，特定文化的成员倾向于相信自己的文化优于别的文化，将自己国家的文化当作唯一的正统文化，因此在跨文化接触中人们往往会习惯性地甚至下意识地用自己的文化价值观和标准去衡量和判断其他文化群体及其个体成员的行为方式和思维模式，这种以自己的价值文化去看待和解释不同文化的符号和行为，从而歪曲其本意的情形，是引起跨

① 转引自陈慧、车宏生、朱敏：《跨文化适应影响因素研究述评》，载《心理科学进展》2003 年第 11 卷第 6 期，第 705—706 页。

② 陈向明：《旅居者和“外国人”：留美中国学生跨文化人际交往研究》，教育科学出版社 2004 年版。

③ Ward C，Kennedy A.，“Psychological and Sociocultural Adjustment during Cross-cultural Transitions：A Comparison of Secondary Students at Home and Aboard”，*International Journal of Psychology*，Vol. 28，No. 2，1993，pp. 129 – 147.

文化交往中的误解甚至冲突的重要原因[①]。西方的中心主义和霸权主义思想就是源于早期那种以高对下、以优对劣的文化态度[②]。费孝通先生曾经发表过一篇关于端正对待异文化的态度的讲话，他在讲话中提出，在当今全球经济一体化、世界文化多元共处的时代，人类的文化、人与人的关系较以前已经发生了很大的变化。不同国家的文化要持续发展，世界上的多元文化要和平共处、共同繁荣，首先世界上的人必须对异文化有一个正确的认识和态度。各民族需要认识清楚自己的文化，同时以一种平等、友好的眼光和开放的心态去看待其他国家的文化，如此才可能减少不同文化间大量的矛盾与冲突，达到世界多元文化和谐发展、共同繁荣的目标，达成“各美其美、美人之美、美美与共、天下大同”的境界[③]。中国人历来追求“天人合一”的境界，倡导“和而不同”的文化观，这种积极、辩证的思想对于中国留学生以及其他人群的跨文化经历具有重要的正面指导意义。

刻板印象主要是指人们对另一文化群体的成员所持有的简单化看法，认为群体中的每一个成员都具有整个群体的文化特征，是一种泛化的、过度的概括[④]。比如说我们通常认为英国人绅士、法国人浪漫、德国人严谨、美国人开放等[⑤]。这种刻板印象的存在，是因为个人信息处理的能力有限，对文化间的差异进行概括有助于我们从整体上了解和把握某种文化群体的特征。这种思维通常能够包含很多正确的文化信息，但同时也很容易左右我们对其他文化的期望和预期，当这种预期没有得到印证时，文化休克往往会表现得更加猛烈。

总的来说，布里斯林（Brislin，R.）认为知觉到的偏见和定式观念主要表现在以下几个方面：（1）根据自身群体的评价标准来对待其他群体，并认为其他群体低下；（2）对不同群体成员持有敌意，因为对方的存在

---

① 杨军红：《来华留学生跨文化适应问题研究》，上海社会科学院出版社2009年版，第85页。

② 费孝通：《必须端正异文化的态度》，载《文化与文化自觉》，群言出版社2010年版，第272页。

③ 费孝通：《必须端正异文化的态度》，载《文化与文化自觉》，群言出版社2010年版，第270—273页。

④ Lippmann, W., *Public Opinion*, New York: Harcourt Brace, 1922.

⑤ 彭凯平、王伊兰：《跨文化沟通心理学》，北京师范大学出版社2009年版，第105—108页。

威胁到了本群体利益；（3）对不同群体持反感态度，但通常不承认自己有偏见；（4）某一群体在某些情况下，对其他群体有积极态度，然而却与其保持一定距离；（5）对不同群体的个人有反感，因为他所做的事情是自己所不喜欢的；（6）当某一群体的成员与不同群体人相处时产生“不自在”的感觉，因此不愿与其接触[①]。同时一些研究者也指出旅居者感知到的来自东道国的不友好和歧视，会延缓他们对东道国文化的认同。如对加拿大的塔基人的相关研究表明，他们知觉到的歧视与其较差的心理适应联系在一起。又如，就文化距离而言，中国人应该比较容易适应日本的文化环境，但是很多研究都发现与西方人比较，中国人在日本的适应却相对较差，其中一个主要的原因就是中国人在日本受到了歧视[②]，因此，可以看出歧视与偏见也是影响跨文化适应的一个很重要的因素[③]。

此外影响跨文化适应的重要因素还包括前面提到和详细论述的评价和应对方式，跨文化知识和技能的习得以及人格特征、人口统计学因素等方面。它们对中国留学生的心理和社会文化适应过程和结果都存在显著的影响，也是本书要重点考察的因素。

根据本研究的重点考察对象：中外合作办学模式下出国的中国留学生，笔者主要将从以下几个方面来考虑影响中外合作办学学生跨文化适应的因素：（1）知识和技能的准备（主要从中外合作办学模式对学生海外经历的影响进行考察，包括教材选择、课程设置、教学方式、语言强化、校园文化等方面）；（2）人口统计学因素（年龄、性别、留学国别、语言水平等）；（3）社会支持（主要从中外合作办学学生的朋友圈构成，合作院校给予的支持以及社会各界赋予的资源支持等方面考察）；（4）跨文化接触的程度（与东道国居民的接触频次、质量；参与东道国社会文化的情况）；（5）涵化策略；（6）歧视与偏见。

综上所述，心理学涵化角度对跨文化适应的研究不仅理论不断丰富和深化，成为能有效分析跨文化适应问题的影响因素、策略、过程、结果等

---

① 转引自贾玉新《跨文化交际学》，上海外语教育出版社 1997 年版，第 115 页。

② 徐光兴：《跨文化适应的留学生活——中国留学生的心理健康与援助》，上海辞书出版社 2000 年版，第 184—188 页。

③ 陈慧、车宏生、朱敏：《跨文化适应影响因素研究述评》，载《心理科学进展》2003 年第 11 卷第 6 期，第 707 页。

方面系统知识，而且实践操作性日益增强。该角度无疑对本研究的设计与实施有很大的帮助。

本章小结

本章通过对跨文化研究相关的核心概念与理论框架进行了详细的梳理与阐释，为后文研究奠定了理论基础。本研究将以强调不同文化间的相互尊重、互动交流和融合创新的文化互动观为基本的理论立场，主要从涵化心理的视角，运用贝瑞及沃德等学者提出的跨文化适应理论框架与理论方法对高校中外合作办学项目学生的跨文化适应过程和结果及其影响因素进行深入探讨。

第三章

高校中外合作办学项目学生
跨文化适应状况及其影响因素

这一章我们将对高校中外合作办学项目学生的跨文化适应状况及其影响因素的问卷调查结果进行统计分析与讨论，从宏观上把握项目留学生的跨文化适应状况及适应特点。为后文从微观层面上对项目留学生的跨文化适应过程进行深入、细致的质性分析提供背景框架与分析类别。

第一节　研究假设与问卷设计

一　研究假设的提出

为了全面了解高校中外合作办学项目学生的跨文化适应整体状况及其影响因素，笔者设计了调查问卷从留学动机与期望、人口统计学因素、社会支持、涵化策略等方面对项目留学生的心理适应与社会文化适应进行了考察。研究假设如下：

（1）各人口统计学变量（如性别、年龄、专业、学历层次、留学时长等）对项目留学生的跨文化适应存在显著影响。

（2）项目留学生整体心理适应状况良好，社会文化适应中以学业适应与跨文化人际交往最为困难。

（3）社会支持与涵化态度对项目留学生的跨文化适应存在显著影响。

（4）国内阶段教学与培训的满意度与项目留学生的跨文化适应状况显著相关。

（5）项目留学生的心理适应与社会文化适应存在显著正相关关系。

本研究将通过问卷调查与量化分析来验证上述假设是否成立。

二　研究方法的选择与运用

1. 问卷样本的选择

本研究主要采用了目的性抽样、滚雪球式抽样的方法，选取对研究内容的相关信息掌握较多且丰富的个体为问卷样本。具体调研方式主要包括：

（1）借助国内六所正规大学（其中包括两所国家“211”重点大学，一所外语专业院校，及三所教学—研究型地方院校，所有院校均具有较长的中外合作办学历史及工作经验）的教育国际学院或教育合作与交流中心[①]的帮助发放并回收问卷。问卷目标学生群体包括正在国外留学的中外合作办学学生以及仍在国内就读并计划在3—8个月内出国的学生，学历层次包括本科与硕士，合作院校所在国包括英国、美国、法国、澳大利亚及加拿大。

（2）借助澳洲两所大学国际部（院校所在地为墨尔本和佩斯）的帮助向其在校中外合作办学学生发放并回收问卷，学历层次包括本科与硕士。

（3）同时笔者还通过E-mail的方式将电子版的调查问卷直接发给在国外的朋友和认识的学生，请之代为分发问卷，而他们除了发给自己熟识的学生外，也进一步委托他们的熟人帮忙分发问卷。这种滚雪球式的抽样方式增加了样本的多样性及总体数量，进一步提高了本调查样本对样本总体的代表性。

由于在抽样时考虑了院校的类型差异性、地域代表性和成功借鉴性原则，同时考虑到项目学生的学历层次以及国别分布等因素，本研究的样本基本能够代表目前中外合作办学项目学生的总体情况。本次问卷调查总共涉及被试者412名，回收有效问卷338份（有效回收率为82%），其中包括217名已出国项目学生，回收有效问卷189份（有效回收率为87.1%）；以及195名即将出国的学生，回收有效问卷149份（有效回收率为76.4%）。

参加此次问卷调查的已出国项目学生样本中，男生101名，占总样本比例的53.4%，女生88名，占总样本比例的46.6%。年龄在20—25岁

① 基于保密原则，并应部分学校要求，在文中隐去具体校名及其他具体辨识信息。

之间，平均年龄 22.2 岁（SD = 1.20）。其中本科生 109 人，占总样本比例的 57.7%，硕士生 80 人，占总样本比例的 42.3%。项目合作国包括英国、美国、法国、澳大利亚和加拿大，分别占总样本的 25.4%、14.3%、12.2%、41.8% 和 6.3%。该问卷样本与当前中外合作办学项目的学历层次及国别分布比例大致相符。已出国中外合作办学项目学生样本的具体人口统计情况见表 3—1。

表 3—1　　已出国项目学生样本基本情况统计

	人数	百分比（%）
性别		
男	101	53.4
女	88	46.6
专业		
商科	83	43.9
工科	62	32.8
设计	31	16.4
护理	13	6.9
学历		
本科	109	57.7
硕士	80	42.3
留学时长		
1—6 个月	45	23.8
7—12 个月	57	30.2
13—24 个月	52	27.5
24 个月以上	35	18.5
留学国家		
英国	48	25.4
美国	27	14.3
法国	23	12.2
澳大利亚	79	41.8
加拿大	12	6.3

续表

	人数	百分比（%）
毕业打算		
回国	92	48.7
继续出国	56	29.6
不确定	41	21.7
当地朋友		
0 位	33	17.5
1—3 位	76	40.2
4—6 位	48	25.4
7 位以上	32	16.9

参加此次问卷调查的计划出国的项目学生样本中，男生 86 名，占总样本比例的 57.7%，女生 63 名，占总样本比例的 42.3%。年龄在 18—23 岁之间，平均年龄 20.1 岁（SD = 1.12）。其中本科生 80 人，占总样本比例的 53.7%，硕士生 69 人，占总样本比例的 46.3%。项目合作院校所在国包括英国、美国、法国、澳大利亚和加拿大分别占总样本的 34.9%、18.1%、16.8%、22.8% 和 7.4%。计划出国的中外合作办学项目学生样本的具体人口统计情况见表 3—2。

表 3—2　　计划出国项目学生样本基本情况统计

	人数	百分比（%）
性别		
男	86	57.7
女	63	42.3
专业		
商科	60	40.3
工科	52	34.9
设计	22	14.7
护理	15	10.1
学历		
本科	80	53.7
硕士	69	46.3

续表

	人数	百分比（%）
留学国家		
英国	52	34.9
美国	27	18.1
法国	25	16.8
澳大利亚	34	22.8
加拿大	11	7.4
毕业打算		
回国	79	53.0
继续出国	26	17.5
不确定	44	29.5
当地朋友		
0 位	70	47.0
1—3 位	66	44.3
4—6 位	5	3.3
7 位以上	8	5.4

2. 问卷设计、测试与调整

（1）已出国项目学生调查问卷

问卷包括两大部分：第一部分是一个简短的说明，就调查的目的和有关事项向调查对象做出解释，如解释如何填写和回交问卷，以及告知将对调查对象提供的信息资料完全保密等原则；第二部分是问卷的具体内容。本研究采用半开放式问卷，要求被调查者针对问题进行选择，同时提出开放性问题让学生进行回答和补充。具体内容主要根据中外合作办学项目学生跨文化适应的构成要素和影响跨文化适应的内外部因素进行设计，多采用李克特量表形式，旨在从总体上把握中外合作办学项目学生的跨文化适应状况和适应特点，问卷结构和具体内容如下：

人口统计学信息，包括性别、年龄、学历、留学时长、留学国别、专业、毕业打算及当地朋友数量等各项人口统计信息。

留学动机与留学期望，该部分量表的题项主要参考了谢克洛夫等人设计的留学生留学动机与目标调查量表[①]及杨军红设计的来华留学生来华留学原因调查问卷[②]，并根据30名预试学生的反馈对题项进行了修订与测量，在此基础上形成正式调查中所采用的量表，共19题项，采用李克特五点量表形式进行评估（1——完全不重要，2——不太重要；3——一般；4——重要；5——非常重要）。留学动机量表内部一致性为0.79（$n=10$），留学期望分量表内部一致性为0.85（$n=9$）。

心理适应状况调查，采用抑郁自评量表（Zung Self-rating Depression Scale）[③] 作为测量工具。ZSDS量表自设计以来已被广泛运用于跨文化适应的相关研究中[④]，并在多项有关国际留学生跨文化适应问题的研究中被证明具有满意的信效度[⑤]。该量表由20道题组成，包括情感、生理和认知三个方面的抑郁因素，共4组特异性症状：精神性情感症状（2题项）、躯体性障碍（8题项）、精神运动性障碍（2题项）和抑郁的心理障碍（8题项），内容全面且具有代表性。量表采取4级评分（A——无或很少，B——有时，C——经常，D——大多数时间），共包括正反计分题各10道。正向计分题A、B、C、D按1、2、3、4计分；反向计分题按4、3、2、1计分，反向计分题项序号为2、5、6、11、12、14、16、17、18、20。量表满分为80分。在与问卷其他部分（如社会文化适应等）进行统计分析与比较时，该量表计分方式为总得分÷总题项。分数越高，表示抑

① Chirkov, V., Vansteenkiste, M., Tao, R., etc., "The Role of Self-determined Motivation and Goals for Study Aborad in the Adaptation of International Students", *International Journal of Intercultural Relations*, Vol. 31, No. 2, 2007, pp. 199 - 222.

② 杨军红：《来华留学生跨文化适应问题研究》，上海社会科学院出版社2009年版，第74—75页。

③ Zung, W. W. K., "A Self-rating Depression Scale", *Archives of General Psychiatry*, Vol. 12, No. 1, January 1965, pp. 63 - 70.

④ Zung, W. W. K., "A Cross-cultural Survey of Symptoms in Depression", *American Journal of Psychiatry*, Vol. 126, No. 1, 1969, pp. 116 - 121.

⑤ 如Ward, C., Okura, Y., Kennedy, A. & Kojima, T., "The U-Curve on Trial: A Longitudinal Study of Psychology and Sociocultural Adjustment during Cross-cultural Transition", *International Journal of Intercultural Relations*, Vol. 22, 1998, pp. 277 - 291; Ward, C. & Kennedy, A., "The Measurement of Sociocultural Adaptation", *International Journal of Intercultural Relations*, Vol. 23, No. 4, 1999, pp. 659 - 677; Oatey, H. S. & Xiong, Z., "Chinese Students' Psychological and Sociocultural Adjustments to Britain: An Empirical Study", *Language, Culture and Curriculum*, Vol. 19, No. 1, 2006, pp. 37 - 53.

郁程度越高，心理适应状况越差。此外，在单独考察心理适应状况时，采用标准分进行分析。计分方式为题项总分乘以 1.25 取整数为标准分，分值越小越好，分界值为 50。分数越高，抑郁程度越严重。一般来说，总得分低于 50 分者为正常；50—60 分为轻度抑郁；61—70 分为中度，70 分以上为重度抑郁。该量表在本研究中的内部一致性为 0.82。

社会文化适应状况调查，该部分量表在科琳·沃德及其同事设计的社会文化适应量表（SCAS）基础上修订而成。该量表具有良好的信效度，且题项非常灵活，可根据研究者的具体研究目的进行相应的删减与调整[①]。该量表及其多种修订版已被广泛应用于旅居者跨文化适应的研究中，并在多项对国际留学生的跨文化适应研究中证明具有较高的信度和效度[②]。该量表采用李克特五点量表形式（1 = 没有困难；2 = 有一点困难；3 = 一般；4 = 比较困难；5 = 非常困难），请被试学生以自评方式对他们在海外的社会文化适应状况进行评估。量表计分方式为总得分 ÷ 总题项。量表总得分越高，表示社会文化适应困难越大。

初始量表主要针对五个方面设计：学业、日常生活、人际交往、语言和价值观。后使用主成分分析法对量表进行因子分析，删除项目数过少及重复的题项共 9 题，二次因子分析发现特征值大于 1 的因子共 5 个，累计贡献率为 72.8%。从项目内容来看，与初始设计维度大体一致，因此沿用初始命名。最终量表共包含 29 题项：学业（5 项）、日常生活（8 项）、人际交往（8 项）、语言（4 项）和价值观（4 项），各维度具体包含题项见表 3—3。量表内部一致性为 0.90。量表各维度的 α 系数均在 0.75 以上（具体见表 3—4），信度较好。

---

① Ward, C. & Kennedy, A., "The Measurement of Sociocultural Adaptation", *International Journal of Intercultural Relations*, Vol. 23, No. 4, 1999, pp. 659 - 677.

② 如 Ward, C. & Kennedy, A., "Psychological and Sociocultural Adjustment during Cross-cultural Transitions: A Comparison of Secondary Students Overseas and at Home", *International Journal of Psychology*, Vol. 28, No. 2, 1993, pp. 129 - 147; Wang, C. D. & Mallinckrodt, B., "Acculturation, Attachment and Psychosocial Adjustment of Chinese Taiwanese International Students", *Journal of Counseling Psychology*, Vol. 53, No. 4, October 2006, pp. 422 - 433.

表 3—3　　社会文化适应量表各维度及题项

维度	题项
学业	2、7、12、20、25
日常生活	1、6、8、11、16、19、23、29
人际交往	5、9、10、13、17、18、22、28
语言	4、15、21、26
价值观	3、14、24、27

表 3—4　　社会文化适应量表内部一致性

	总量表	学业	日常生活	人际交往	语言	价值观
Cronbach's Alpha	0.90	0.86	0.76	0.85	0.85	0.81

人际交往圈构成及社会支持情况，包括三个部分：（1）项目学生的社会支持状况。主要采用了温菲尔德（Winefield）及其同事设计的多维度社会支持量表①，并就中外合作办学项目学生的实际情况进行了调整。该量表已被多次运用于不同目标人群（大学生、公司职员、病患等），同时在有关学生跨文化适应的相关研究中亦被证明具有满意的信效度。该量表包括情感、实际（物质）以及信息三个方面的支持因素，分为四个维度：家人支持（6 题项）、中国朋友支持（5 题项）、非中国朋友支持（5 题项）及学校（教学教务人员）支持（5 题项）。采用 4 点评分形式（1——从不，2——偶尔，3——经常，4——总是）。分数越高，被试获得的社会支持程度越高。该量表在本研究中的内部一致性为 0.87；（2）项目学生对自身时间的安排进行调查，采用 5 点评分（1——从不，2——很少时间；3——一般；4——经常；5——大多数时间），分别从学生“自己独处”、“与中国朋友在一起”、“与当地朋友在一起”、“与来自其他国家的朋友在一起”以及“与各个国家的朋友在一起”几个方面进行评估，主要在于了解项目学生与不同人群的交往频率和密度。量表在本研究中的内部一致性为 0.73；（3）项目学生自评影响其交友的主要因素。

① H. R. Winefield, H. R., Winefield, A. H. & Tiggermann, M., “Social Support and Psychological Well-being in Young Adults: The Multi-Dimensional Support Scale”, *Journal of Personality Assessment*, Vol. 58, No. 1, 1992, pp. 198 - 210.

题项由研究者拟定，并在题后附上开放性问题请学生自由回答与补充，并与预试中 15 名学生就题项设计进行了面对面的沟通与小组讨论，最终确定了正式调查中所采用的量表，包括爱好和兴趣、性格、价值观、经济利益、语言等题项。量表在本研究中的内部一致性为 0.81。

涵化态度，采用了贝瑞在其主持的国际合作项目“移民青少年国际比较研究”（ICSEY）以及“多元社会中的文化互动关系研究”（MIRIPS）中使用的涵化态度量表[①]。该量表中文版经由中国香港教授的修订和汉化，内容包括文化传统、语言、社交活动和交友四个方面，共 16 题，主要从保持本民族文化和参与当地社会文化两个维度考察整合、分离、同化与边缘化四种涵化态度。采用李克特五点评分方式（1——完全不同意，2——基本不同意，3——不确定/无所谓，4——基本同意，5——完全同意）。量表在本研究中的内部一致性为 0.79，涵化态度量表各维度及题项见表 3—5。

表 3—5　　涵化态度量表各维度及题项

维度	题项
分离	1、4、8、14
边缘化	2、3、7、13
整合	5、9、15、16
同化	6、10、11、12

国内阶段课程与培训的满意度，由研究者拟定并根据 30 名预试学生的反馈及 10 名项目相关负责人的意见进行修订，共 6 题项，内容包括专业课程、语言强化训练、跨文化培训、行政支持及心理咨询等方面，采用李克特五点评分形式（1——非常不满意，2——不满意，3——一般，4——满意，5——非常满意），分数越高，满意程度越高。量表在本研究中的内部一致性为 0.82。

（2）计划出国项目学生调查问卷

计划出国项目学生的问卷内容主要包括人口统计信息、留学动机与期望、预期的社会文化适应困难、计划对留学期间的时间安排、影响交友的

① Berry, J. W., Phinney, J. S., Sam, D. L., et al., *Immigrant Youth in Cultural Transition: Acculturation, Identity and Adaption across National Contexts*, US: Lawrence Erlbaum Associates, 2006.

因素、目前所持有的涵化态度以及对国内阶段课程与培训的满意程度共七个部分。每部分内容的具体题项与已出国项目学生问卷的对应部分相同，但对答题导语进行了相应的修改。如社会文化适应部分，答题导语由“请根据您的实际情况作答”改为“请根据您预期在未来留学期间会遇到的困难及其程度作答”；空闲时间安排部分，答题导语由“您目前的空闲时间一般是如何安排的？”改为“您计划在未来的留学期间如何安排自己的空闲时间？”问卷各分量表内部一致性见表3—6，详细内容参见附录三。

表3—6　　　　计划出国学生问卷各分量表内部一致性

	留学动机	留学期望	社会文化适应	时间安排	交友因素	涵化态度	国内阶段满意度
Cronbach's Alpha	0.88	0.93	0.96	0.69	0.85	0.83	0.81

第二节　跨文化适应状况及其影响因素量化分析

一　留学动机与留学期望

为更全面、准确地了解中外合作办学项目学生的跨文化适应状况及其影响因素，笔者对计划出国的项目学生和已出国的项目学生群体分别进行了留学动机与留学期望的调查。量表采用李克特五点式评分法（1—5，完全不重要—非常重要），计分方式为总得分÷总题项。得分越高，留学动机/期望越强。其中留学动机分量表包含十个题项，包括完成学位、提高外语水平、锻炼适应能力、开阔视野、职业发展等多方面内容；留学期望分量表包含九个题项，包括得到好的学习成绩、与当地人交朋友、理解当地文化、衣食住行无忧等方面的内容。

1. 留学动机与留学期望整体情况

从表3—7中可以看出，计划出国的项目学生与已出国的项目学生对留学动机自评分最高的四项均为“完成学位”（项目1）、“提高外语水平”（项目2）、“开阔视野，丰富人生阅历”（项目9）和“提高专业水平”（项目10）；两组学生对留学动机自评分最低的三项一致，包括“旅游、文化体验”（项目5）、“有助于定居国外”（项目4）和“父母、朋友建议出国”（项目8）。两组学生评分差别相对较大的是项目7“积累人脉，为以后的深造或工作提供便利”，已出国的项目学生对该项重要程度的评分（$M=3.41$，$SD=1.08$）低于计划出国的项目学生评分（$M=4.01$，$SD=1.05$）。从总体上看，已出国项目学生的留学动机强度要大于计划出国的项目学生（$M_1=3.85$，$SD_1=0.72$；$M_2=3.77$，$SD_2=0.58$）①。

表3—7　　计划出国学生与已出国学生留学动机情况

计划出国学生				已出国学生			
序号	题项	*M*	*SD*	序号	题项	*M*	*SD*
1	2	4.36	0.81	1	1	4.63	0.84
2	1	4.26	0.93	2	2	4.26	0.90
3	10	4.18	0.92	3	9	4.26	0.71
4	9	4.08	1.00	4	10	4.11	0.97
5	7	4.01	1.05	5	3	4.07	1.14
6	3	3.91	1.03	6	6	3.89	0.85
7	6	3.81	1.09	7	7	3.41	1.08
8	8	3.46	1.14	8	5	3.37	1.15
9	5	3.41	1.13	9	8	3.30	0.99
10	4	3.01	1.26	10	4	2.44	1.25

表3—8中显示，计划出国的项目学生与已出国的项目学生对留学期望评分最高的四项均为“能够保持积极的态度和愉快的心情”（项目19）、“能够用外语顺利表达自己的想法”（项目14）、“得到好的学习成绩”（项目11）和“能够理解当地人的话”（项目15）。但在“和当地人或其他国家的人交朋友”（项目17）、“理解当地的社会习俗和文化”（项目13）以及“能够被当地人接受”（项目18）和“体验融入当地社会的乐趣”（项目16）等方面，已出国项目学生的期望值与计划出国的项目学生的期望值差异较为明显，计划出国项目学生的留学期望值明显高于已出国学生的期望值（另见图3—2）。从总体上看，已出国项目学生的留学期望值要低于计划出国的项目学生（$M_1=4.03$，$SD_1=0.77$；$M_2=3.91$，$SD_2=0.59$）②。

① 注：下标1，2分别指代计划出国的项目学生和已出国项目学生。

② 注：下标1，2分别指代计划出国的项目学生和已出国项目学生。

表 3—8　　计划出国学生与已出国学生留学期望情况

计划出国学生				已出国学生			
序号	题项	*M*	*SD*	序号	题项	*M*	*SD*
1	19	4.34	0.88	1	19	4.41	0.75
2	14	4.17	0.92	2	14	4.33	0.78
3	11	4.14	0.99	3	15	4.15	0.82
4	15	4.06	0.99	4	11	4.11	1.01
5	17	4.06	0.92	5	12	3.74	1.02
6	18	3.96	1.01	6	13	3.67	0.88
7	16	3.94	0.99	7	16	3.63	0.88
8	13	3.83	1.00	8	17	3.59	0.84
9	12	3.79	1.04	9	18	3.52	0.98

这一研究结果在一定程度上说明，项目留学生对留学生活的预期与其实际经历之间存在落差。尤其是在跨文化人际交往上的期望在出国后没有能够实现或达到理想的状态，这种失落感和心理落差可能会导致项目留学生在新社会文化环境下出现认知失调状况的发生，从而不利于他们的跨文化适应。

2. 计划出国学生与已出国学生的留学动机比较

从图 3—1 可以看出，计划出国学生在项目 4、项目 7、项目 8 和项目 10 上选择“重要”（包括“比较重要”和“非常重要”）的比例高于已出国学生；已出国学生在项目 1、项目 2、项目 3、项目 5、项目 6 和项目 9 上选择“重要”（包括“比较重要”和“非常重要”）的比例高于计划出国的学生。

从图 3—2 可以看出，计划出国学生在项目 1、项目 6、项目 8 和项目 9 上选择“不重要”（包括“完全不重要”和“不太重要”）的比例高于已出国学生；已出国学生在项目 2、项目 3、项目 4、项目 5、项目 7 和项目 10 上选择“不重要”（包括“完全不重要”和“不太重要”）的比例高于计划出国的学生。

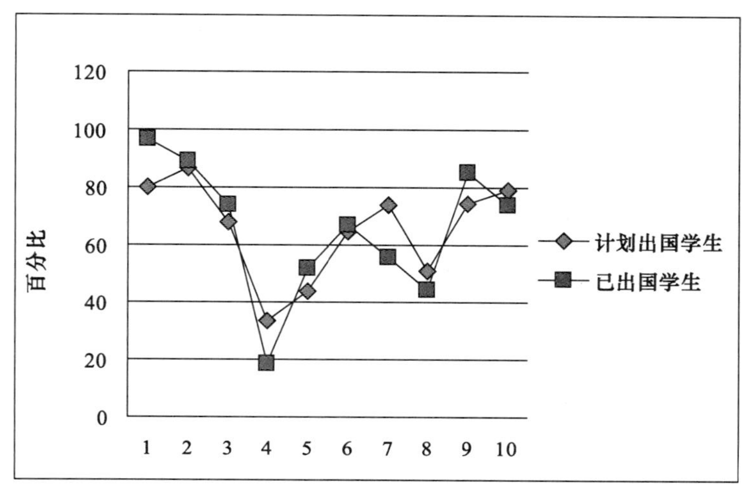

图 3—1　计划出国学生与已出国学生留学动机比较（选择“重要”的比例）

注：1—10 为题项。

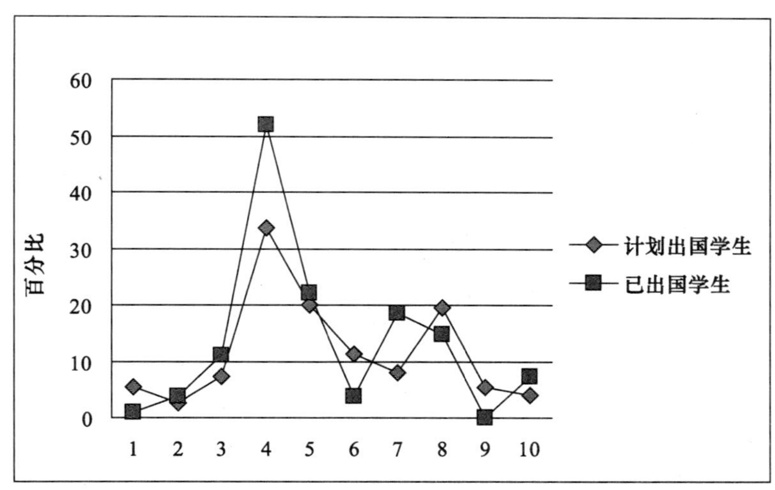

图 3—2　计划出国学生与已出国学生留学动机比较（选择“不重要”的比例）

注：1—10 为题项。

从图 3—3 可以看出，计划出国学生在项目 1 至项目 5、项目 9 上选择“一般”的比例高于已出国的学生；已出国学生在项目 6、项目 7、项目 8

和项目10上选择“一般”的比例高于计划出国的学生。

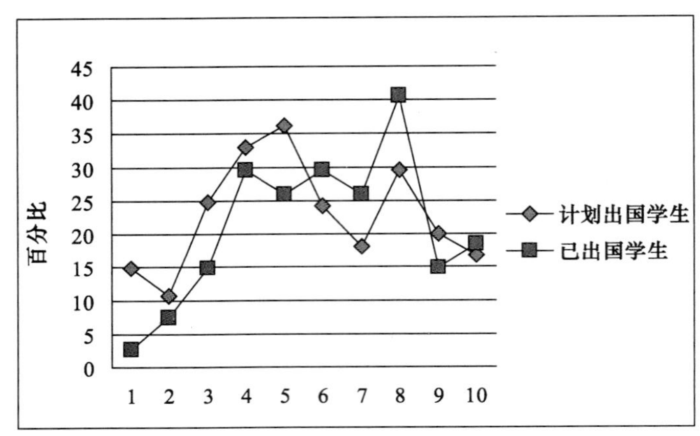

图3—3 计划出国学生与已出国学生留学动机比较（选择“一般”的比例）

注：1—10为题项。

从总体上看，计划出国学生和已出国学生在留学动机上的选择差异不大，整体趋势也比较一致。其中，项目学生在学业成就和语言能力提高方面的留学动机最高，个人成长与职业发展方面的留学动机次之，而对于旅游、文化体验及父母、朋友建议等方面的留学动机相比之下最低。而这种留学动机的结构可能会影响项目学生在留学期间对于自身时间的安排。例如，由于学生留学的主要动力和目的是获得较好的学业成就和提高外语水平，因此他们大部分的时间和精力可能会安排在学习上，从而使得休闲娱乐时间和日常生活中的人际交往机会偏少。而这种生活、学习的安排和模式反过来又会对学生的心理适应、学术适应以及其他社会文化方面的适应状况产生影响。这在后文的深入访谈中得到了进一步的验证和分析。

3. 计划出国学生与已出国学生的留学期望比较

从图3—4可以看出，计划出国学生在项目11—13、项目16—18上选择“重要”（包括“比较重要”和“非常重要”）的比例高于已出国学生；已出国学生在项目14、项目15上选择“重要”（包括“比较重要”和“非常重要”）的比例高于计划出国的学生。两组学生在项目19上的选择比例基本相同。

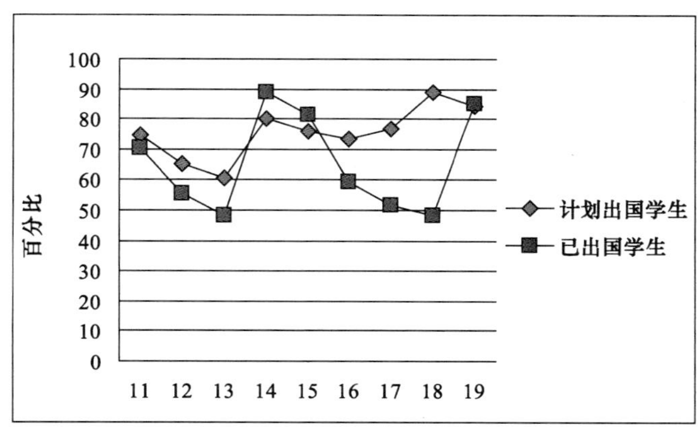

图 3—4　计划出国学生与已出国学生留学期望比较（选择“重要”的比例）

注：11—19 为题项。

从图 3—5 可以看出，计划出国学生在项目 13、项目 14、项目 15 和项目 19 上选择“不重要”（包括“完全不重要”和“不太重要”）的比例高于已出国学生；已出国学生在项目 11、项目 12、项目 16、项目 17 和项目 18 上选择“不重要”（包括“完全不重要”和“不太重要”）的比例要高于计划出国的学生。

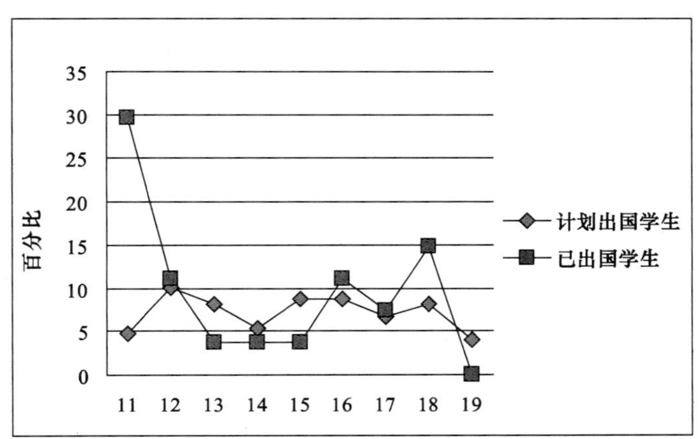

图 3—5　计划出国学生与已出国学生留学期望比较（选择“不重要”的比例）

注：11—19 为题项。

从图3—6可以看出，计划出国学生在项目11和项目14上选择“一般”的比例高于已出国的学生；已出国学生在项目12、项目13、项目16—19上选择“一般”的比例高于计划出国的学生；两组学生在项目15上的选择比例基本相同。

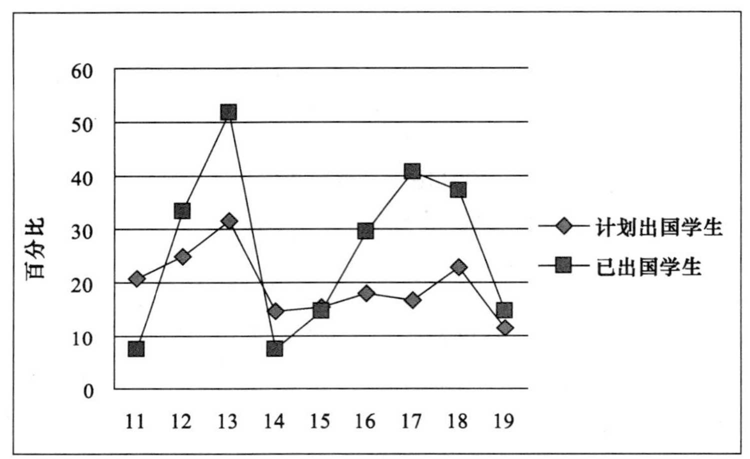

图3—6 计划出国学生与已出国学生留学期望比较（选择“一般”的比例）

注：11—19为题项。

从总体上看，计划出国的学生与已出国学生在项目16、项目17和项目18上的差异较为明显，计划出国的学生对于“体验融入当地社会的乐趣”、“能够被当地人接受”以及“与当地人和其他国家的人交朋友”方面的期望值要明显高于已出国学生，尤其是在“与当地人和其他国家的人交朋友”这一项上，计划出国学生和已出国学生的期望值差异最为明显。这从一定程度上表明，项目留学生出国前的期望与出国后实际能达到的目标可能存在落差。研究者认为，已出国学生整体留学期望值的降低，尤其是对结交异国友人与融入东道国社会方面的期望值降低，可能是因为其在留学过程中遇到了一系列的适应困难，尤其是在跨文化人际交往与社会融入方面的困难，从而在寻求解决方法和形成有效应对策略的过程中，适当地调整了原先的期望值，使之更符合自身目前的适应状况，从而降低心理压力；另一种可能的解释是项目学生在出国后经历文化冲击，发现实际遇到的适应困难使得自己原先的期望值难以达到，继而产生心理压力，甚至是认知失调，从而导致对留学期望值的降低。关于这一点，笔者在后续访谈中进行了更深入的了解和分析。

二　跨文化适应整体状况分析

1. 心理适应状况

本研究采用抑郁自评量表（ZSDS）对已出国项目学生的心理适应状况进行考察。该量表的标准分数范围在25—100分。分数低于50分属正常范围；50—59属轻度抑郁；60—69属中度抑郁；等于或高于70分属于重度抑郁①。从表3—9中可见，参加调查的大部分已出国学生没有承受过度的心理压力，属可自行调节的正常范围内，但也有22%左右的被试显示出临床抑郁的症状，其中包括37人轻度抑郁，5人中度抑郁。这说明虽然已出国项目学生的整体心理适应状况良好，但是其心理适应问题仍实际存在，需要通过有效的方法与措施进行改善。

表3—9　　抑郁自评量表被试得分（标准分）情况

量表得分	人数	百分比（%）
<50（正常）	147	77.8
50—59（轻度抑郁）	37	19.6
60—69（中度抑郁）	5	2.6
> =70（重度抑郁）	0	0

Mean = 40.03，*SD* = 9.93，*n* = 189。

2. 社会文化适应状况

为更全面清晰地了解项目学生的社会文化适应状况，笔者对计划出国学生预期的社会文化适应困难和已出国项目学生实际经历的社会文化适应困难两方面进行了调查。调查结果如下：

表3—10列出了两组学生在社会文化适应上得分最高的十个题项。从

① Zung, W. W. K., "A Self-rating Depression Scale", *Archives of General Psychiatry*, Vol. 12, No. 1, January 1965, pp. 63 – 70.

表3—10中可以看到，计划出国的学生预期在未来留学期间可能会遇到的适应困难主要集中在学业（5项）和语言（3项）方面，其次还包括人际交往（1项）和价值观（1项）两方面；已出国学生报告中他们实际遇到的适应困难主要包括跨文化人际交往（4项）、学业（3项）、价值观（2项）以及语言（1项）。从具体的项目内容来看，项目学生对学业适应问题的预期与实际经历比较相符，问题主要集中在“撰写学术论文”、“与不同国家的同学讨论学习问题”以及“能够在课堂上清晰地表达自己的观点”三个方面；在语言方面，计划出国的学生最担心的是运用当地的语言进行写作和阅读，而已出国学生所报告的最主要的语言问题在于“能说当地的语言”；而在价值观方面，除了计划学生所担忧的“理解当地的政治体制”外，已出国项目学生还认为“理解当地人的价值体系”会比较困难；此外，在跨文化人际交往方面，已出国学生报告的适应困难远比计划出国学生所预期的要大。除了“与行政人员打交道”这一项预期与实际经历重合以外，“理解当地人的笑话和幽默”、“与当地人当朋友”以及“参加社交活动、聚会”等方面的问题并没有得到计划出国学生的足够关注和认知，但在已出国学生报告的社会文化适应困难中却非常的突出。

表3—10　　　　社会文化适应得分最高的项目

计划出国学生预期的困难				已出国学生实际遇到的困难			
序号	题项	*M*	*SD*	序号	题项	*M*	*SD*
1	12	3.11	1.15	1	5	3.26	1.17
2	20	2.82	1.09	2	18	3.24	1.29
3	25	2.77	1.15	3	22	3.20	1.17
4	22	2.68	1.32	4	25	3.01	1.26
5	7	2.64	1.09	5	17	2.99	1.12
6	26	2.60	1.26	6	12	2.91	1.21
7	21	2.49	1.30	7	15	2.87	1.13
8	2	2.48	1.10	8	20	2.84	1.02
9	15	2.47	1.28	9	27	2.83	1.22
10	27	2.46	1.17	10	24	2.81	0.96

表3—11　　　　社会文化适应得分最低的项目

计划出国学生预期的困难				已出国学生实际遇到的困难			
序号	题项	*M*	*SD*	序号	题项	*M*	*SD*
1	1	1.89	1.17	1	1	1.66	0.59
2	11	1.89	1.11	2	6	1.77	0.77
3	18	1.93	1.18	3	23	1.80	0.83
4	6	1.93	1.16	4	16	1.82	0.87
5	16	1.94	1.13	5	8	1.85	0.96
6	29	1.97	1.07	6	29	1.87	1.09
7	19	1.99	1.10	7	19	1.89	0.89
8	23	1.99	1.11	8	2	2.00	0.80
9	17	2.01	1.15	9	11	2.06	0.63
10	28	2.07	1.07	10	3	2.09	0.92

表3—11列出了两组学生在社会文化适应上得分最低的十个题项。从表3—11中可以看到，计划出国的学生预期中困难程度最低的问题包括日常生活（8项）和人际交往（2项）；已出国学生实际经历的困难程度最低的问题包括日常生活（8项）、价值观（1项）及学业（1项）。从具体的项目内容来看，无论是项目学生对社会文化适应的预期还是实际经历，在日常生活方面的困难都是最小的，如“使用交通工具”、“适应当地气候”、“适应当地生活节奏”等方面；但计划出国的学生预期困难最小的两项人际交往方面的问题：“与当地人交朋友”和“参加社交活动和聚会”出现在已出国学生适应困难最大的十个题项中；此外，已出国学生在“了解大学要求”方面遇到的困难要小于计划出国学生的预期。

从表3—12中可以看出，计划出国学生预期中的社会文化适应困难程度从大到小分别是：学业（2.67）>语言（2.46）>价值观（2.38）>人际交往（2.18）>日常生活（2.02）；已出国学生实际经历的社会文化适应困难程度从大到小分别是：人际交往（2.95）>学业（2.58）>价值观（2.50）>语言（2.42）>日常生活（1.84）。其中，学业、日常生活、语言三方面，预期的困难大于实际困难；而人际交往和价值观两方面，实际困难大于预期的困难。从总体上看，计划出国学生预期的社会文化适应（$M=2.33$，$SD=0.79$）困难程度要低于已出国学生实际经历的社会文化适应（$M=2.46$，$SD=0.93$）困难程度。

表 3—12 社会文化适应维度上计划出国学生的预期困难与已出国学生的实际困难比较

	学业		日常生活		人际交往		语言		价值观	
	M	*SD*	*M*	*SD*	*M*	*SD*	*M*	*SD*	*M*	*SD*
预期的困难	2.67	0.89	2.02	0.91	2.18	0.91	2.46	1.09	2.38	1.04
实际困难	2.58	1.06	1.84	0.96	2.95	1.13	2.42	1.04	2.50	0.98

从图 3—7 可以更直观地看到，计划出国的项目学生与已出国项目学生差异最大的社会文化适应困难在人际交往方面。已出国的项目学生所经历的人际交往方面的困难程度明显高于计划出国学生的预期。

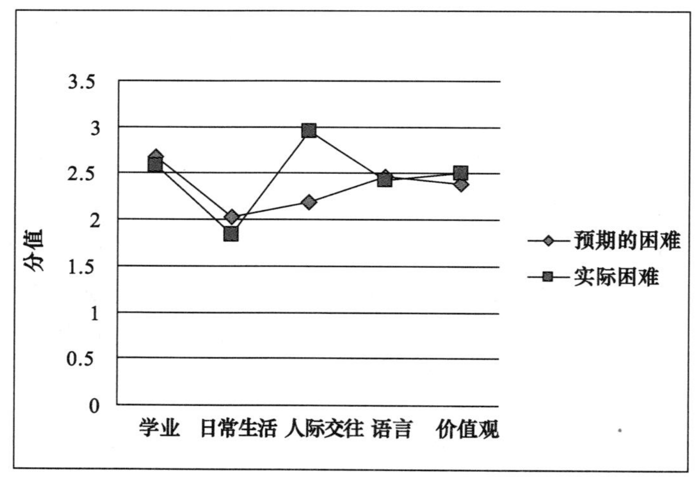

图 3—7 社会文化适应维度上计划出国学生的预期困难与已出国学生的实际困难比较

3. 社会交往圈构成情况

（1）社会交往圈构成

为了解已出国项目学生社会交往圈的总体情况，笔者对他们对自身时间的安排进行了调查，同时对即将出国的学生计划对留学期间自身时间的安排也进行了相应的调查，并对两组学生的调查结果进行了比较，结果表明，即将出国的项目学生对时间的计划安排与已出国项目学生的实际时间安排之间存在明显差异，尤其是在“与当地同学或朋友在一起”、“与其他国家的留学生或朋友在一起”和“与各个国家的学生或朋友在一起”的时间比例上，差异尤为明显。已出国学生与这三类人群实际相处的时间远远少于即将出国的项目学生的预期计划。以选择“经常＋大多数时间”人数的百分比为例（见图3—8），计划与当地学生相处的时间比例达36.2%，而实际与当地学生相处的时间比例仅占10.8%；计划与其他国家的留学生或朋友在一起的时间比例为31.5%，而实际与之相处的时间比例为15.1%；计划与来自各个国家的同学或朋友在一起的时间比例为33.6%，而实际与之相处的时间比例17.2%。此外，即将出国的项目学生预期将与中国学生或朋友相处的时间（47.7%）和自己独处的时间（14.8%）都要少于已出国的项目学生实际与中国学生或朋友相处的时间（59.2%）和自己独处的时间（18.5%）。

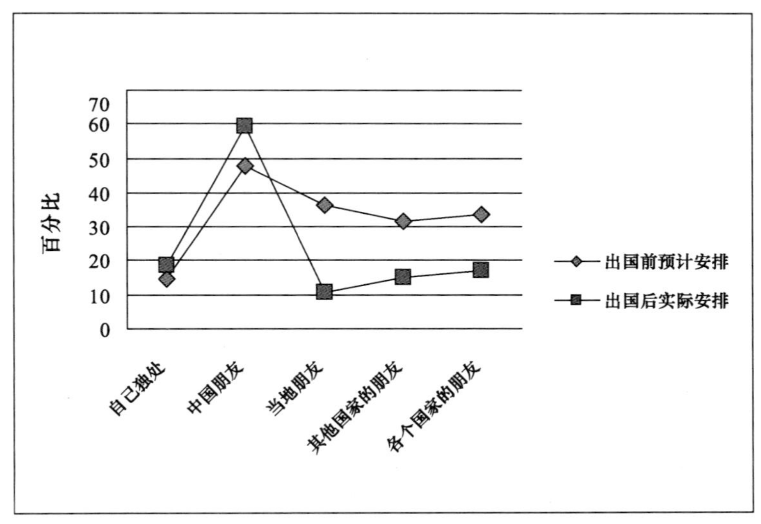

图3—8　计划出国学生预期时间安排与已出国学生实际时间安排比较

注：显示比例为选择“经常＋大多数时间”的百分比。

由此可见，项目留学生具有与东道国人士进行跨文化交往和结交异国友人的主观意愿，但是在现实生活的大部分时间里，他们仍倾向于与中国同胞，尤其是中国朋友和中国同学“扎堆”。笔者在后续访谈中对造成这一问题的原因进行了更深入的挖掘，研究发现，语言问题、学业压力、跨文化沟通技能、东道国人士的多元文化态度与交往意愿、以及中西社会截然不同的社会结构、价值观与人际交往模式等因素是导致该情况发生的重要影响因素。

(2) 影响交友的主要因素

从统计结果上看，无论是计划出国还是已出国的学生都认为，影响他们与东道国成员交友的五个最重要的因素中，按自评分从高到低排列依次是：性格不同、爱好和兴趣不同、价值观不同、语言不同和风俗习惯不同。其中除两项个体差异（性格和爱好、兴趣）因素外，价值观和风俗习惯不同都属文化差异，此外还包括语言差异。可见，语言和文化差异是项目留学生在交友过程中考虑的重要因素。

就已出国项目学生而言（图 3—9），选择“重要”（包括“比较重要”和“非常重要”）的学生比例从高到低的前五项分别为：性格（项目8）、爱好和兴趣（项目1）、价值观（项目7）、语言（项目5）和风俗习惯（项目10），各项所占比例分别为：85.1%、66.6%、48.1%、29.6%和22.2%。而“政治信仰”和“经济利益”两项所占比例最低，均小于10%。该自评量表的调查结果表明，文化差异是影响已出国项目学生交友的重要因素之一，且已出国项目学生对文化差异在其交友过程中所具有的重要影响已具有一定程度的认识和自觉。

三　各种人口统计变量对跨文化适应的影响

1. 性别差异比较

对已出国项目学生在心理适应和社会文化适应得分上的性别差异进行检验。结果如表 3—13 所示。结果表明：女生的心理适应得分稍低于男生，但 $p>0.05$，男女生在心理适应上的差异不存在统计显著性；男女生在社会文化适应上的差异接近显著（$p=0.056$），女生的社会文化适应得分低于男生。

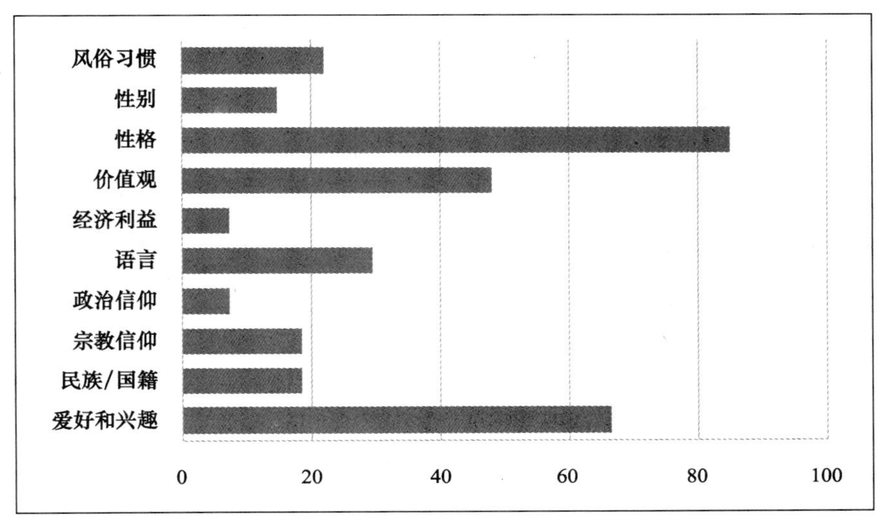

图 3—9　已出国项目学生交友影响因素自评情况

表 3—13　　跨文化适应在性别差异上的 t 检验

	男		女		*t*	*p*
	M	*SD*	*M*	*SD*		
心理适应	1.61	0.39	1.60	0.41	0.16	0.871
社会文化适应	2.58	1.01	2.32	0.81	1.92	0.056

2. 学历差异比较

对已出国项目学生在心理适应和社会文化适应得分上的学历差异进行检验。结果如表 3—14 所示。结果表明：本科项目学生与硕士项目学生在心理适应和社会文化适应上均存在显著性差异。硕士生在心理适应和社会文化适应上的得分均明显低于本科生。

表 3—14　　跨文化适应在学历差异上的 t 检验

	本科		硕士		*t*	*p*
	M	*SD*	*M*	*SD*		
心理适应	1.69	0.41	1.48	0.35	3.72	0.000
社会文化适应	2.63	1.03	2.23	0.70	3.17	0.002

3. 年龄差异比较

受中外合作办学项目招生特点的影响，本研究中涉及的项目留学生样本的年龄分布在20—25，年龄范围较小。笔者曾尝试将被试按“20—22岁”与“23—25岁”、“20—23岁”与“24—25岁”进行分组，但统计分析结果均为达到统计显著性。因此，研究者在此处只呈现未进一步分类的年龄差异比较。对项目留学生跨文化适应在年龄差异上的方差分析结果（见表3—15和表3—16）表明：不同年龄的项目留学生在心理适应和社会文化适应的得分上不存在显著性差异：心理适应［$F(5, 183) = 1.00$，$p = 0.418$］，社会文化适应［$F(5, 183) = 1.07$，$p = 0.378$］。

表3—15　　跨文化适应在不同年龄上得分的平均数和标准差

	20岁		21岁		22岁		23岁		24岁		25岁	
	M	*SD*	*M*	*SD*	*M*	*SD*	*M*	*SD*	*M*	*SD*	*M*	*SD*
心理适应	1.67	0.30	1.52	0.41	1.65	0.38	1.58	0.41	1.47	0.44	1.62	0.53
社会文化适应	2.76	1.02	2.54	0.73	2.52	0.93	2.35	1.08	2.22	0.87	2.09	0.92

表3—16　　跨文化适应在年龄差异上的方差检验

		df	*MS*	*F*	*p*
心理适应	组间	5	0.158	1.003	0.418
	组内	183	0.158	—	—
	总变异	188	—	—	—
社会文化适应	组间	5	0.918	1.072	0.378
	组内	183	0.856	—	—
	总变异	188	—	—	—

4. 留学时长差异比较

根据中外合作办学项目的普遍时限，笔者将被试的留学时长分为四组：1—6个月（半年以内）、7—12个月（一年以内）、13—24个月（两年以内）及24个月以上组（两年以上）。不同留学时长在心理适应和社会文化适应上得分的平均数和标准差见表3—17。以单因素方差分析检验已出国项目学生在心理适应和社会文化适应得分上的留学时长差异（见

表 3—18)，并对存在差异的维度进行事后检验。

从表 3—17 中可以看出，留学时长在 1—6 个月以内的项目学生在心理适应和社会文化适应上得分最高，即留学半年以内的项目学生所承受的心理压力最大，遇到的社会文化适应困难最多，他们的心理适应和社会文化适应状况在四个时段中表现最差；与之相比，留学时长在 7—12 个月内的项目学生的心理适应得分和社会文化适应得分均有明显下降，意味着留学时段在一年内的项目学生的心理压力较之留学初期有所缓解，遇到的社会文化适应困难亦明显减少；而留学时间在 13—24 个月以内的项目学生在心理适应和社会文化适应方面的得分较第二时段又有所回升，说明留学一年以内的项目学生的心理压力和社会文化适应问题与一年以内的项目学生相比更为严重；而留学时间 24 个月以上的项目学生，无论是在心理适应得分上，还是在社会文化适应得分上均为最低，即留学时段在两年以上的项目学生的心理适应和社会文化适应状况在四个时段中表现最好。从总体趋势上看，项目学生留学时间越长，心理压力越小，遇到的社会文化适应困难越少，心理适应和社会文化适应整体状况越好。

表 3—17　　跨文化适应在不同留学时长上得分的平均数和标准差

	1—6 个月		7—12 个月		13—24 个月		24 个月以上	
	M	*SD*	*M*	*SD*	*M*	*SD*	*M*	*SD*
心理适应	1.71	0.43	1.59	0.35	1.64	0.40	1.44	0.39
社会文化适应	3.01	0.99	2.37	0.74	2.43	0.90	1.95	0.82

表 3—18　　跨文化适应在留学时长差异上的方差检验

		df	*MS*	*F*	*p*
心理适应	组间	3	0.514	3.38	0.019
	组内	185	0.152	—	—
	总变异	188	—	—	—
社会文化适应	组间	3	7.793	10.45	0.000
	组内	185	0.746	—	—
	总变异	188	—	—	—

单因素方差分析（见表3—18）表明：已出国项目学生在心理适应和社会文化适应上的得分均存在显著的留学时长差异。其中，心理适应总分在0.05水平上存在显著差异，社会文化适应总分在0.01水平上存在显著差异。事后检验表明：（1）留学时长为1—6个月的项目学生和24个月以上的项目学生，以及留学时长为13—24个月的项目学生和24个月以上的项目学生在心理适应得分上存在显著差异。1—6个月的项目学生在心理适应上的得分高于24个月以上的项目学生，留学24个月以上的项目学生心理适应得分最低。其他时间段之间也存在差异，但未达到统计显著性；（2）留学时长1—6个月的项目学生和7—12个月、13—24个月及24个月以上的项目学生，留学时长7—12个月的项目学生和24个月以上的项目学生，留学时长13—24个月的项目学生和24个月以上的项目学生在社会文化适应的得分上存在显著差异，1—6个月的项目学生社会文化适应得分高于其他三个留学时段，24个月以上的项目学生社会文化适应得分最低。其他时间段之间也存在差异，但未达到统计显著性。

这一调查结果与利兹格德和奥伯格等学者提出的U/W跨文化适应曲线的理论假设不符，但是与著名跨文化心理学家沃德、贝拉尔多等人实施的一系列有关国际留学生跨文化适应的实证研究结果保持了一致。笔者认为，由于项目留学生不同于旅游者等其他类型的旅居人员，他们在面临语言适应和日常生活适应的同时，还必须在短期内快速地适应当地的教育体系与教学方式，这些多方面的适应压力加重了项目留学生留学初期的焦虑和不安全感，因此造成他们在1—6个月的留学阶段的适应问题最为严重。

5. 留学国家差异比较

由于中外合作办学项目涉及多个留学国家，为了更好地了解各国项目留学生的心理适应和社会文化适应状况，笔者对在不同国家留学的项目学生的跨文化适应状况进行了差异分析，结果如表3—19、表3—20所示：

表3—19　跨文化适应在不同留学国家上得分的平均数和标准差

	英国		美国		法国		澳大利亚		加拿大		*F*
	M	*SD*	*M*	*SD*	*M*	*SD*	*M*	*SD*	*M*	*SD*	
心理适应	1.68	0.40	1.65	0.46	1.70	0.31	1.50	0.38	1.62	0.45	2.26
社会文化适应	2.50	1.00	2.54	0.95	2.92	0.88	2.31	0.85	2.20	0.92	2.33

表 3—20　　跨文化适应在留学国家差异上的方差检验

		df	*MS*	*F*	*P*
心理适应	组间	4	0.347	2.26	0.065
	组内	184	0.154	—	—
	总变异	188	—	—	—
社会文化适应	组间	4	1.948	2.33	0.057
	组内	184	0.834	—	—
	总变异	188	—	—	—

从表 3—19 中可以看出，留学澳、加的项目学生心理适应状况和社会文化适应得分最低，留学英国和美国的项目学生次之，留学法国的项目学生的适应得分最高。方差分析结果表明（见表 3—20）：留学不同国家的项目学生在心理适应和社会文化适应的得分上均不存在显著性差异（见表 3—20）：心理适应［$F(4, 184) = 2.26$，$p = 0.065$］，社会文化适应［$F(4, 184) = 2.33$，$p = 0.057$］。

6. 专业差异比较

根据被试在问卷上所填写的具体专业情况，笔者将被试的专业分为四大类：商科（包括国际金融与会计、国际经济与贸易、国际商务、酒店管理等）、工科（包括电气工程及其自动化、机电一体化、机械与土木工程、纺织工程、车辆工程等）、设计（包括艺术设计、装潢艺术设计、服装设计和多媒体设计）和护理。

不同专业的项目学生在心理适应和社会文化适应上得分的平均数和标准差见表 3—21。以单因素方差分析检验已出国项目学生在心理适应和社会文化适应得分上的专业差异（见表 3—22），并对存在差异的维度进行事后检验。

表 3—21　　跨文化适应各维度在不同专业上得分的平均数和标准差

	商科		工科		设计		护理		*F*（*Sig.*）
	M	*SD*	*M*	*SD*	*M*	*SD*	*M*	*SD*	
心理适应	1.55	0.37	1.60	0.43	1.70	0.37	1.72	0.47	1.49
社会文化适应	2.23	0.74	2.68	1.18	2.52	0.72	2.72	0.77	3.48*

表 3—22　　跨文化适应在专业差异上的方差检验

		df	*MS*	*F*	*P*
心理适应	组间	3	0.233	1.49	0.220
	组内	185	0.157	—	—
	总变异	188	—	—	—
社会文化适应	组间	3	2.869	3.48	0.017
	组内	185	0.826	—	—
	总变异	188	—	—	—

从表 3—21 中可以看出，商科的项目学生心理适应和社会文化适应上的得分最低，工科和设计专业的项目学生次之，护理专业的项目学生得分最高。表 3—22 表明，不同专业的项目学生在心理适应上的得分［$F(3, 185) = 1.49$，$p = 0.220$］不存在显著性差异，但在社会文化适应上的得分［$F(3, 185) = 3.48$，$p = 0.017$］存在显著性差异。事后检验表明，商科的项目学生与工科的项目学生在社会文化适应得分上差异显著（$p < 0.01$），商科学生的社会文化适应得分低于工科学生，社会文化适应状况最好。其他专业之间也存在差异，但未达到统计显著性。

7. 毕业打算差异比较

从表 3—23 中可以看出，打算毕业回国的项目学生心理适应得分最低，适应状况最好，打算继续出国的项目学生心理适应得分高于打算毕业回国的项目学生，低于对毕业打算不确定的项目学生。在社会文化适应方面，打算毕业回国的项目学生得分最高，打算继续出国的项目学生得分最低，对毕业打算不确定的项目学生得分居中。

表 3—23　　跨文化适应在不同毕业打算上得分的平均数和标准差

	回国		继续出国		不确定		*F*（*Sig.*）
	M	*SD*	*M*	*SD*	*M*	*SD*	
心理适应	1.59	0.43	1.64	0.36	1.58	0.38	0.357
社会文化适应	2.58	1.06	2.33	0.83	2.36	0.68	1.574

方差分析结果表明（见表 3—24）：毕业打算不同的项目学生在心理适应［$F(2, 186) = 0.36$，$p = 0.700$］和社会文化适应［$F(2, 186)$

$= 1.57$，$p = 0.210$］上的得分均无显著性差异。也就是说，对毕业去向的打算对项目留学生的跨文化适应状况并没有明显的影响。

表 3—24　　　　跨文化适应在毕业打算差异上的方差检验

		df	*MS*	*F*	*P*
心理适应	组间	2	0.057	0.36	0.700
	组内	186	0.159	—	—
	总变异	188	—	—	—
社会文化适应	组间	2	1.343	1.57	0.210
	组内	186	0.853	—	—
	总变异	188	—	—	—

8. 当地朋友数量差异比较

从表 3—25 中可以看出，在心理适应的得分上，拥有 7 位以上当地朋友的项目学生的得分最低，拥有 0 位以上当地朋友的项目学生次之，拥有 1—3 位和 4—6 位当地朋友的项目学生的得分基本相同。拥有不同数量的当地朋友的项目学生在心理适应得分［F（3，185）$= 0.98$，$p = 0.401$］上不存在显著性差异；在社会文化适应方面，拥有 7 位以上当地朋友的项目学生的得分最低，拥有 0 位以上当地朋友的项目学生得分最高，拥有 1—3 位和 4—6 位当地朋友的项目学生得分居中。

方差分析结果（见表 3—26）显示，拥有不同数量的当地朋友的项目学生在社会文化适应得分［F（3，185）$= 2.71$，$p = 0.047$］上存在显著性差异。事后检验表明，拥有 0 位当地朋友与 7 位以上当地朋友的项目学生在社会文化适应得分上存在显著差异（$p < 0.01$）。拥有 0 位当地朋友的学生社会文化适应得分高于拥有 7 位以上当地朋友的项目学生，其他组间差异不显著。

表 3—25　跨文化适应在不同当地朋友数量上得分的平均数和标准差

	0 位		1—3 位		4—6 位		7 位以上		*F*（*Sig.*）
	M	*SD*	*M*	*SD*	*M*	*SD*	*M*	*SD*	
心理适应	1.54	0.45	1.63	0.38	1.64	0.40	1.52	0.36	0.98
社会文化适应	2.75	1.05	2.47	0.99	2.48	0.73	2.11	0.81	2.71*

表 3—26　　　跨文化适应在当地朋友数量差异上的方差检验

		df	*MS*	*F*	*P*
心理适应	组间	3	0.155	0.98	0.401
	组内	185	0.158	—	—
	总变异	188	—	—	—
社会文化适应	组间	3	2.260	2.71	0.047
	组内	185	0.835	—	—
	总变异	188	—	—	—

四　涵化态度、社会支持与跨文化适应的关系

1. 心理适应与社会文化适应的关系

表 3—27 表明，已出国项目学生的抑郁水平整体上属正常范围内，未承受过度的心理压力，而社会文化适应困难属中等程度。关于心理适应与社会文化适应之间关系的论点，多项对国际学生、外派人员、商人等不同群体的跨文化研究结果曾发现，心理和社会文化适应之间存在正相关关系（r 值一般在 0.20 到 0.60，中位数相关系数为 0.32）①。在本项研究中，相关分析结果表明，心理适应与社会文化适应之间存在显著正相关，且心理适应与社会文化适应各分维度的相关均达到了显著水平（$r = 0.31 - 0.22$，$p < 0.01$）。这一结果与先前的多项跨文化研究结果②③保持了一致，再次论证了心理适应与社会文化适应之间的显著正相关关系。

表 3—27　　　心理适应与社会文化适应的关系

心理适应		社会文化适应		*r*	*p*
M	*SD*	*M*	*SD*		
1.60	0.40	2.46	0.93	0.365**	0.000

① ［新西兰］科琳·沃德：《文化接触的心理学理论及其对跨文化培训和介入的启示》，载［美］丹·兰迪斯等编《跨文化培训指南》，关世杰等译，北京大学出版社 2009 年版，第 185—216 页。

② Ward, C., Okura, Y., Kennedy, A. & Kojima, T., "The U-Curve on Trial: A Longitudinal Study of Psychology and Sociocultural Adjustment during Cross-cultural Transition", *International Journal of Intercultural Relations*, Vol. 22, 1998, pp. 277 – 291.

③ Spencer-Oatey, H. & Xiong, Z., "Chinese Students' Psychological and Sociocultural adjustments to Britain: An Empirical Study", *Language, Culture and Curriculum*, Vol. 19, No. 1, 2006, pp. 37 – 53.

2. 社会支持与跨文化适应的关系

对于已出国项目学生的社会支持状况，研究者主要从四个方面进行了考察：家人支持、中国朋友支持、非中国朋友支持和学校教学教务人员支持。研究结果（表3—28）表明：项目学生社会支持总均分为2.73（$SD=0.46$），高于4点评分量表的中值点。其中，中国朋友支持得分最高（$M=2.76$，$SD=0.75$），其次是家人支持（$M=3.01$，$SD=0.69$），然后是学校教学教务人员支持（$M=2.63$，$SD=0.66$），得分最低的是非中国朋友支持（$M=2.50$，$SD=0.67$）。这说明项目学生在留学期间能够从家人、朋友和学校多方面获得有效的社会支持，其中以中国朋友和家人提供的社会支持为最主要的来源，同时还包括非中国朋友和所在院校提供的各种支持。

表3—28　社会支持与跨文化适应的相关分析

	社会支持	家人支持	中国朋友支持	非中国朋友支持	学校支持
心理适应	-0.44**	-0.26**	-0.34**	-0.27**	-0.29**
社会文化适应	-0.48**	-0.22**	-0.31**	-0.34**	-0.42**
M	2.73	3.01	2.76	2.50	2.63
SD	0.46	0.69	0.75	0.67	0.66

注：$^{**}p<0.01$。

相关分析结果（表3-28）显示，心理适应与社会支持（$r=-0.44^{**}$，$p<0.01$）及其各维度（$r=-0.26-.-0.34$，$p<0.01$）均有显著负相关，即所获得的社会支持程度越高，项目学生的心理适应状况越好；社会文化适应与社会支持（$r=-0.48$，$p<0.01$）及其各维度（$r=-0.22-$，-0.42，$p<0.01$）均有显著负相关，即社会支持程度越高，项目学生的社会文化适应得分越低，适应状况越好。

3. 涵化态度与跨文化适应的关系

对于已出国项目学生的涵化态度及其与跨文化适应之间的关系，笔者主要从整合、分离、同化和边缘化四个维度进行了考察。研究结果如下：

表 3—29　　涵化态度的平均值与标准差

	整合	分离	同化	边缘化
M	3.98	2.72	2.34	2.20
SD	0.82	0.83	0.93	0.73

由表 3—29 中可见看出，项目学生的整合态度倾向最强（$M=3.98$，$SD=0.82$），其次是分离态度倾向（$M=2.72$，$SD=0.83$）、同化态度倾向（$M=2.34$，$SD=0.93$），项目学生的边缘化态度倾向最弱（$M=2.20$，$SD=0.73$）。

表 3—30　　涵化态度与跨文化适应的相关分析

	整合	分离	同化	边缘化
心理适应	-0.21**	0.25**	0.14	0.22**
社会文化适应	-0.30**	0.25**	0.12	0.25**

注：** $p<0.01$。

相关分析结果显示（见表 3—30），心理适应和社会文化适应均与整合态度显著负相关，与分离和边缘化态度显著正相关，与同化态度的相关性未达到统计显著性，这一研究结果表明：项目学生整合态度倾向越强，其在心理适应和社会文化适应上的得分越低，跨文化适应状况越好；项目学生分离和边缘化态度倾向越强，其在心理适应和社会文化适应上的得分越高，跨文化适应状况越差，而同化态度对项目学生的心理适应状况和社会文化适应状况没有明显的影响。

4. 社会支持、涵化态度对跨文化适应的预测作用

多元回归分析结果（见表 3—31 和表 3—32）表明：社会支持与涵化态度对项目学生的心理适应和社会文化适应具有一定的预测作用。社会支持和涵化态度共同预测了心理适应 20.7% 的变异量和社会文化适应 28.8% 的变异量，其中社会支持的影响力度最大。具体来讲，中国朋友提供的社会支持对预测项目留学生心理适应的贡献最为明显；而非中国朋友与学校支持对预测项目留学生的社会文化适应的贡献最为显著。这一研究

结果与以往的多项相关研究的结果[①]基本上一致，再次论证了社会支持与涵化态度对个体跨文化适应的重要影响。

表 3—31　　心理适应与社会支持、涵化态度的回归分析

预测变量	B	SEB	β
整合	-0.028	0.037	-0.059
分离	0.059	0.036	0.124
同化	0.022	0.029	0.053
边缘化	0.062	0.037	0.115
家人支持	-0.080	0.041	-0.140
中国朋友支持	-0.096	0.039	-0.180*
非中国朋友支持	-0.065	0.043	-0.109
学校支持	-0.082	0.044	-0.137
$R^2=0.241$，$\triangle R^2=0.207$，$F\ (8,\ 180)=7.143$，$p<0.001$			

注：$^{*}p<0.05$；$^{**}p<0.01$。

表 3—32　　社会文化适应与社会支持、涵化态度的回归分析

预测变量	B	SEB	β
整合	-0.189	0.082	-0.168*
分离	0.066	0.080	0.059
同化	0.016	0.065	0.016
边缘化	0.141	0.082	0.111
家人支持	-0.104	0.091	-0.077
中国朋友支持	-0.165	0.085	-0.133
非中国朋友支持	-0.248	0.096	-0.179*

① 如 Kashima, E. S. & Loh, E., "International Students' Acculturation: Effects of International, Conational, and Local Ties and Need for Closure", *International Journal of Intercultural Relations*, Vol. 30, 2006, pp. 471－485; Li, A. & Gasser, M. B., "Predicting Asian International Students' Sociocultural Adjustment: A Test of Two Mediation Models". *International Journal of Intercultural Relations*, Vol. 29, 2005, pp. 561－576; Zhang, J. & Goodson, P., "Predictors of International Students' Psychosocial Adjustment to Life in the United States: A Systematic Review", *International Journal of Intercultural Relations*, Vol. 35, 2011, pp. 139－162.

续表

预测变量	*B*	*SEB*	β
学校支持	-0.352	0.094	-0.251**
$R^2=0.318$，$\triangle R^2=0.288$，$F(8，180)=10.489$，$p<0.001$			

注：*$p<0.05$；**$p<0.01$。

5. 国内阶段课程与培训的满意度与跨文化适应的关系

从表3—33可见，项目学生对国内阶段的语言强化训练（$M=3.85$，$SD=1.15$）和基础专业课的教学（$M=3.56$，$SD=1.02$）满意度最高；其次是国内院校提供的行政支持，如国际部在选课、学分、办签及其他信息方面提供给项目学生的帮助（$M=3.40$，$SD=0.96$）；项目学生在西方文化相关课程及讲座（$M=2.52$，$SD=1.44$）和跨文化沟通训练（$M=2.41$，$SD=1.17$）方面的满意度较低，满意度最低的是学生心理咨询（$M=2.33$，$SD=1.24$）。这与多数受访学生反映的国内合作院校比较注重语言培训和专业基础课的教学，而对跨文化培训的重视程度尚且不够的现实状况是相互对应的。

对国内阶段课程与培训的满意度与心理适应和社会文化适应进行相关分析，分析结果（表3—34）表明，国内阶段满意度与项目学生的社会文化适应和心理适应显著负相关，即项目学生对国内阶段课程与培训的满意度得分越高，他们在心理适应和社会文化适应上的得分越低。

表3—33　国内阶段课程与培训的满意度状况

基础专业课		语言强化训练		西方文化相关课程及讲座		跨文化沟通训练		行政支持		学生心理咨询	
M	*SD*	*M*	*SD*	*M*	*SD*	*M*	*SD*	*M*	*SD*	*M*	*SD*
3.56	1.02	3.85	1.15	2.52	1.44	2.41	1.17	3.40	0.96	2.33	1.24

注：$M=3.01$，$SD=0.90$

表3—34　国内阶段课程与培训的满意度和跨文化适应的相关分析

	学业	日常生活	人际交往	语言	价值观	社会文化适应	心理适应
国内阶段满意度	-0.27**	-0.13	-0.19*	-0.24**	-0.16*	-0.22**	-0.19**

注：*$p<0.05$，**$p<0.01$；$M=3.01$，$SD=0.90$。

第三节　综合讨论与分析

上一节为了从整体上把握中外合作办学项目学生海外留学期间的跨文化适应状况及其影响因素，运用 SPSS 软件对问卷调查数据进行了统计。下面对上述统计结果作进一步分析。

一　项目学生留学动机与留学期望状况分析

研究结果表明，计划出国的项目学生对跨文化人际交往的期望值明显高于已出国项目学生的期望值；计划出国的项目学生对跨文化人际交往困难程度的预期也明显低于已出国学生实际经历到的困难程度；即将出国的项目学生计划与当地人相处的时间比例要明显高于已出国项目学生实际与当地人在一起的时间比例。这些横向比较的结果在一定程度上说明，项目留学生在出国前后对于跨文化交往的期望值有所变动，他们对留学生活的预期与其实际经历之间存在落差，尤其是在跨文化人际交往上的期望在出国后没有能够实现或达到理想的状态。他们计划在留学期间的大部分时间能够与当地人或来自其他国家的留学生相处，但在实际的海外生活中，他们大部分的时间仍然是和中国同胞待在一起。由于没有准确地预测自身出国后在跨文化人际交往方面可能遇到的各种困难及困难程度，项目留学生在与当地人的互动交往中可能会经历较大的文化冲击和认知失调，从而造成心理压力，阻碍他们适应当地的文化习俗，以及与当地人建立长期和深层次的友谊。为了摆脱这种困境，他们迫切需要对自身及自身所处的文化情境进行重新认知和评估，并力图采取一系列有效的压力应对措施来对自身感受到的涵化压力进行调节。同时，这一研究结果也意味着国内院校应该为帮助项目学生建立现实的、正面的留学期望和培养学生的跨文化交际能力做出更多的努力。

中外合作办学项目学生出国留学最大的两项动机是完成学业目标和提高外语水平，其次才是文化的学习与体验，与其相对应的是项目留学生对取得好的学习成绩与用外语顺利交流的强烈期望。社会认知理论认为，个体的动机与目标会对其行为和认知具有重要的影响①。因此，这种明确、清晰的留学目标和留学期望很可能会对项目留学生在留学期间的时间安排产生深刻的影响。在不熟悉的教育文化环境下以非母语为主进行学习活动，这本身已给项目留学生造成了额外的学业适应压力及随之而生的心理压力。为了确保能够顺利完成合作项目所规定的课程，拿到学位，也为了能够在最短的时间内修完学分以减轻经济上的压力，项目留学生不得不将大部分的时间和精力放在专业学习上，这也使得他们在其他社交场合进行文化学习和与当地人交往的机会相应地减少了。这一点在后续的访谈中也得到了进一步的证实。很多受访学生都表示他们在留学期间不仅平时的活动路线以“学校—住处”两点一线为主，而且在假期也选修了部分专业课程。因此，他们能用于个人休闲娱乐的时间是比较少的，多以与朋友逛街、聚会、短途旅游、参加体育活动等各种娱乐方式为主，但是从总体上看，他们都认为自己能够支配的休闲娱乐时间比较少，使得他们难以与当地人建立比较长期、深入的朋友关系。

二　项目学生跨文化适应整体状况分析

本研究将项目留学生的跨文化适应分为个体心理适应和社会文化适应。就项目留学生的心理适应和社会文化适应的整体状况而言，项目留学生的整体心理适应状况良好，但是仍有部分学生存在轻度抑郁（19.6%）和中度抑郁（2.6%）的情况。这表明，项目留学生的个体心理适应问题实际存在，需要通过有效的方法与措施进行改善；在社会文化适应上，项目留学生在人际交往方面的适应困难程度最高，其次为学业、价值观和语言适应，而他们在日常生活维度上反映的适应困难程度最小。这可能是由于项目留学生往往是分批出国，因此，他们从留学伊始便是以集体、团队的形式出现，且面临着处理一系列类似的生活和学习事宜，如住宿、开账户、学校注册等手续，这使得他们能够彼此分享生活信息和经验，共同商量和解决在日常生活中遇到的问题，从而快速地习得在东道国社会生存所必需的文化知识和基本技能，同时熟识的同学提供的情感和信息支持也有利于减少他们个人承受的心理压力。然而，如前所述，项目留学生在出国

① Padilla, A. & Perez, W., “Acculturation, Social Identity, and Social Cognition: A New Perspective”, *Hispanic Journal of Behavioral Sciences*, Vol. 25, 2003, p. 41.

前对跨文化人际交往困难的预期不准确，故在这方面的知识和技能准备不够充分，加之东道国人际交往原则、规范和模式上的文化差异以及社会歧视与偏见等问题，使得项目留学生在东道国的人际交往之旅困难重重。同时，目前国内合作院校主要注重对学生的语言培训和专业知识的准备，而对跨文化培训的关注不够也是造成这种难题的可能性因素之一。

同时，本研究结果还表明，项目留学生的心理适应和社会文化适应之间存在显著正相关关系（$r = 0.365$，$p < 0.001$）。这一结论与已有的多项跨文化研究结果保持了一致。如沃德等人在对尼泊尔的104名移民的跨文化适应状况调查①中发现心理适应与社会文化适应的相关系数为0.35（$p < 0.001$），奥梯等人在对旅美中国留学生的跨文化适应研究②中发现心理适应与社会文化适应的相关系数为0.495（$p < 0.01$）。本研究的结果再次论证了心理适应与社会文化适应之间存在的显著正相关关系。

三　影响项目学生跨文化适应的人口统计学因素分析

本研究着重考量了性别、学历、留学时长等十项人口统计学因素对项目留学生跨文化适应的影响。研究结果表明，学历和留学时长对项目留学生的心理适应具有显著影响，学历、留学时长、专业和当地朋友数量对项目留学生的社会文化适应具有显著影响。

具体来讲，从学历上看，硕士项目留学生的心理适应和社会文化适应得分均显著高于本科项目留学生，即硕士生的心理适应和社会文化适应状况要明显好于本科生。这可能是因为硕士项目留学生在国内接受了更长时间的语言训练和专业、文化知识的学习，他们参与社会实践的机会和时间也普遍要多于本科项目留学生，这使得他们在面对新的社会文化环境时具备更丰富的跨文化知识和技能，因此能够更有效地应对海外生活中的各类适应问题，保持良好的心理状态。

从留学时长上看，出国时长在1—6个月以内的项目留学生在心理适应和跨文化适应上得分最高，即适应问题最多，适应状况最差。留学24

---

① Ward, C. & Rana-Deuba, A., "Acculturation and Adaptation Revisited", *Journal of Cross-Cultural Psychology*, Vol. 30, No. 4, 1999, pp. 422 – 442.

② Oatey, H. S. & Xiong, Z., "Chinese Students' Psychological and Sociocultural Adjustments to Britain: An Empirical Study", *Language, Culture nad Curriculum*, Vol. 19, No. 1, 2006, pp. 37 – 53.

个月以上的项目留学生心理适应和跨文化适应得分最低，适应状况最好。这一调查结果与“U/W-Curve”的适应曲线模型中“蜜月阶段”的理论假设不符，但是与沃德（Colleen Ward）、贝拉尔多（Kate Berardo）等学者的关于国际留学生跨文化适应的多项研究①结果保持了一致。笔者认为，之所以出现这样的调查结果可能是因为：项目留学生不同于旅游者或其他旅居人员，他们在留学初期不仅面临着语言适应和安排日常生活事宜等事务，还必须在短期内快速适应当地教育体系与教学方式，因此承受着来自学业方面的压力以及随之而生的心理压力。而据研究者在访谈中了解到的情况来看，项目留学生一般只会在开学前几天（最多提前半个月）到达目的地，因此，他们必须在很短的时间安排好诸如住宿、开银行账户、购物、学校注册、选课等一系列日常生活和学习所必需的手续，并快速地调整好心态，迎接来自国外大学的对语言、个人管理能力还有专业知识方面的各项挑战。这一切都加剧了项目留学生在东道国初来乍到时的心理压力和不安定感，使得他们在这个阶段的适应问题最多最严重。

当安排好生活中的一系列纷繁事宜，大学学习逐渐走向正轨后，项目留学生的心理逐渐趋于稳定，同时，他们也开始在社会、教育各情境下与当地人接触、沟通和交往，并从中学习当地的文化与人际交往模式。此外处于这一阶段的项目留学生与当地人的了解和交往还比较表面，对当地社会文化图式的掌握相对比较简单，在交往中很少涉及深层次价值观方面的冲突，因此他们在这一阶段感觉到的适应困难大大地降低了；而随着后期对当地人生活习惯、交往方式以及语言表达的进一步了解，项目留学生体验到更多价值观层面上的问题和冲突，对当地人的印象因个人体验的不同亦开始趋于多样化。他们发现，要与当地人深入交往，建立长期的友谊似乎没有想象中的那么简单，期望的落空和力不从心的无力感使他们产生了焦躁、失望、迷茫等一系列的负面情绪，因此项目留学生的心理适应和社会文化适应的状况在这一阶段上显现出了一个较明显的反弹，虽未超过初

① 如 Ward, C., Okura, Y., Kennedy, A. & Kojima, T., “The U-Curve Trial: A Longitudinal Study of Psychological and Sociocultural Adjustment during Cross-cultural Transition”, *International Journal or Intercultural Relations*, Vol. 22, No. 3, 1998, pp. 277 - 291; Ward, C., Bochner S. & Furnham. A., *The Psychology of Culture Shcok*, 2nd eds., Philadelphia, PA: Routledge, 2001; Berardo, K., *The U-Curve of Adjustment: A Study in the Evolution and Evaluation of a 50 - year old Model*, MA thesis, Luton Business School: University of Bedfordshire, UK, 2006.

期的适应得分，但仍高于第二阶段的适应得分。

本研究发现，留学 24 个月以上的项目留学生在心理适应和跨文化适应上的得分最低。对此，笔者认为存在两种可能的解释：一是随着居留时间的增长，项目留学生经过了更长时间的学习与调整，对当地的语言、文化和交际模式等方面的知识有了更深程度的理解，掌握了更适宜的跨文化沟通技能和适应策略，因此在与当地人的互动中能够用更有效、得体的方式来处理文化相关的冲突事件，并能在交往中保持一定的主动性；二是随着对当地的语言、文化的学习，项目留学生逐渐了解了在当地生活所必须遵守的社会规范后，发现没有兴趣进一步地深入了解或接受当地的价值观念，或对跨文化沟通中的负面体验感到厌烦和不适，因此主动选择中断了与东道国成员之间更深入的沟通与交往，放弃了继续进行跨文化沟通的机会，而选择与中国同胞或其他文化背景相似的留学生朋友相处。也就是说，他们在保证自己能在当地正常生活和学习的前提下，开始有意识地避免过多的跨文化交往，倾向于退出当地人的“圈子”，回归由中国同胞或亚洲同胞组成的“社交圈子”。由于跨文化接触的减少，留学生遇到的跨文化适应问题和冲突也随之显现出减少的趋势，体现在调查结果中则为适应困难程度的降低和适应状况的好转。可见，无论是选择上述哪种适应方式和应对策略的项目留学生，在这一阶段都可能显现出跨文化适应冲突和问题减少，适应状况较之初期明显好转的情况。这将在质性研究中进一步分析。

从专业上看，商科的项目学生心理适应和社会文化适应上的得分最低，适应状况最好，工科和设计专业的项目学生次之，护理专业的项目学生得分最高，适应状况最差。其中，商科的项目学生与工科的项目学生在社会文化适应的得分上存在显著差异。笔者认为，商科学生的社会适应状况要明显好过工科学生可能是由于他们的学习压力相较后者要低一些，这一点在后续访谈中得到了进一步的证实。接受访谈的多位工科项目学生（以机械工程类项目为主）都反映，他们在留学期间需要完成一项或多项难度比较大的项目（project），这项作业通常对动手实践能力与创新能力要求比较高，因此他们需要花费不少的时间和精力在实验室、机房或图书馆里，这也间接减少了他们在其他社交场合下与当地人接触和生活体验的机会，从而阻碍了他们对当地文化的学习和跨文化交际能力的提高。而接受访谈的商科学生则并没有过多地提及完成作业上的困难，他们多数人都表示“虽然要想出彩、得高分可能比较困难，但是要及格还是不难的”。不过，由于参与访谈的学生数量及其专业类型都比较有限，因此，这种解释也可能还存在一些偏差。

从当地朋友数量上看，拥有0位当地朋友与7位以上当地朋友的项目留学生在社会文化适应得分上存在显著差异（$p<0.01$）。拥有7位以上当地朋友的项目留学生的社会文化适应状况要明显好于没有当地朋友的项目留学生。朋友一向被视作个体社会支持网络的重要组成部分，是个体获得社会支持的重要来源。作为文化中介人的当地朋友能够为项目留学生提供知识、语言、信息和情感等多方面的帮助和支持。因此，项目留学生拥有的当地朋友对他们在东道国可能获得的社会支持产生着重要影响。由于拥有更多的途径进行文化学习，并获得情感慰藉、信息支持和实际的帮助，当地朋友多的项目留学生在留学过程中遇到的适应困难也就相对较少，从而能够更好地适应当地的社会文化环境。

四　涵化态度、社会支持对项目学生跨文化适应的影响分析

本研究发现，在涵化态度上，项目留学生的整合态度倾向最强，其次是分离、同化，边缘化态度倾向最弱。相关分析结果表明，心理适应和社会文化适应均与整合态度显著负相关，与分离和边缘化态度显著正相关，与同化态度的相关性未达到统计显著性。也就是说，项目学生整合态度倾向越强，其心理适应状况和社会文化适应状况越好，分离和边缘化态度倾向越强，其心理适应状况和社会文化适应状况越差，而同化态度对项目学生的心理适应状况和社会文化适应状况没有明显的影响。

根据贝瑞的涵化双维度模型，整合态度倾向较强的项目学生既注重保持自身原有的中国传统文化，同时也愿意积极地与东道国主流文化群体及其他文化群体进行互动交流。这种积极和开放的跨文化态度，使得项目学生能够以良好的心态来面对跨文化情境下的各种冲突事件，并且尽可能地寻求到多种社会资源和途径来获得所需的跨文化知识和交际技能，从而实现良好的跨文化适应。而分离态度倾向较强的项目学生由于只重视自身原有的文化，而尽量避免与东道国文化群体的接触和交往，因此失去了很多获取即时、有效的跨文化信息的机会和途径，从而不利于他们更顺利地进行跨文化适应。而边缘化态度倾向很强的项目留学生对原有文化和东道国文化都采取了封闭和无所谓的态度，他们获得跨文化知识和寻求帮助的途

径最为有限，因此适应状况最差。

笔者认为，这一研究结果可能受到项目留学生理想的涵化态度与实际的涵化行为之间存在差异这一状况的影响。例如，笔者在后续的访谈中发现，一些项目留学生可能主观上非常希望能够融入当地人的社交圈子，但是由于对当地习语、俚语的不了解，缺乏当地人欣赏的幽默感，或难以接受当地的人际交往模式，他们与当地人交往以期建立长期友谊的尝试屡屡失败，这让他们感觉自己被排除在当地主流文化群体之外，因而感到非常失落和沮丧。为了减少这些负面情绪，寻求情感上的慰藉和群体归属感，项目留学生多会选择回归到中国同胞的社交圈子中去，从而导致与当地主流文化的分离。而显然这些留学生适应状况的好坏与他们的实际涵化行为之间的关系更为紧密。若仅从学生理想的涵化态度上进行考量，研究结果可能会存在一定的模糊性和不确定性。这也从一定程度上解释了为何同化态度倾向对项目学生的心理适应状况和社会文化适应状况没有明显的影响。

在社会支持方面，研究结果表明项目留学生在留学期间获得了来自多方面的社会支持，其中以中国朋友和家人提供的社会支持为最主要的来源，同时还包括非中国朋友和所在院校提供的各种支持。同时，社会支持和心理适应、社会文化适应之间都存在显著负相关关系，即社会支持的得分越高，项目留学生的跨文化适应得分越低。这与已有的多项相关研究结果一致，再次印证了社会支持对留学生跨文化适应的重要影响。个体可以通过在东道国构建和维持自己的人际网络来获得情感、信息、技能和物质等多方面的支持。良好的社会支持网络能够缓解留学生的心理压力，促进他们的文化学习和跨文化技能的提高，从而有利于他们达到更好的文化适应结果。

同时，研究结果还发现，社会支持与涵化态度对项目学生的心理适应和社会文化适应均具有一定的预测作用。社会支持和涵化态度共同预测了心理适应 20.7% 的变异量和社会文化适应 28.8% 的变异量，其中，中国朋友提供的社会支持对预测项目留学生心理适应的贡献最为明显；而非中国朋友与学校支持以及整合态度对预测项目留学生的社会文化适应的贡献最为显著。这可能是由于中国同胞之间所具有的情感上的亲切感，他们拥有共同的母语，共享着同一套文化价值体系与行为准则，同时，类似的旅居经历和生活境遇也使得他们更能够理解彼此的内心感受和情感需求，这种情感纽带对于缓解项目学生在新社会文化环境下的焦虑与不安感具有很好的慰藉作用，因此非常有助于项目学生保持良好的心理状态。同时，当地朋友对于东道国的主流文化价值观、行为规范和道德标准比较熟悉，他们能够为项目学生提供即时、有效的跨文化知识和信息，并具备提供实际帮助的基本能力，因此对于项目留学生学习和提高自身的跨文化沟通技能和适应策略具有不可忽略的重要影响。总的来说，项目留学生在海外留学期间所获得的社会支持程度与自身所持有的涵化态度对其心理适应和社会文化适应具有重要的影响，应该予以重视。

五　国内阶段课程与培训满意度对项目学生跨文化适应的影响分析

本研究还发现，项目留学生对国内阶段课程与培训的满意度与他们在海外的社会文化适应和心理适应上的得分显著负相关。也就是说，项目留学生对国内阶段课程与培训的满意度越高，他们的跨文化适应整体状况就越好。这说明，国内合作院校提供的语言培训、专业课讲授以及跨文化相关训练的效果越好，项目留学生从中获益越大，他们在海外生活所遇到的适应困难就会越少。因此，提高国内阶段的教学质量，丰富培训内容，帮助项目学生在出国前在心理、语言、文化和专业知识上做好准备，能够有效地帮助他们更好地进行跨文化适应。这也说明进一步完善中外合作办学项目中的跨文化教育与培训体系的重要性。

本章小结

在本章中，我们运用问卷调查的方式，对高校中外合作办学项目学生的跨文化适应状况及其影响因素作了考察，并使用 SPSS 社会科学统计分析软件对所得数据进行了统计分析和进一步讨论。通过这种问卷调查与量化统计分析，我们对项目留学生的跨文化适应状况及适应特点有了一个宏观的把握，为后文从微观层面上对项目留学生的跨文化适应过程进行深入、细致的质性分析提供了一种背景框架。我们在第四章将通过访谈和观察等研究方法对项目留学生的学业压力、跨文化人际交往问题等表现最为突出的适应问题以及留学收获、项目评价等内容进行专题探讨。

第四章

高校中外合作办学项目学生跨文化适应问题质性分析

这一章我们将基于上一章中对问卷调查结果的分析，运用质性研究方法，通过深度访谈和观察，从微观层面上对项目学生在海外留学期间存在的较为特别或突出的跨文化适应问题，如学业适应和跨文化人际交往等方面的问题进行深入、细致的描述与阐释，并注重从项目留学生自己的视角来了解他们对于自身在跨文化适应与交际过程中的思想与行为的意义解释，从而丰富本章的研究内容，深化理论认识。

第一节　质性研究的设计与实施

一　访谈设计与实施步骤

“质的研究着重在微观层面对社会现象进行深入细致的描述和分析，强调在自然情境下研究事物发展的动态过程。”[①] 因此，进一步的质性研究有利于笔者从项目学生自己的视角了解他们在留学期间的学习、生活经历以及遇到的一系列困难和挑战，了解他们在这一动态的跨文化适应过程中的心理、行为以及深层价值观上的变化，即寻求他们眼中的“真实”。基于本研究的主要目的与问题，笔者主要采用了开放式访谈、非参与观察与资料分析法。其中，又以开放式访谈为主，辅以非参与观察与资料分析法。

具体来讲，笔者的访谈思路是：（一）初次访谈：引导学生对跨文化

---

① 陈向明：《旅居者和“外国人”：留美中国学生跨文化人际交往研究》，教育科学出版社2004年版，第43页。

适应相关的具体事件进行详细的描述，从而了解和确定项目学生主要的适应困难所在及其应对方法，并注重项目学生自己对这些事件的意义解释和事后反思过程，即学生自身对具体事件的动态的认知过程以及选择某种应对策略的原因；（二）资料整理和分析：笔者对所搜集的材料进行整理和初步分析，结合相关理论和文献资料，记录下研究者的理解、思考与理论分析，并确定需要进一步与学生探讨的问题；（三）二次访谈：就之前的研究结果以及笔者的理解和理论分析与项目学生进行讨论，减少笔者对项目学生初次访谈中想表达的意思可能存在的误解和误读，同时就几个更深刻的思考问题，如“你如何理解‘适应’和‘融入’这两个概念？”“你认为通过这一两年的留学经历，你能够融入当地社会吗？”“你认为我们中国传统文化的东西对你在留学期间的生活和学习有些什么样的影响或作用？”“你认为你现在的价值观念或者说哪些方面的想法跟出国之前相比有些什么样的变化吗？”等问题进行更深入的探讨；（四）根据第二次访谈内容对初次研究结果进行调整和修订，使之更为丰富、准确和深入。

实际上笔者对主要采访对象的访谈次数多在两次以上，也就是说，以上所描述的访谈资料搜集过程实际上是一个循环式的、互相重叠的渐进过程。与参访对象进行面对面的开放式访谈是研究者首选的访谈方式。这种方式有利于笔者近距离的仔细观察参访对象的表情、情绪与肢体语言，并适时地调整访谈问题与侧重点，实施与参访对象的有效互动。笔者对学生进行访谈的时段始于部分留学项目学生的考试前后和放假期间，从而增加了面对面访谈的可能性。

同时，在实施访谈的过程中，由于实际情况的限制，并考虑到网络交谈与电子邮件等数据搜集方法的优点①，笔者多次运用了 QQ、MSN、Skype 等网络聊天工具进行访谈。出于对时差和海外参访学生对自己生活时间的安排，笔者采取首先在网上留言的方式，对此次研究的目的、内容，期望的访谈时长以及笔者本人的情况进行简要的介绍，并请学生在看到留言后留下他们认为合适的访谈时间和方式。在得到学生的回复并根据实际情况与之确认好访谈的时间和方式后，笔者会和学生进行一次较为正

① 田美：《批判实质主义：中国留学生跨文化经历的方法论研究》，载《教育理论与实践》2011 年第 1 期，第 15—17 页。

式的开放式访谈，访谈时间在 45 分钟到 1 个半小时之间。之后笔者会依上述的访谈研究思路进行后续的访谈，后续访谈也多采用留言和即时聊天的方式进行，考虑到学生可能很难总是一次性抽出较长的时间进行访谈，笔者会根据实际情况把需要进一步探讨的问题分几次与学生进行即时讨论，或者留作“作业”[①] 给他们进行思考。由于前期的沟通和与参访者良好关系的逐渐建立，参访学生在谈论一些问题时也更为坦诚，因此后续访谈的风格更为轻松和松散，同时也使得所获得信息更加丰富和真实。

事实证明，这些网络聊天工具的即时聊天功能（笔聊、视频、语音聊天）和留言功能非常适合于此项研究。这种访谈沟通的方式不仅弥补了研究者与身处海外的项目学生难以面对面进行访谈的缺憾，同时也更加有利于笔者纵向地了解参访学生适应情况的变化及其思想动态，同时也有助于与参访学生建立和维持长期的、友好的关系。例如，研究者会在中国或当地的传统节日时给学生留言祝福，同时关心一下他们的学习和生活近况。有时在网上遇到在线的学生，也会就他们感兴趣的话题和他们进行或长或短的沟通。尤其是在后期，一些比较熟识的项目学生也会主动给我留言或者发起聊天，讲述一些他们的趣事或是就一些比较迷惑或不解的问题和事情询问我的看法，甚至有时候也会向我咨询一些具体事宜的信息或处理办法，例如，一个项目学生打算毕业回国后参加学校的公共六级考试，于是询问我这件事的可行性和相关手续。碰到这类问题时我往往会利用自己的知识和人力资源尽力地给他们提供一些较为准确的信息性、事实性而非主观性的东西作为参考。而当项目学生就他们在留学过程中遇到的某个具体问题征求我的意见和看法时，因为考虑到有可能出现的“研究者效应”问题，我在处理时会更加谨慎，甚至趋于保守。在处理这类问题的态度和方法上，陈向明教授在其博士论文中所给出的观点给了我很大的帮助和启发：

我可以把自己当作一个研究工具从他那里获得有用的研究材料。

---

① “作业”的说法是研究者在和一位已经较为熟识的参访学生进行比较轻松的聊天时，学生开玩笑用到的一个词，学生的原话为：“××（研究者的名字）姐还有啥作业要布置的不？哈哈……”当然，这并不是说真正意义上的作业，研究者在此引用这种说法主要在突出这种留言式和思考式的沟通方式的特点。希望不会造成其他的误解。

> 只要我记录下在研究过程中所发生的事情，并且在分析材料时考虑到这些因素……并不会损害研究的效度……重要的不是避免与他谈话，而是充分考虑到我作为研究工具对他有可能产生的影响[①]。（注：引文中的“他”指受访对象）

此外，笔者在访谈初期发现参访学生比较习惯于做总结性发言，而很少主动去谈某件具体的事情或者详细地描述某个事件的片段。以下是一个比较典型的访谈片段，发生于笔者与张超在QQ上的笔聊：

> 我：据你的感受，你觉得通过这一两年的留学生活，有没有可能融入澳洲的社会呢？
>
> 张超：难。
>
> 我：为什么呢，难在哪？
>
> 张超：语言，文化。
>
> 我：能再说具体点吗？比如说，为什么跟澳洲当地人就很难交成真正的朋友？主要的障碍在哪里？
>
> 张超：主要是语言，对方和你聊天，你可以谈些粗浅的，但是深入的话题，比如当地的一些事情、典故，你就没法交流下去了。
>
> 我：你对那边的典故有了解吗？
>
> 张超：不是很了解，知道些。语言这种东西，你学得越深，就知道自己学得肤浅。
>
> 我：举个例子，你肯定有澳洲朋友吧？最好的好到什么程度？
>
> 张超：有时候出来吃吃饭，去他家参加party。

这种整体、笼统的表达习惯和沟通风格可能跟中国传统文化中的辩证型思维方式有关。注意到这个问题之后，笔者开始比较有意地引导参访学生对发生过的一些事件并对其印象比较深刻的片段进行详细的描述。紧接着上面的例子，当张超提到说有时会去澳洲朋友家吃饭、聚会时，笔者接着询问：“你能挑一两件你去他家参加party时候发生的事情具体描述一

① 陈向明：《旅居者和“外国人”：留美中国学生跨文化人际交往研究》，教育科学出版社2004年版，第73页。

下吗？尤其是让你印象比较深刻的事情。”并且在学生接下来的描述中注意了对个别细节的追问。不过在后期笔者与参访学生的沟通趋于轻松和生活化之后，参访学生便更乐于与笔者分享他们生活中的趣事，并且谈论自己遇到的困难和内心产生的困惑。

二　质性资料的整理、编码与分析

由于运用了多种较为灵活、便捷的访谈数据搜集方法，本研究中涉及的访谈对象达 30 多人，其中至少参与一次正式访谈（时间不低于 45 分钟）的受访学生 22 人，涉及国别包括英国（7 人）、美国（5 人）、法国（4 人）及澳大利亚（6 人），专业包括商科（11 人）、工科（8 人）及设计（3 人）。其余还包括参与书面访谈、进行网络留言和提供个人日志、作业等文本资料的学生数人。由于所获资料比较丰富和庞大，研究者在下文的分析中主要选取了部分比较有代表性的受访学生的言论来进行阐述，并在必要时（如进行片段或关键性事件分析时）对学生的留学国别、性别、专业等基本信息进行了简要的说明。最后，必须强调的是，基于身份保密的原则和大部分学校在提供帮助时所提出的要求，笔者在本研究中使用的全部人名、地名和校名均为虚构。

在对质性资料的处理上，笔者首先对访谈录音进行了忠实的转录，然后多次细心地阅读原始资料和调查笔记，并根据研究需要对其进行了分类、编码和归档。为了能够尽可能地从受访学生自己的角度和语言表达来进行材料分析，在对所获材料进行分析和成文时，本研究不仅依据从材料中提取的重要概念对质性资料进行了细致的类别划分，同时也依据质性分析情境化原则，以一个相对完整的叙事片段或关键性事件作为编码单位，从而将受访学生自己的陈述放到一定的上下文情境之中，以便对其跨文化适应的复杂性进行全貌描述和深入阐释。值得说明的是，在后文对访谈结果进行分析时，为了能够尽可能地还原参访学生说话当时的现实情境和特定的语气，让读者可以从中感受到他们彼时彼刻的真实情绪和谈话风格，笔者在采用参访学生的访谈内容时大多引用了原文，对其中的中英夹杂式表达法、语气词的使用等基本未作任何修改，仅在必要时加上了某些连接词（用括号括起）以保证上下文句子的通顺，同时用注释方式在括号内描述了参访学生当时的情绪和肢体语言，如“（无奈地笑）”。此外，由于很多时候的访谈是借助即时聊天工具进行的，这些聊天工具除了正规的打字功能外，还附带很多图片和符号的运用功能，参访学生们也乐于用这些图片和符号来表达自己的情绪和感情。例如，他们有时候在QQ笔聊时会在一句话的结尾或中间加上一个笑脸的图片或符号［（^_ ^或：）］来表达他们的心情和内在感受。考虑到这些表达方式的选择和运用不仅是学生真实情绪的体现，同时也在一定程度上反映了当代中国留学生在网络沟通风格上的一些特点，因此笔者思虑再三决定在引用时尽量地保留他们对于这些信息符号的运用，并在必要时用简要的注释来说明其代表的含义。

第二节　学业压力及其归因

问卷调查结果显示，获得良好的学业成就与提高外语水平是项目留学生最看重的两大留学原因，参加访谈的项目留学生也表示，他们在留学期间的大部分时间都用在应付学业上。同时，项目留学生在问卷中反映的学术适应困难程度仅次于其在跨文化人际交往方面所遇到的困难，且学术适应与其他社会文化适应维度及心理适应显著正相关，因此，学业适应在一定程度上也能够同时反映出项目留学生在其他适应方面所存在的一系列问题。因此，这一部分将对项目留学生跨文化适应中最为重要的一部分：学业适应进行专题探讨。

一　学业适应动机与目标

对项目留学生而言，顺利地完成学业，拿到学位是他们海外留学的主要动机和首要目标，也是他们评价自己留学经历成功与否的重要标准。

> 我的目标很明确，就是要拿到两边的学位，让自己的英语水平有个飞跃……其他的（方面），比如旅游啊、party啊，那都是次要的。（王宁宁语）
>
> 我们不是来玩的。来这边（留学），主要就是为了学习，提高自己。（萧成语）
>
> 学习肯定是第一位的，如果连考试都不过的话，神马都是浮云……还有就是感受一下不同的文化，开阔自己的视野。（程璐云语）

这种以“学习为主”“学习至上”的强烈动机和明确的目标，一方面能够促进学生主动、努力地克服各种困难（例如爱面子心理、对外语的不自信），超越自我，取得进步。而另一方面，对学业的高期望和严要求也可能在无形中增加了他们在学习中的心理压力，同时，也直接影响到项目留学生自身的时间分配和行为决策。由于中外院校在教育理念、教学方式和语言等方面的差异，项目留学生在国外的学习比在国内时往往要困难得多，因此需要花费更多的精力和时间去应付学业上的一系列要求和挑战，而即便付出了更多的时间和努力，项目留学生仍然感受到了不小的学业压力和随之产生的心理压力：

> 我长这么大从来没有担心过考试可能会不及格，只有说分数高不高的问题。但是来这里的第一学期就有门课：会计，让我担心了一个假期，怕没考过。（陈蓓语）
>
> 我大部分的时间都用在学习上……要想在这边得到好的学习成绩，就需要在课后做大量的阅读……所以我平时真正娱乐的时间其实并不太多。（王哲语）
>
> 老师上课讲的东西都很精练，有很多东西都需要自己课下再去看书，翻资料补充学习，帮助理解。所以课后自学要花很多时间……我课后的大部分时间都是在图书馆度过的。（孙黎立语）

很多参访的学生都坦言，取得学业上的成功，除了是为维护自尊和体现自身的价值外，他们更重视的是为了达到父母的期望。

> 为了我出国，父母花费了这么多，投资这么大，我必须要尽百分百的努力不让他们失望。否则我真的很难面对他们。（程璐云语）
>
> 如果挂科了，一来自己心里过不去，还要花更多的钱和时间去重修。另外一方面，说实话，父母脸上也不好看。（艾罗语）

成就动机是指一种在任何情境下都力求成功的倾向，并且在这种情境中所谓成功的表示是私人性的①。但是，对中国留学生而言，这种动机却明显具有社会性。例如，这种“不让父母失望”“让父母的付出得到回

① ［英］彭迈克：《中国人的心理》，邹海燕等译，新华出版社1990年版，第105页。

报”的心态与行为动机在学业成就动机论中属于社会取向的成就动机（Social-Oriented Achievement Motivation，SOAM），多存在于集体主义社会中。即个体期望达到由重要的他人（significant others）设定的目标的意愿[①]。也就是说，个体学习的动机主要来自于其社会关系所产生的推动力。这种社会导向的行为动机对项目留学生在跨文化教育情境下追求学业成功与学术卓越的重要影响力与中国人的自我建构与传统文化密切相关。中国社会是一种关系型社会，其社会成员的自我建构属于典型的关系—依赖型自我建构，即个体主要通过建立和维系与他人的积极关系和正面认可来维护自尊和自我价值感[②]，个体对于卓越的标准和结果的评估主要取决于重要的他人的看法。个体并非独立的自我，而是关联型的自我。“家”是中国社会结构的基础，是中国人社会人际关系中最核心、最基础的单元[③]，而父母正是这一社会关系中的核心成员。中国人的“自我”不是独立存在的个体，而是与其家庭密不可分的“家我”[④]。因此，达到父母的期望，得到父母的认可便成为中国学生极为重视的学习动机与目标，是他们的学习动力所在，同时也是其心理压力的潜在来源。

此外，中国的传统文化中极为讲求孝道，达到父母的期望，用实际行动回报父母的恩情，以彰显家庭和家族、光耀门楣被认为是儿女应尽的义务和责任。《孝经·开宗明义章》谓：“立身行道，扬名于后世，以显父母，孝之终也。”讲的就是这个道理，这种思想对身处跨文化教育情境下的项目留学生，即体现在对父母为自己设定的学业成就目标与期望的重视与遵从上，因为，自己的学业成功已不仅仅是自己个人的事情，关系到个人的自尊和发展，更重要的是，还关系到家庭、家族，乃至祖国“母亲”的面子和荣誉，也就是艾罗所提到的“脸”[⑤]。当然，这种心理并不一定

---

① Yu, A. B. & Yang, K. S., “The Nature of Achievement Motivation in Collectivist Societies”, In U. Kim, H. C. Triandis, C. Kagitcibasi, S. C. Choi & G. Yoon (Eds.), *Individualism and Collectivism: Theory, Method and Applications*, Thousand Oaks, CA: Sage. 1994, pp. 239 - 250.

② Cross, S. E., Bacon, P. L. & Morris, M. L. The relational-interdependent self-construal and relationships. *Journal of Personality and Social Psychology*, 2000, 78: 791 - 808.

③ 翟学伟：《中国人际关系的特质》，载《社会学研究》1993 年第 4 期，第 74—83 页。

④ 杨宜音：《试析人际关系及其分类》，载《社会学研究》1995 年第 5 期，第 18—23 页。

⑤ 关于中国人的面子观念对项目留学生跨文化适应与交际的影响将在下文论述学生人际交往状况时进一步详述。

会成为心理包袱，在很多时候，还可以成为追求学术卓越和个人成长的动力。“关键在你怎么看，怎么做。”（林扬语）

二　课堂学习问题

虽然项目留学生在出国前都统一参与了学校安排的外语课程及强化训练，并且通过了海外合作院校要求的外语水平考试（如雅思、托福、TEF等）的最低分数线，但是他们表示自己的语言水平仍然不足以完全听懂老师上课讲授的内容或者充分地参与课堂讨论。他们认为国内阶段学的外语多侧重于大众化的阅读和写作，对口语表达、学术语言和专业术语的学习和训练不太充分。同时，由于大部分的项目留学生在国内已经接触过外教教授的专业课，因此并未意料到出国后会遭遇“几乎听不懂课”的尴尬境地，如王宁宁所言：“在国外的学习比预想的要困难，特别是刚开学那段时间，听大课跟不上节奏，因为不适应那种全英文的教学，小课上也不是很敢开口回答问题或者和国外同学交流……口语表达是个大问题。”加之国外院校的很多老师亦来自不同的国家，呈现显著的文化多样性特征，因此学生在不同课程上往往会遇到诸如印度裔、俄罗斯裔、德裔等来自不同社会文化背景的老师，这些老师的语言表达也并非留学生们预想中的纯正式外语发音。齐齐对于外国院校师资队伍的文化多元性以及其各具特色的口音做了一个形象的比喻：“很多老师都不是当地人……他们的口音都不一样……他们总让我想起彩虹，五颜六色、各种各样的（笑）。”老师口音的复杂性也增加了项目留学生们留学初期听课及课堂参与的困难程度与心理压力，如程璐云所说：

> 我第一学期有一门微观经济学的课，是一个俄罗斯老师教的，他的英语发音……说实话，我一句都听不懂！别说是我，我曾经问过一个跟我一起上课的澳洲女生，她都说她不能完全听懂。可想而知，我当时是多么shock！头一次上课，我就蒙了，心里想：完蛋了……上课完全听不懂还怎么学下去啊……刚开始上课的那两三个星期是我最痛苦的时期。（程璐云语）

此外，对当地教学方式的不适应是导致项目留学生课堂理解困难和课堂参与不充分的另一重要原因。很多受访的项目留学生都表示，国外院校[①]的教育氛围和教学方式跟中国院校的教育氛围和教学方式存在明显的差异。与中国教育体系中强调知识传授、遵从权威和维持和谐等源于儒学传统文化的思想观念不同，西方苏格拉底式的教育观念更关注学生的独立学习能力及批判性思维的培养[②]，认为学生只有通过不断地、积极地质疑、问询与创新才能收获真知，因此鼓励学生从初学起就要敢于质疑、探究和反思现存的学术观点、价值和理念，要“积极主动地学习，而非被动地接受”（萧成语）。因此，西方的课堂“更偏向于引导式：每一门课程并没有指定教材，只有参考书目。教授在课堂教学中更多的是以一个一个知识点展开的，课堂讨论也比较多”（萧成语），老师往往不会将太多的课堂时间花费在详细解释各种概念和理论上，而是精练地讲解相关知识的重点和要领，并组织学生就相关主题进行各种讨论。其中班级讨论和小组讨论往往占有较大的比重。下面是王哲根据自己的体验对中英两种教学方式做的一个简短的总结：

> 中英的教育模式存在一定差异，尤其在课堂教学这一环节上，英国的课堂教学学时相比于中国而言都比较短。英国的课堂教学更偏向于引导式：每一门课程并没有指定教材，只有参考书目。教授在课堂教学中更多的是以一个一个知识点展开的，课堂讨论也比较多。学生对课堂上讲授的内容如果有不理解或者希望进一步了解的，都可以去图书馆查找参考书。因此，英国对学生的自主学习能力要求更高。

由于西方的教学方式对于学生的自主学习能力、批判性思维以及沟通能力的要求更高，虽然大部分项目留学生都承认这样的教学方式有助于解放思想、发展思维、提高学习的能动性。但同时，他们也不无烦恼地和笔者反复提到了他们在适应这种西方教育氛围和教学方式的过程中所遇到的困难和挑战，以及随之产生的诸如焦虑、沮丧、难过、迷茫等一系列的负

---

① 这里所指的国外院校指本研究中访谈对象留学所在国的合作院校，主要涉及英、美、澳、法等欧美国家。

② Tavakol, M. & Dennick, R., “Are Asian International Medical Students Just Rote Learners?”, *Advanced in Health Education*, Vol. 15, No. 3, 2010, pp. 369 – 377.

面情绪与心理压力。

由于一下很难适应从“以老师讲授为主，学生被动记录”到“以学术讨论为主，鼓励提问和质疑”的课堂学习氛围的转变，项目留学生在课堂学习上感受到了明显的压力：

> 上课有点吃力。因为这里的课堂讨论特别的多……有时候老师给个话题然后要求几分钟后发表意见，但是理解本身就需要时间，加上还要有思考的时间，所以经常很被动。不知道如何回答问题。所以每次我都很紧张，特别是想不出来的时候，很郁闷。（周芙语）

> 习惯了国内课堂上对照课本老师细致的讲解，在这边还是多少有需要适应的地方。不同的老师授课方式完全不同。有些老师……他们往往是讲几个零散的知识点……很多［老师］也不课前派发课件，这意味着如果掉了其中一堂课就会一整块的知识点被错过。再有一个就是没有课本，虽然都会在每学期的第一堂课提供参考书籍，但不代表他会按那些书本里的东西来讲。（王哲语）

> 在国外的学习刚开始是很不适应的，这边的课程的形式是大课加小课。往往大课是几百人听教授讲，而且每节课的信息量特别大，没有真正地去理解和吸收课堂内容。在小课上就主要是小组讨论和合作，在国内上课的时候这种讨论的时间一般不多，而且在我看来有点流于形式化，同学们发言也不是很积极。但在这边大部分时间都是学生在讲，在辩论，老师主要负责鼓励学生发言（笑），当然，也会在适当的时候做一些评点，补充一些知识……我觉得这种学习的方式有它的优点，可以鼓励学生独立思考，提出自己的观点。但是说说容易做起来难。批判性思维不是一天两天说能学会就能学会的。它需要很长时间的练习和积淀才可能做到。（孙黎立语）

同时，国外院校的课程通常很少有指定的教材，而是提供一系列的参考书目供学生根据自己的兴趣和需要自行选择和阅读。这对于习惯“主攻”指定教科书进行预习和备考的中国学生来说，是一项不小的挑战。而非母语的学习环境也意味着他们需要付出更多的时间和努力来完成大量的阅读要求。

> 这边没有固定的参考书，可以根据自己的兴趣从 reference book list 里边选一些内容看，但是这么多的书和资料，不全部先浏览一遍又怎么知道应该重点看哪部分呢，所以，其实这比看一本教材要求高多了。而且读的是外语，难度就更大了……我几乎天天泡在图书馆里自习。（赵言彬语）

> 这边的很多教授上课不做板书，又说话很快，也没有课件可以复习的，复习起来就很麻烦。即使教授会给 reference book list，在那么厚的一本书里东翻翻西翻翻，找到老师讲的内容有时还是有一定难度的，因为教授们不是按照章节讲的，可能这本书讲某个章节的某一点，又换到其他的部分去啦。（齐齐语）

而由于频繁的课堂讨论与学生的自由提问导致了过于“热闹”的课堂气氛，也使得部分项目留学生感到无所适从，难以适应，甚至相当的不满：

> 这边的课堂气氛……怎么说呢，太活跃了，讨论很多。学生可以随时随地打断老师问问题……我认为提问是好的。但是前提是你提出的问题至少要是有意义的吧，不能有什么张口就来啊。这里很多本地学生提问就不过脑子，好像脑子里蹦出来什么想法就要马上倒出来一样，根本就没有经过一番思考。他们的很多问题在我看来都是很简单的，或者说难听一点，就是挺蠢的－－|||[①]。（萧成语）

> 我觉得上课还是应该尽量少打断老师的讲课，有什么问题，特别是一些技术性的问题，可以下课自己查书，或者问同学，实在不行，给老师发个 E-mail 问也行。不一定非得在课堂上问，我觉得这样做容易打断老师上课的连贯性，也打扰了其他同学。（张超语）

---

① “－－|||”是网络用语中表示“无语”的一种符号，其表达的意义已经与受访学生沟通过，得到再次确认。

从萧成等人的言论可以看出，与当地学生相比，中国项目留学生对于自己课堂提问和小组讨论中的发言要求和期望似乎更高。他们希望在提问或发言前先经过一番“深思熟虑”，以便最大限度地保证自己接下来要说的话不仅在语言表达上不出差错，同时在内容上也必须具有一定的深度和意义，“至少不会让其他学生觉得我问的问题太简单、太蠢，不会变成人家的笑柄”。（方蕾语）同时，就发言的类别而言，他们更倾向于对大家共同讨论的话题发表见解，而不主张就个人没听懂的某些课程内容在课堂上过多地询问老师，因为他们认为，在全班讨论和小组讨论中提出观点、发表看法是对课堂时间正规、有效的利用，是对课堂讨论的贡献。而因为个人的某些疑问打断老师，则是对课堂“公共”时间的“私用”，这样做不仅打乱了课堂节奏，而且占用了其他学生的课堂学习时间。正如程璐云所说：“我没听懂不代表其他同学没听懂……有问题可以记下来，课后再想办法解决。没必要一定要在课堂上问，打断老师的思路不好，对其他同学也不太公平……因为占用了他们的时间。”此外，由于处在非母语的学习环境下，除了思考问题的时间，项目留学生还需要额外的时间将脑子里的想法转变成合适的口头语言表达，从而导致他们在课上发言经常会抓不住时机：“有时候我还没想好怎么说，老师就已经转到其他话题上了……口头表达是个问题。”（王宁宁语）“有时候……我还没组织好语言，已经有其他学生抢先说了跟我一样的观点了。”（林扬语）。

从文化的角度上看，项目留学生（尤其是在留学初期）把西方课堂互动方式的看法和参与行为与中国传统文化中的群体本位、依赖性自我建构以及面子观念密切地联系起来。由于中国传统文化以群体利益为中心，尊崇谦虚、内敛的价值观念，而西方社会强调自我中心主义，强调凸显个性、表现自我，以期实现自我价值和个人利益。因此在“要不要进行课堂提问”的问题上，中国留学生在做决定时更多考虑的是这样做会不会影响全班的学习进度和老师的讲课思路，而当地学生则更加重视自我表现和个人实际问题的解决。从而导致了课堂上“沉默的”中国留学生和“活跃的”当地学生形象的鲜明对比。同时，由于中国人的自我不是独立的个体，而是关系型自我建构，个体对自身的评价往往在很大程度上依赖于其所属社会关系中的他人的看法。因此，中国留学生非常看重老师和其他同学对自己在课堂互动中的表现的看法和评价。为了避免给老师和其他同学留下负面的印象，项目留学生总是期望自己能在课堂互动中表现出色，力求完美，也由此无形中增加了自己对课堂发言的诸多顾虑和担忧，加上需要用非母语进行沟通的要求，项目留学生在课堂互动中往往显得更加拘谨和腼腆。

所幸的是，随着在海外院校学习时间的增长，项目留学生一方面开始慢慢地适应不同老师的口音和语速；另一方面，通过一段时间的课堂观察和体验，他们也逐渐意识到，在课堂上提问和发言似乎没有想象中的困难，"没有想象中的那么多讲究，关键能让人明白你的意思就行"（林扬语），而且无论学生提出的问题是难是易，深奥或是"肤浅"，老师一般都会以鼓励为主，并加以评点和补充，很少会表现出轻视、不满或者直接的否定，这在一定程度上也缓解了学生参与课堂互动时的心理压力，使他们更多地参与到课堂互动当中。从下面王宁宁讲的一段话中可以看出她在这方面的思想和行为变化，而类似的转变也发生在很多其他的项目留学生身上。

> 开始［上课］确实不怎么说话，放不开……主要是语言问题，担心老师和其他人听不懂，再有就是担心自己的想法不够好，会被人笑……［但是］后来我发现很多美国的学生虽然发言很积极，但是说的东西也深不到哪里去。但是他们就是敢说，再简单都敢说。（笑）而且这里的老师一般都很 nice，会很耐心地回答［学生］。很少听说有老师批评学生的发言 stupid 的。我最常听到的一句就是："That's a good question. Blablabla…"后来我也就慢慢习惯了这种课堂风格，有什么问题也比以前敢提了，小组讨论的时候，只要能把意思表达清楚，语法上面的错误我都不那么纠结了，总的来说就是脸皮变厚了，喜欢显摆了（我和她都大笑）。不过我还是不会轻易就问，至少要保证说出来的话不会闹笑话儿才行（笑）。这是最基本的原则。

三　课程要求变化

在课程要求方面，项目留学生主要谈到了课业上的"三多"现象：小组作业多、口头陈述报告（presentation）多、论文写作多。而学生之所以认为这些要求"多"，是较自己先前在中国院校中的课业结构而言。正是国内院校对这些方面的课业要求"少"，而使得项目留学生在国外大学学习时感觉到了应付这些突然增多的课业要求时的压力。其中，语言水平、跨文化沟通技能和批判性思维的欠缺是受访学生认为对他们影响最大的三个因素。

很多受访学生都表示他们的口语水平比较欠缺，加之在国内阶段学习时做陈述报告的机会比较少，没有得到相关方面的充分训练。因此，即使他们花了很长时间认真准备演讲，却仍然非常紧张，担心会在台上犯错误、丢面子，尤其是陈述报告的最后一环：回答老师和同学的现场提问，从而影响了其陈述报告的整体效果和质量：

> 我［在国外院校］第一次做 presentation 的时候，特别紧张。说的时候犯了很多语法错误，之前想好的句子在台上就都不记得了……真的是非常紧张……可是越紧张表现就越差，总之我觉得是做得挺失败的，哎（郁闷地摇了摇头）……主要以前 presentation 做得太少了，所以上台就很紧张。（王哲语）
>
> 做 presentation 对我来说是个不小的挑战。前面自己做陈述的时候还好，我带了文本上去，记不得了可以悄悄瞄一眼（笑）。但是讲完后还有十分钟提问时间，这个就没办法提前准备了。老外又特别喜欢提问，有时候他们说话太快，我跟不上，站在台上又紧张……所以总是表现不好。（孙黎立语）

其次，国外合作院校大多都非常重视学生间的学习合作，尤其是多元文化学习小组，他们认为学生内部的信息交换、知识共享和学术辩论是帮助他们提高学术水平、锻炼思维能力的有效途径。而来自不同文化背景的学生更可能从不同视角、不同层面对同一个学术问题进行思考和讨论，从而有利于形成更加全面、深刻的理解。笔者所调查的大部分项目留学生都表示他们在学校参与过多次小组作业（teamwork）。就小组成员的选择而言，一方面，基于练习外语、了解东道国学习文化及人际交往模式的目的，同时为了弥补运用非母语进行口头表达和写作的劣势，提高小组陈述报告（team presentation）和小组最终报告（final report）的水平和质量，大部分受访学生都表达了期望与当地学生进行小组合作的强烈意愿；但另一方面，由于担心可能遭遇的歧视、偏见以及对自身外语水平、跨文化沟通技能的不自信，部分受访学生表示，在自由分组的情况下，他们往往更倾向于选择与中国学生（尤其是同一合作项目出去的学生）或来自亚洲其他地区（如马来西亚、新加坡、日本、韩国等）的留学生合作，以保证小组作业的顺利完成。

在笔者调查的项目留学生中，只有少部分学生表示他们实际参与过的小组作业中，小组成员以当地学生或来自其他英语国家的学生为主，其原因主要包括老师指定分组、班上当地学生居多以及自身期望与当地人合作的强烈意愿。而一半以上的受访学生则坦言，他们在实际的小组合作中，多是与中国学生（尤其是同一合作项目出去的学生）或其他来自相似文化背景的留学生（如马来西亚、日本、韩国、越南、新加坡等）组队，他们表示，虽然小组作业最后的分数一般都在中等或中等偏上的水平浮动，但合作过程大多都比较愉快，有很多在交往中逐渐发展成长期的朋友关系，建立了深厚的友谊，“因为我们互相都比较了解，容易沟通。”（程璐云语）而相较之下，无论是老师指定还是自由选择的小组作业中，受访学生与来自当地的小组成员之间的关系就比较“简单”（林扬语）、“一般”（王哲语），甚至“很淡”（张超语），他们的交往大多仅限于学术互动和小组合作的范围内，而很少会扩展到生活中的其他领域。借用王哲的话：“我们的关系 begin with teamwork，end with teamwork。”（我们的关系始于小组合作，终于小组合作。）

此外，关于学术写作的问题，受访学生表示，他们在国内学习时，大多配有外教教授的部分专业课和专门的英语写作课程，因此，他们对于外国（留学所在国）的学术规范（如 APA，MLA，Harvard Style 等参考文献格式）都有基本的了解，也撰写过少量的外语学术论文。这些相关训练对他们在国外的学术适应起到了很大的帮助。但是，他们仍然感觉到要写出一篇漂亮的、高质量的外语学术论文非常困难，因为学术论文的撰写不仅仅要求学生能够应用正确的结构格式，还需要流利的书面表达、合适的写作风格以及最重要的一点，也是最难做到的一点：批判性思维。如周芙所说：“老师总是强调：‘你们要有自己的观点，要培养 critical thinking。’但是真的很难做到……在国内学习的时候，你知道的，没有这么高的要求。”陈蓓对国外院校要求的 critical thinking 的概念进行了阐释：

国外的作业特别注重 critical，就是自己独特的见解，可以对某些以前的东西提出质疑，只要是有自己的想法和观念就行，老师可以给提示，但是学生的思维也不要局限于某些固定的答案，因为论文的答案没有对错，只有观念的差别，只有对某些固定的答案提出自己的见解和想法，才叫 critical。

尽管能够理解 critical thinking 的意义所在，陈蓓却并不认为自己已经熟练掌握了这种能力："培养 critical thinking 不是一朝一夕的事……需要长时间反复的训练才可能做好……［这］是一个比较痛苦的过程，但你不得不做。"很多的受访学生都表达了同样的感受和看法。

好在大部分受访学生都认为，这些课业虽然适应起来有一些困难，需要一定时间调整和不断练习，但能够提高自身的胆量和自信，并且有效地锻炼演讲技能、团队合作能力和文化自觉意识。因此，总体上来讲，他们在整个学习适应过程中，能够对遇到的问题有一个比较正确的认识，保持良好的心态，"化压力为动力"（萧成语），把握机遇，积极地应对学业上的各种挑战。

四　师生关系的转换

中国社会文化重视等级规范，讲究尊卑有别、长幼有序，强调尊重权威和师长，认为每个人的行为都应该符合交际场合中自己的角色和社会地位。因此相较于西方而言，中国的老师和学生之间关系的权力距离更大。老师对于学生来说，是绝对的学术权威存在，不应该（尤其是在公众场合下）随便地受到来自学生的质疑和挑战。老师较之学生具有更高的社会地位。在交往中，学生必须用职位或者职业头衔称呼老师以示礼貌和尊敬，直呼老师姓名的行为被认为是不道德的和素质低下的行为。然而在西方的教育环境下，老师更多的是被视为学生学习的"辅助者"（faciliator）和共同学习者（co-learner），师生之间的关系更趋于平等，在交往方式和态度上则显得更加随意、松散。这从学生可以直呼老师名字的普遍现象上可见一斑，同时也体现在师生的课堂互动形式和气氛上，如萧成所说：

这边老师比较 open，课堂上讲的知识很前沿……［他们］对学生表达自己的观点比较宽容，一般不会介意学生在课堂上公开质疑他的观点……至少据我的观察，他们一般不会因为你打断了他［的说话］或者反驳他［的观点］有什么特别不高兴或者愤怒的情绪，他们很乐意和学生探讨学习上的问题，有时候也会说：‘这个问题很 interesting，我需要下去想想再和你们进一步讨论。’而且一般这种情况，他下节课都会就这个问题再讨论一次，总体上就感觉他们跟学生之间的学术交流很真诚，很尊重学生，双方都不怕掉面子。感觉他们［当地的老师和学生］对这种课堂风格都已经习以为常了。我很喜欢他们这种风格，很享受。

然而，虽然项目留学生非常赞赏国外大学教师卓越的学术水平和鼓励学术自由、尊重学生发表个人观点的教学态度，他们发现，这些在课堂上表现非常友好、热情的外国老师在教育之外的场合下，却往往表现得比较“冷漠”，让人难以适应。比如，周芙说：“国外的老师一般不会关心你学习以外的事情，他们觉得他们只负责讲课，没有在生活上帮助你的义务。”张超说：“［课下］要见他们可以，你得 make an appointment……主动去找他们……总之不要想着他们会主动来找你……而且一般谈的都是他那门课上的一些东西，很少会谈跟生活有关的事情。他们不会问，我们也不会主动提。”王宁宁对这个问题谈得最为深入，下面的一段话体现了她在处理这种西方式师生关系的过程中所产生的困惑、不解和失落，以及就这个问题进行的思考。

你不能指望这里的老师会像国内的老师那样关心你的生活、关心你的情绪。他们认为他们所要做的就是教课，给你提供学习上的帮助。在讨论学术问题的时候，他们一般都很热情，很和善，也乐于和你讨论、分享他的知识、想法，这会让你觉得自己受到了重视，就会产生跟他们进一步沟通的想法。但是后来我发现，课下他们其实很冷漠，好像不太关心学生。刚开始，我挺不习惯的，不能理解，觉得他们做事有点分裂（笑）。后来时间长了，也就慢慢习惯了。

［我认为］想要跟他们建立更深的个人关系很难，我也找不到方法。一般平时我都很少碰见他们，即使偶尔在路上遇到了，也最多是笑一下，打个招呼，说个“Hello!”“How are you?”就“Byebye!”了事，各奔各路了……感觉上他们很忙，让他们停下来和你多聊两句

也不太可能。而且说实话，要真聊的话，我也不知道该说什么，学习上的问题，他们多半会说回头你发一封 E-mail 给我，我们另约个时间谈；生活上的问题，更没法说，他们对我的生活根本不了解，而且似乎也没有兴趣去了解……他们不像国内的老师，课下会主动来问你，关心你。像我们以前的班主任，跟我们关系就很近，她就像学校里的“家长”，监督我们学习，也关心我们的生活。班上会组织很多活动，像教师节的时候，学生一般都会集体请老师吃饭。我跟以前大一、大二给我们上课的一些老师到现在还保持联系，过年过节都会问候一下，有时候学习上有什么问题也会发封 E-mail 或者在 QQ 上问一下，他们也会很关心我在这边的生活，有时在网上碰到了都会问我‘最近怎么样?’‘生活习惯吗?’‘有没有什么需要帮忙的?’，会叫我‘注意身体之类的’。感觉很温暖。这些都是在国外你感受不到的……刚开始我总认为是这边老师的问题，后来我发现，也许也不能全怪他们。这边本来就没有固定的班级，你选什么课就去哪个教室上课，不同的课碰到的同学也是不同的，也不可能有班主任一说，也没有我们那种集体活动。国外的老师跟学生的关系很简单、很淡，没有中国的那么复杂，那么多讲究，不过也少了种亲切感、人情味儿。（备注：王宁宁，商科，澳洲合作项目，留学一年）

从王宁宁的叙述中可以看出，她对外国师生关系“简单”“冷淡”的认知和评价主要源于与中国师生关系的比较。中国的传统文化认为老师不仅仅是学术上的权威，同时也是学生在道德上的榜样，“以身立教、为人师表”指的就是这个意思。中国老师的职责不仅仅在于“教书”，还在于“育人”。他们不仅仅是知识的传授者，更肩负着培养学生的道德思想，关心学生日常生活的责任。主动关心学生、了解学生的思想动态、照顾学生生活的老师往往被认为是优秀的、负责任的、有爱心的老师，会赢得学生、家长以及整个社会的尊重和赞扬。因此，中国老师与学生的关系不只局限在学术教育环境下，他们与学生在生活的方方面面都有着交集。从这个意义上说，中国师生之间的交往更加密切，双方都有意愿建立一种长久的、友好的关系。“一日为师，终身为父”是中国社会所尊崇的师生关系典范。因此，王宁宁基于自己以往的经历和长期以来所遵循的中国传统价值观，在出国后依然期望从外国老师那里能够得到同等的对待。然而，由于西方文化中的人际关系重视个人隐私，强调对自我独立能力的尊重。老师主动问询学生的个人问题容易被看成是侵犯学生隐私和个人空间的行为，有干扰他们生活、质疑他们能力的嫌疑，会受到业界的批评。笔者访谈的一位暂时在中国合作院校执教的华裔老师的话印证了这一点：

> [国外大学里的] 老师一般不会在课下主动去问学生在学习上或者生活上有没有什么困难。学生如果觉得有必要应该主动去找老师，不要等着老师来找你。[等老师主动来找你] 这在美国大学里是不实际的。像我们 [华裔教师]，虽然对中国学生这种 [过分依赖老师，被动等老师的] 想法和行为有一些了解，也比较理解，但是也不好私下里跟学生过多地联系。[因为] 这种行为 [在西方大学里] 是不合适的。系里其他的老师也会认为你这是侵犯学生隐私，打扰他们生活的做法，会受到 criticize（译文：批评）。

同时，由于西方文化下的个体注重独立自我，他们对“私人领域”和“公众领域”的界限划分比较清晰，给予学生学术上的支持和帮助是西方教师被赋予的职业要求，是“工作”、是“公事”，因此必须认真对待，严格执行。然而，是否在教育以外的情境下给予学生帮助，则主要取决于教师个人的选择和决定，属于“私事”，而非必须履行的义务和责任。因此，尽管西方社会文化下的师生关系建立在彼此社会地位更加平等的基础上，却并没有因此拉近老师和学生之间的个人关系，反而增强了彼此交往中的距离感，使得关系更加疏远。

也正因为老师课下对学生“不闻不问”的态度和做法，让身处跨文化环境下的项目留学生感到不解和失望，由于期望中的师生关系没有得到实现，项目留学生经历了更多诸如困惑、沮丧、难过等负面情绪，并不得不为了摆脱这种心理压力和认知失调的困境而一步步自行摸索，调整自己的行为和目标，使之更加符合实际，与东道国的社会规范和文化价值观契合。

第三节　跨文化人际交往问题及其归因

上一章的问卷调查结果显示计划出国的项目学生对跨文化人际交往的

期望值明显高于已出国项目学生的期望值。这在一定意义上说明，项目学生出国前后的期望值存在差异，有所调整。与之相应的，计划出国的项目学生对跨文化人际交往困难程度的预期明显低于已出国学生实际经历到的困难程度。同时，就已出国项目学生而言，相较于其他社会文化适应程度，跨文化人际交往维度的得分最高，即项目学生在这方面存在的问题最多，适应状况最差，有较大的改善空间。通过对项目学生的跨文化人际交往状况及其影响因素的进一步深度访谈，能够更加深入全面地掌握项目学生的跨文化适应状况及其影响因素，从而寻求有利的应对策略及改善措施。

一　交往目的与预期

笔者所调查的多数项目留学生在到达东道国后都有结识当地人，与他们建立朋友之谊的强烈愿望。他们在生活和学习中努力地寻求各种机会与当地人接触、沟通和交流。这一方面是因为，项目留学生初来乍到，对当地社会的风俗文化、道德规范和行为模式等方面的知识比较欠缺，而自己以往惯有的一套思维方式和行为规范已无法满足他们在新社会文化环境下的生存需求，因此容易感到焦虑，缺乏安全感。与当地人交往能够帮助他们快速、有效地获知这些方面的相关知识和真实情况，了解在这个社会中生活的人们一般是如何思考、如何行事的，从而使自己能够更好地适应在当地的生活和学习。也就是说，项目留学生具有从当地人那里得到信息和实际帮助的需求。

> 他们可以提供给你很多很有用的信息。比如我的室友，是一个美国男生，我刚去的时候，会经常问他一些生活上的事情，比如出行路线、超市、银行，他告诉我的信息一般都挺有用的。（楚博语）
>
> 第一学期我经常跟我的 advisor 沟通……主要是学习上的事情，因为刚开始去的时候对这边大学里的要求和其他方面都不是很了解，担心犯错，比如选课什么的，他通常都会提一些建议给我。他对我帮助很大。（庄雅涵语）

另一方面，中国是一个关系型社会，重视人与人之间的相互依赖、相互扶持。留学国外，项目留学生失去了原先在中国拥有的、经过长时间的努力建立起来的人际关系网和社会支持网络，因此容易感到孤独、寂寞和失落。为了减少这些负面情绪，缓解心理压力，项目留学生迫切希望能够在东道国建立起新的人际关系和社会支持网络，作为东道国核心社会成员的当地人自然是应着重考虑的对象。另外，中国人是一个重情的民族，在人际交往中重视彼此情感的交流。也就是说，项目留学生与当地人交往的动机还包括情感上的需求。他们希望能够与当地人交上朋友，成为能够分享彼此喜怒哀乐的“知心好友”。

然而，随着居留时间的增长，学生们开始发现，他们的努力似乎并没有达到预期中的效果，他们起初设定的交友期望似乎遥不可及、远离现实。如周芙所说：“要想跟他们成为‘交心’的朋友，好像不太可能。”方蕾也认为她跟当地人的关系最多只能算是“泛泛之交，完全谈不上什么‘深交’”，萧成也感觉他与当地人的交往“比较肤浅，流于形式化……没有太多感情的成分”。而类似的看法在被调查的项目留学生当中非常普遍。在访谈中，学生们对笔者叙述了很多他们与当地人交往的具体事件，并且对其中产生的问题给出了自己的解释，也提出了一些他们至今仍感到困惑的问题。通过对这些内容和信息的反复阅读、整理和分析，研究者发现，影响项目留学生与当地人顺利、有效、深入交往的因素涉及社会文化与个人方面的多重原因，如中西文化中人际交往方式的差异、个人兴趣爱好及生活习惯的不同、个性特征与当地文化的契合度、外语水平及语言自信、当地人对中国学生的态度与交往意愿等。笔者在下文中将以部分受访学生叙述的事件片段为引对这些影响因素进行具体的描述与分析。

二　文化价值观差异

在整理项目留学生的访谈文本中，笔者发现一个比较普遍的现象：很多项目留学生在谈到与当地人的交往时，一方面认为他们很“礼貌”“友好”“热情”“友善”，但是同时又抱怨他们过于“冷淡”“不通情理”“斤斤计较”“缺乏感情”。这些意义迥异甚至相反的词组却被用于形容同一文化群体及其所属成员的人际交往特征，这看上去是一件充满矛盾的事情。然而，通过进一步的思考和分析，笔者发现，其实这是项目留学生们在不同的交际场合，从不同角度对当地人的态度、礼仪、道德标准以及行为规范所做出的不同的认知和评价。当受访学生描述当地人在双方见面时

“总是面带微笑，很客气、很友好、很尊敬”（王哲语），“路上碰见偶尔会打个招呼问候一下，态度很友善”（萧成语），他们大多指的是当地人的交往礼仪和表面形式。而当学生形容当地人“冷淡”“不通情理”时，则常常与他们对当地人的“为人处世之道”的感受有关，往往是在叙述某一具体的人际交往事件时提出，并伴有对中西文化价值观差异的比较。下面方蕾的一段亲身体验说明了这一点：

片段分析一：

方蕾："美国人太冷漠！"

方蕾告诉我她在美国留学期间曾经有过一次皮肤严重过敏的经历。因为那几天要待在家里静养、不能吹风，因此不能参加之前定好的一次小组讨论会。于是，方蕾决定给小组中默认的组长，一位美国女生打电话告知她情况。当这位美国女生听说后，只简单地说了一句：“Oh，I'm sorry to hear that.”并表示，她们在下次 group meeting 后会通知她讨论的内容和她下一步需要完成的任务。然后就简单地挂断了电话。对于美国女生略显“冷淡”的回应，方蕾感到心里非常不舒服：

> 虽然我打电话也主要是想通知她我生病了不能去参加 group meeting。但是，从内心来讲，我多少还是希望她能够关心我一下的，比如多问我几句关于我生病的事，或者少分配点任务给我。毕竟我们为这个项目已经一起合作几个月了，之前关系一直都还不错，他们对我也挺友好的，我以为我们是朋友。没想到……她今天的表现让我觉得很寒心，我从她说的话里感受不到一点点关心的味道。

对于这位美国女生的反应，方蕾刚开始认为可能是她个人的问题，但她很快发现小组组长并不是唯一一个“不关心她”的人，其他的几个小组成员［两名美国女生，一名美国男生］同样对她的困境“不闻不问”：

> 他们［小组成员］在我生病的期间从来没来看过我，一个电话都没打过……我们是一个团队，他们竟然连一个问候的电话都没有！就那个组长给我发了封 E-mail，告诉我分配给我的任务，顺便问候了

一句我的病好些没。不过我已经无所谓了……问与不问我都不在乎。

说话时，方蕾表情严肃，略显激动，眉宇间隐隐有一股怒气，让我能够清晰地感觉到她在受到组员的“冷漠”对待后感到的伤心和愤懑：“可能美国人对人就是这个样子的吧，很冷漠……他们只重利益，不讲感情。”

为了进一步证明美国人的冷漠，方蕾紧接着叙述了她的中国朋友和几个来自日本、韩国的朋友在得知她生病后，与美国人截然不同的态度和行为作为比较：

［生病］的那天晚上，当时都已经十点多了。因为我以前没有过皮肤过敏，所以当时发现脸上长红疙瘩之后非常害怕，不知道该怎么办才好。就给我最要好的一个中国朋友（也是同一批项目出去的一个女生，住在学校宿舍里）打了电话，她二话没说，立马就搭城铁赶了过来，帮我收拾好东西，陪我去看了急诊。后面几天也都是她天天在照顾我……还有我的几个日本、韩国的朋友，后来也都来看过我，给我带了好吃的，陪我聊天。让我觉得很温暖，也很开心。我感觉我跟他们才是一路人。

（备注：方蕾，美国，商科合作项目，留学一年半）

方蕾的这段经历揭示了跨文化人际交往中因中西文化价值观不同而可能形成的误解和不快。中国社会的人际关系是一种相互依赖、相互扶持的关系。认为人与人之间应该互相照顾、关怀，特别是当有人遇到困难的时候，周围的人，尤其是那些有能力给予帮助的人，应该体恤受困者，主动伸出援助之手，表达同情、关切之心。就如方蕾的好友在她生病期间对她的尽心照顾和关心一样。这种“守望相助”的感情让方蕾感到安心、温暖和愉快，也使彼此间的友谊得到了升华：“我觉得这才是真正的朋友。在你最需要帮助的时候，不会丢下你……会一直陪在你身边，给你温暖，给你关怀。”（方蕾语）

然而，相对于中国朋友和日本、韩国朋友的热心，方蕾的美国组员却对她却表现得异常“冷漠无情”，“他们并不关心我，只关心我能不能完成任务……他们的功利心太强，没有人情味儿……他们理所当然地认为，就算我病了也应该承担跟他们一样多的任务”，这让她感到非常伤心和失望，并对自己与当地人的交往状况感到了悲观：“要在这边交到像国内那么好的朋友不太可能，我对他们已经没多大想法了。”事实上，由于美国社会文化强调独立自我，尊重他人独立自主的能力和个人隐私，因此他们一般不会主动提供给他人帮助，即使是知道他人正处于困境当中，如若受困者自己没有明确提出需要帮助的要求，他们则会自然地将其视为具备足够的能力独立解决问题，不需劳烦他人，因此理所当然地选择了“袖手旁观”。在美国，当听到对方病了的时候，他们一般只会回答：“I'm sorry to hear that.”（译文：听到此事我觉得很遗憾）或是“Take care of yourself. I hope you will be better soon.”（译文：好好照顾自己，希望你早日康复。）①，而不会问“你有没有去看医生？医生怎么说？你今天吃药了吗？吃的什么药？明天你最好去复查一下。需不需要我给你带点好吃的过去？”等等类似的问题，因为他们认为这样的做法有质疑和低估他人独立能力，企图干预、掌控他人行为的嫌疑，这在美国社会是不可取的。但是这些问题却恰恰是病中的方蕾希望能够从美国组员那里听到的话，因为在中国，这些话语是真心关怀他人、帮助他人的表现。然而美国组员显然没有意识到这一点，因此对她在这方面的需求毫不理会。

另外，美国组员对于方蕾的困境和需求毫无察觉，还可能与中西方在表达方式上的差异有关。美国是一个典型的低情境文化社会，美国人习惯运用直接、外露的言语表达自己的想法。而中国是一个高情境文化的社会，在表达方式上讲究委婉、含蓄，他们往往不会将自己的真实意图用直白的话语直接表露出来，而是期望对方能够听出自己的“言外之意”“弦外之音”。这样做，一是因为中国文化中的利他倾向，认为人在交往中应该具有体察对方意图的能力②；二是为了避免可能发生的尴尬情况（如对方对自己的要求置之不理或是直接拒绝），为双方留有一定的回旋余地，保留双方的面子，以便维持和谐（即使是表面上的）的关系。当方蕾告

① 程蓓：《跨文化交际中的社交语用迁移及其应对策略》，载《语言应用研究》2008 年第 6 期，第 65 页。

② 陈向明：《旅居者和“外国人”：留美中国学生跨文化交际交往研究》，教育科学出版社 2004 年版，第 159 页。

诉美国组长自己生病了无法参加下次的小组讨论会时，她实际想表达的还有另几层意思：希望他们能够因此减轻自己的任务分量，或者能够来看望一下自己，表示一下慰问。然而她并没有对自己的这些需求做明确的说明，而是期望对方能够“心领神会”。结果她的意图对于习惯低情境沟通风格的美国人来说过于隐蔽，以至于在沟通过程中被他们完全地忽视掉了。

另外，项目留学生之所以认为西方人的行事冷酷，重理性轻人情，重自我轻他人，还基于他们对西方代际关系不亲的认识上：“我想，既然他们对家人都是这种冷冰冰的感觉，那就更别提对其他人了。”（程璐云语）程璐云告诉笔者她曾经跟另外两个同去的中国同学租住在一位澳洲老太太的家里。这位老太太有两个女儿，大女儿在本地，小女儿在外地，老太太很多年前离婚了，现在一个人养着两条狗自己住。据程璐云观察，老太太与她的女儿之间似乎很少来往。在她租住在那儿的一年半的时间里，程璐云只见过大女儿两次，其中一次还是为了来搬老太太家的一些家具回去给自己用，原因是她与同居男友分手了，男友带走了部分家具。至于小女儿，期间也只回来过一次，并且带走了老太太养的其中一只狗。程璐云对她们这种近乎淡漠的“亲情”非常不理解，也很不认同：

> 我不知道为什么她们可以这样冷漠地对待自己的母亲……这要在中国，就是不懂事，说难听一点，就是不孝……而且更让我惊奇的是，我的房东太太好像也［对此］习以为常，她完全不觉得这有什么问题。她的大女儿来搬家具那一次，我跟我两个朋友还为老太太抱不平呢，没想到老太太听了还挺不乐意……我不知道他们是怎么想的。反正我是很难接受他们那种做人的方式，如果自己跟家人都这么疏远了，那生活还有什么快乐可言呢？
>
> （备注：程璐云，澳洲，商科合作项目，留学一年半）

关于中西方代际关系的不同，孙隆基先生曾做过一段非常精彩的批判性分析。他认为，西方人的代际关系，可以用弗洛伊德根据古希腊神话中俄狄浦斯的故事提出的“俄狄浦斯情结”（Oedipus Complex）的概念来形容。他认为，西方人的代际关系强调“断裂—分离—个体化”，是因为西方社会强调独立自我的建构，西方人对下一代的教养目的在于使其在成年后能够成为独立的、完整的个体。如果培养出依赖型人格的个体，则会被认为是一种失败，是害了“孩子”。在这样的教养观念下，代际之间的人情因素自然会相对减弱，从而导致了代际不亲的关系，以及整个社会人情水平的低落。可以说，西方人培养下一代的方式是预备他们与自己分裂的步骤，亦即是造成他们“不孝”的前奏①。

而与之截然不同的是，中国社会是典型的关系型社会，讲究人情，重视孝道。中国人的人际关系是以自我为中心，推己及人，由近及远层层扩展的如“波纹”一样的关系圈，费孝通先生形象地称之为“差序格局”。其中离个体最近的一层关系就是家庭，血缘关系是中国人最重视的关系。因此，中国人的“自我”概念与西方的“独立自我”不同，并不是独立的个体，而是一种与家庭、与自身所属群体密不可分的自我，杨宜音称之为“家我”（family oriented self）②。一个人只有在家庭里，才是一个有根的人，一个完整的人。中国的父母有养育、爱护儿女的责任和义务，即使到儿女成年后，也同样为他们着想，关心他们的冷暖起居，而儿女长大后也同样负有照顾、回报父母的责任和义务。被作为中国古代儿童启蒙书目的《增广贤文》中有云，“羊有跪乳之恩，鸦有反哺之情”，意思是说小羊跪着喝奶是为了感激母亲的哺乳之恩，小乌鸦长大后，会反过来找食物喂养已经飞不动的老乌鸦。这种“哺与反哺”“血浓于水”的亲情纽带被认为是维护社会安定、团结和温馨的强大力量。可以说，中国社会较西方社会而言要更加充满人情的温暖。因此，当项目留学生离开中国社会而进入西方社会时，往往会对其人情较为淡漠的社会现状与文化特点感到非常不适应，从而在社会互动与跨文化人际交往中会遭遇心理上与行为调整上的种种困难。

二 交往原则与规范

在谈到人际交往的原则和规范的话题时，受访学生感触最深的是西方人遵循的公平原则与中国人普遍奉行的人情原则之间的差异。他们在讲述自己的跨文化人际交往经历中，频繁地提到当地人“没有人情味儿”“不

① 孙隆基：《中国文化的深层结构》，广西师范大学出版社2011年版，第103页。

② 杨宜音：《试析人际关系及其分类：兼与黄光国先生商榷》，载《社会学研究》1995年第5期，第19页。

近人情”“不会做人”之类的观点。从下面张超的小故事中我们可以对这一点进行更详细的探讨：

片段分析二：

张超：“难堪的饭局”——人情与面子

有一次张超给他的一个澳洲朋友帮了个忙，于是这位澳洲朋友要请他吃饭表示感谢。去餐厅的途中，张超的一个“哥们儿”（跟他同一届出去的中国同学）给他打电话也叫他一起吃饭，想到他这个朋友跟James也认识（他们有上同一门课），于是张超告诉了朋友餐厅的位置，叫他一起过来吃饭。张超到达餐厅后找到James，告诉他还有个朋友谁谁谁会过来，需要稍等一下再点菜。而James的反应却让他大吃一惊：“他说：‘我只是想请你吃饭，感谢你帮助了我。他为什么要来呢？我没带那么多钱。’”这种始料未及的变化让张超顿时感到非常难堪，但是又不能打电话给朋友叫他不要来，于是只好“硬着头皮”“赔着笑脸”在那拼命地和澳洲友人解释：

> 趁着我朋友还没到，我就赶紧跟他解释说，对不起我没想到这么多……我只是想到大家都认识，都是朋友，可以一起吃顿饭，我也没想过真的要他请客，帮的也只是小忙，是应该的，不用他请客吃饭，各付各的就可以了，叫朋友来也只是想多个人聊聊天而已。

所幸的是，这位澳洲朋友之后也没有再多说什么，吃饭的气氛也很正常。当我问及最后这顿饭是谁付的账时，张超略显无奈地说：“澳洲朋友付的我和他的，我付的我朋友的。不过他（指中国朋友）不知道……没让他看见。估计以为是我那个澳洲朋友付的吧。”“感觉他们做事不近人情，也不像中国人那么圆滑……我很难适应他们那种做事情的方式，功利性太强，不讲感情。”张超在谈话的最后做出了这样的总结。

（备注：张超，澳洲，工科合作项目，留学两年）

上面张超的故事涉及了几个重要的跨文化人际交往问题。首先，是西方的公平法则和中国的人情法则之间的冲突。西方社会交换理论认为，人与人的交往以自我利益为指导[①]，以公平互惠为原则，在交往中偏于理性。在西方社会，个体在交往中更多的是权衡自我需要的满足和利益得失[②]。因此人们在社会交换的过程中以“清算、明算、等价、不欠、公平为基本规范，对彼此之间的利害关系直言不讳”[③]。澳洲朋友之所以这次请张超吃饭，已明确表明是答谢他过去给予过的帮助，在他看来，这是对张超施惠的等值回报，并希望借此让双方保持“互不相欠”的关系，而很显然，张超的朋友并不存在于这一社会交换的关系当中，因此不应受到同等的对待。而对于张超而言，这种以“明码标价”的方式一次性算清“人情账”的做法并不是他所期望发生的，他对此感到非常失望和郁闷：

> 其实他请不请客都无所谓，我当他是朋友，所以才帮的忙。但是他当着我的面这样说，就好像是在告诉我：“你帮了我，我请你吃了饭，咱们就两清了，互不相欠了。”他在钱的问题上这么计较，我感觉很不舒服。感觉不像朋友间该发生的事儿……打个不恰当的比喻，就是一次买卖，一分钱一分货的买卖……但这并不是我想要的。

张超之所以会对澳洲朋友的做法感到失望和抵触，是因为中国社会中人与人的社会交换行为具有更强的情感性和关系性。人们希望在互利互助的交往过程中，建立一种长期的、友好的以感情为基础的人际关系。相较于以金钱或其他容易测量价值的物质性回报，以人情法则为基准的社会交换行为在回报的方式上更加模糊，其价值也更不容易计算和衡量。中国人认为，人们不应该在交往、互动的过程中过多地在乎物质利益，而是更看重彼此的心意和感情的维系，追求一种长期的回报。人情是不应该在短时间内一次性算清的，而应该成为一种维系和发展双方关系的手段。若是太过“计较双方之间对换互利的等值等价，则会使双方之间的交往转变为

---

① ［美］迈克尔·E·罗洛夫：《人际传播社会交换论》，王江龙译，上海译文出版社1891年版，第19页。

② 李伟民：《论人情：关于中国人社会交往的分析和探讨》，载《中山大学学报》1996年第2期，第62页。

③ 陈向明：《旅居者和“外国人”：留美中国学生跨文化交际交往研究》，教育科学出版社2004年版，第219页。

功利性的经济交换，成为一种街市购物性的交换活动”①。正如张超在上文中形容的：“就是一次买卖，一分钱一分货的买卖。”

另外，如前文所述，西方人的表达方式通常比较直白、外露，在行为上注重自我行动的自由和个人意愿的实现。因此，澳洲朋友采取了一种直截了当的、没有任何掩饰的方式将自己的真实想法告知张超。然而，对于来自中国这一讲究人情、重视面子的社会的张超同学来说，这种直白的话语丝毫没有顾及他的感受和处境，因此伤害了他的自尊心，驳了他的面子：“我真的没想到他会这么说。当时我很惊讶，也很尴尬。觉得他说话太直接了，有点接受不了，心里很不舒服……觉得他怎么就这么不近人情呢?”为了缓解这种令人不快的尴尬场面，张超压抑住自己心中的不满和郁闷情绪，主动给澳洲朋友道歉，解释事情的原因，并且提出了可选择的解决办法，即“各付各的钱”。从中可以看出，张超与澳洲朋友在人际交往的处理方式上具有很大的不同。与澳洲朋友不避冲突、自由表达自我的做法不同，张超在类似的情境下选择了压抑自己的真实情绪，避免冲突，以便保持和谐的人际关系。

张超的这种应对方式与中国人崇尚和谐、息争、为他人着想等文化观念有关。中国是世界闻名的“礼仪之邦”，《论语·学而篇》中所谓的“礼之用，和为贵”，即是要求人在人际交往中要避免冲突，注重和谐关系的建立、保持和维护。孙隆基认为，在中国，不顾及别人的“苦衷”而坚持自己的权利，在“人情”上是说不过去的，因此中国人在冲突的处理方式上往往会采用“忍让”“自制”的方式②。张超在朋友还没到的时间空当努力地给澳洲朋友解释，抓紧时间与之达成在这个问题上的共识，一方面是为了重塑自己受损的形象，说明自己“不是那种爱占人家小便宜的人”，而是“施恩不求报”的人，说明他邀朋友来参加饭局不是为了“蹭饭”，只是为了“朋友一起吃饭热闹”；另一方面张超这么做也是为了保全自己和中国朋友的面子：“如果我朋友知道这件事情，肯定会不高兴……而且说实话，我脸上也不好看……再说了，也没必要。”在吃完饭后张超瞒着朋友付了他的那一份饭钱，主要也是为了维护朋友的自尊和面子，避免中国朋友和澳洲

① 李伟民：《论人情：关于中国人社会交往的分析和探讨》，载《中山大学学报》1996年第2期，第63页。

② 孙隆基：《中国文化的深层结构》，广西师范大学出版社2011年版，第169页。

朋友之间发生冲突和不愉快，以便保持和谐顺畅的交往关系。

此外，澳洲朋友对张超邀朋友一同吃饭的事情反应如此强烈，也可能与西方人做事的原则问题有关。西方人一般个人意识比较强，对自身的权益和行动的自由非常看重。他们认为任何不经自己选择的，被强加于己身的事情，都是来自外力的一种摆布[①]。因此在合法的情况下，他们一般不喜欢被外界因素干扰，做出不属于自己的选择。张超和朋友没有事先征得澳洲朋友的同意，便做出了与他一同吃饭的决定，而这个决定也牵涉到他的直接利益，同时侵犯了他的"知情权"，使他失去了自我选择的余地，因此引起了他的不满。

在有关当地人"不近人情""不为他人着想""注重自我利益"的问题讨论上，很多受访学生都有着类似的看法和经历。孙黎立曾经向笔者讲述了她在一次小组作业中发生的不愉快的事情。当时孙黎立的学习小组里除了她之外，还有两个英国人，一个俄罗斯人，大家各自承担一部分的作业内容。但是在临近交报告的前夕，两个英国组员决定将俄罗斯组员踢出小组，理由是："他没有在小组合作中做出足够的贡献。"当时他们也征求了孙黎立的意见，孙黎立表示了弃权。对于英国组员的做法孙黎立表达了自己的看法：

> 他们很看重自己的实际利益，不讲感情。他们认为他们很公正，很公平。但是我不这么认为，那个俄罗斯人写的部分我也看了，确实不算太好。语言方面问题比较大一点，内容一般。但是这并不代表他没有付出，没有努力啊。因为都是留学生，可能我更能理解他的处境。英语对于我们来说是外语，我们不可能像英国人写得那样好。可是他们（指两个英国组员）不会管这些，不会为你考虑这么多，他们还是用同样的标准来要求你，达不到就 out 了……所以我说，其实他们不公平……［他们］不近人情，没有一颗宽容的心……如果是在中国，事情应该就不会是这个样子了。大家都是一个团队的，有什么话都可以好好说，大家互相体谅体谅、帮帮忙，多包容一点，这事儿就过去了。大家开心比什么都好吧。何必弄得大家都不愉快呢，不过那两个英国人应该也不会觉得不愉快吧，因为他们"胜利"了。

① 孙隆基：《中国文化的深层结构》，广西师范大学出版社 2011 年版，第 162 页。

（备注：孙黎立，英国，商科合作项目，留学一年）

虽然对俄罗斯组员充满同情，但是孙黎立却无法与两位英国组员据理力争："我能理解他（指俄罗斯组员）。但是我能怎么办呢？我也不可能跟他们（指英国组员）去争辩……他们跟我们的思想观念不一样，跟他们说不通……而且就算我反对，有用吗？还是2比1，只会增加冲突。"由于来自一个集体主义社会，孙黎立更注重关系的和谐和情感上的融洽，在考虑问题时具有较强的他人取向。她希望学习小组的合作过程是愉快的，希望大家能够彼此体谅、互相包容、互相帮助。但是同组的英国人在小组合作中更看重的则是个人能力与个人的实际贡献，他们用一种更加理性、不避冲突的态度看待和处理与小组作业有关的事情。由于思想观念和行为规范上的差异，虽然这次事件中孙黎立不是被矛头直接对准的对象，但是她仍然感觉受到了不小的打击和伤害，也影响到了她之后与英国人在学术上的互动："后来只要是自由分组的作业，我都会尽量保证还有中国人在组里……这样比较安全……如果万不得已又跟当地人一组了，我都非常谨慎的，有个词怎么说来着……就是'如履薄冰'。"

四　交往意愿与动机

如前所述，受访的多数项目留学生在到达东道国之后都表达了与当地人交往的强烈意愿，希望能和他们建立长期、深入的朋友之谊。为之他们也付出了不少的努力和尝试。但他们郁闷地发现，自己的主动和努力似乎并不是总能得到当地人的热情回应，很多时候由于感觉当地人并没有太大的兴趣与他们交朋友，他们的交友尝试都以失败而告终。下面是程璐云用第一人称讲述的她的一次失败的交友努力：

我头一次上微观经济学的课的时候，旁边坐了一位澳洲当地的女生，课间的时候我跟她打了招呼，简单聊了几句，觉得她态度还蛮友善的。后来几次上课，她来的时候我旁边位子都是空的，她进来我都会朝她笑笑，示意她坐这里。但是她每次都没有过来，而是选了别的地方坐。这让我感觉她好像没有兴趣跟我交朋友……因为如果她想的话，她肯定会坐得离我近一些吧。后来我又试着在课间休息的时候找她聊过一次，但是好像她也没什么兴趣，我问一句她

> 答一句，话很少，说了两句她就出去了。所以后来，我也就不打算跟她交朋友了，只是出于礼貌，有时候看见了还是会笑笑，说个Hello这样子的。

齐齐在这方面也有过类似的感触：齐齐曾经尝试过邀请一些课上认识的当地学生参加她和几个中国朋友以及马来西亚和韩国的朋友组成的课外学习小组，但是却没能取得任何效果："他们有的就说：'OK，如果有时间我会去的。'但是实际上他们从来就没出现过。还有的直接就拒绝了，说自己很忙没有时间什么的。"这样的结果让齐齐感到非常的沮丧和困惑："我不知道是因为他们不喜欢跟我们打交道，还是说对这种学习方式不感兴趣，也有可能是他们真的很忙，有自己的安排……但是不管怎么样，我现在已经基本上放弃了……我已经试了那么多次，问了至少有十个人了，都是这种结果……感觉自己就是'剃头挑子一头热'，人家根本不买你的账，太伤自尊了。"

程璐云和齐齐在这两次跨文化交友的尝试中都采取了主动示好、创造机会的积极态度，并付诸行动，但是却没有取得好的效果。虽然影响这两件事情的因素可能有很多，例如，那位澳洲女生之所以没有选择再次坐在程璐云邻座，可能是由于西方学生一般不像中国学生那么喜欢和熟人"扎堆"，习惯相互依赖的感觉，他们做事比较独立，往往凭个人喜好行动。那位澳洲女生也许只是因为别的位置比程璐云的邻座听课角度会更好，所以选择了别的地方，与是否愿意和程璐云交友没有太大关系。而程璐云之后的一次尝试：在课间主动找她聊天，也没有成功或许是由于她问的问题不太合适，侵犯到了对方的隐私，又或是那个澳洲女生的确有别的事情要处理所以离开了。但是，尽管可能存在多种原因，仍不能否认当地人没有兴趣与中国学生交往这一原因存在的可能性。而的确也有多项跨文化相关研究证实了这一点，如德维特（De Vita）在研究中发现当地学生偏好于与同一国家的学生组成学习小组，因为他们认为多元文化小组中的成员会影响他们的平均成绩①；托姆（Thom）的研究也表明当地学生与其他国际学生都有避免与中国学生合作学习的倾向，因为他们认为中国学

① De Vita, G., "Does Assessed Multicultural Group Work Really Pull UK Students' Average Down?", *Assessment and Evaluation in Higher Education*, Vol. 27, No. 2, 2002, pp. 153-161.

生的外语水平不够好，容易在沟通上出现问题，影响作业的完成质量①。可见，当地人的“冷淡”和“回避”的态度是造成项目留学生跨文化交往困难的重要因素之一。

相反，在当地人对中国文化或是学生个人真正感兴趣的情况下，双方的交往会更加顺畅和愉快：

> 我觉得（要想跟当地人建立良好的关系）最重要的一点就是双方都喜欢对方的文化。我认识一个英国人，他很喜欢中国文化，会基本的中文交流，喜欢功夫和看《西游记》，今年还自己来中国玩……和他交往就有很多话题聊，因为他感兴趣的恰恰是我了解的。（王哲语）

中国文化讲究“礼尚往来”，《礼记·曲礼上》曰：“礼尚往来，往而不来，非礼也；来而不往，亦非礼也。”其中，“礼”是指中国人在社会交往中应遵循的礼仪规范和行为准则，“来”和“往”则是强调双方在建立人际交往的过程中应该共同努力，应该是一个互动的过程。只有双方都有与彼此建立友好人际关系的意愿和行为，双方的人际交往才可能顺利地继续下去。因此，当项目留学生的交友意愿没有得到当地人的热烈回应，他们为交友所做的努力似乎也并没有换来该有的回报时，这些负面的情绪和体验就如一盆盆冷水，浇灭了他们最初的激情和希望。随着时间的推移和类似经历的增多，他们逐渐改变了自己交友的期望值，不再期望能够与当地人建立深厚、纯粹的友谊，而转为实际目标更加明确的、工具性的交往，如方蕾所说：“我现在和他们打交道，一般都是为了学习的问题，比如老师指定的小组作业……或者是为了解决生活中的一些问题，比如电脑坏了，给维修公司打电话”；齐齐也说：“我时常告诉自己，不要放弃，要和他们多交往……因为我要提高我的外语水平。”

其次，当地人对于中国学生交往的意愿不强还可能是源于双方缺乏共同的话题和兴趣爱好。因此在跨文化沟通中常常遭遇“冷场”的尴尬或

① Thom, V., “Mutual Cultures: Engaging with Interculturalism in Higher Education”, In: Jones, E. (ed) *Internationalisation and the Student Voice*, Higher Education Perspectives, London: Routledge, 2010.

是滋生“无聊”的感觉，久而久之便消磨了双方交往的兴趣和动机，这从受访学生的感受中也能够有所体现：

> 跟他们聊天有时候真不知道该说什么。万年不变的那几句开场白，完了之后就没什么话说了，经常冷场。时间久了就觉得挺没意思的。(陈蓓语)
>
> 跟他们在一起平时说话、玩的都很单调……一般就是聊聊足球，一起喝喝酒。别的（活动）就很少，其实也挺无聊的。(萧成语)
>
> 我觉得交往的障碍还是兴趣爱好，谈论的话题不一样，就很难继续交流下去。(艾罗语)

另外，由于对当地的很多具体的文化知识和信息（如娱乐方式、游戏规则、历史典故等）缺乏足够的了解，受访学生感到要参与当地学生的活动、融入他们的“圈子”非常的困难：

> 就比方说，他们（指美国同学）要听到什么音乐，他们就知道跳什么舞，玩儿什么游戏，但是对我们来说就一无所知。有［一］次我们楼底下就有一群美国人都在跳。我觉得很神奇，是因为他们都知道怎么跳，我觉得是不是他们高中学过啊，教过啊，居然都会跳，特别整齐……［但是］我又不会，又不好意思混在他们后边跳。(陈蓓语)

> 他们（指英国同学）也玩儿牌。但是他们玩儿那个牌到现在我都不太清楚到底是怎么玩儿的。就是说他们觉得好玩儿的东西，我们不感兴趣……他们那边也有三国杀（一种棋牌游戏），跟［中国这边的游戏］形式是一样的，但是故事背景不一样。他们是以他们的某几个神话传说作为故事背景的……我们都不知道他们的神话故事是什么，内容是什么，所以也没法儿一起玩儿。(萧成语)

此外，部分受访学生，尤其是女生，也表示她们对当地学生娱乐方式和生活习惯的安全问题与健康问题存有疑虑，因此选择了回避跨文化接触，以减少风险，保证安全的做法：

你想跟他们交朋友，就要经常跟他们一起活动。但是他们玩得都比较疯……就比如说晚上在寝室开 party 啊，很吵……我觉得不安全，不敢去。（严静雪语）

开始我总觉得我那个套间（指学校宿舍）总是有一股味道，但是我不知道是什么（味道）。后来我的一个小学弟，也是中国人，在那边待的时间比较久，他去我们寝室就说，怎么一股大麻的味道……然后我就知道了。我就觉得好恐怖啊，一定不能和她们（指当地的美国女生）混在一起，太危险了。（齐齐语）

跟外国学生有时候会一起约了去图书馆学习什么的。但是课后的娱乐很少与他们一起。因为外国人本身比较开放一点，所以，出去玩不是特别放心。（文思语）

五　语言与人际交往模式

在讨论项目学生与当地人交流过程中的感受问题时，很多留学生都表示他们感觉“很难”“很累”“会紧张”“不像国内聊天那么轻松”，尤其是当他们对交谈的期望值比较高或者交流情境比较正式的情况下，更容易感到紧张、焦虑和疲惫。关于这个问题，周芙说的一段话具有一定的代表性：

如果你想跟他们进行一次比较有意义的、时间比较长的聊天，你会觉得很累。因为首先你要保证听懂，然后还要边听边想边组织语言回应。而且如果是你发起的谈话，很多时候你会发现，他们对你准备好的或者打算谈的话题并不怎么感兴趣。所以如果你想把谈话继续下去，就得边讲边根据对方的反应改变你的话题、调整自己的语气，甚至是动作，说不好听一点，有点“迎合”的意思……让人感觉特别累。

从周芙的这段话里，我们可以发现几个方面的原因：首先是语言问题。由于项目留学生运用的是非母语进行交流，因此可以说，他们在交往中存在语言上的劣势。为了能听懂并理解对方的话，他们需要非常集中精神，“就像在做听力题，有时候比做听力题还难”（萧成语）。在保证正确了解对方意思的前提下，项目留学生还得组织语言进行回应，这又涉及词汇量、知识量和口语表达技巧方面的问题，因此进一步加大了交流的难度。如艾罗所说："跟中国朋友聊天感觉很轻松、很自在，没有心理负担，走走神儿也无所谓，随时都能跟上……但是跟老外说话的时候，就很难放松，总是处在一种很紧张的状态下。"正如彭凯平教授所说："华人在国外缺少一种国内人常常享受的快乐，那就是'侃大山'或者说'闲聊'的快乐。跨文化沟通很少能达到闲聊的程度，因为它更像一个工作过程，而不是一个享受过程。"①

其次是人际吸引中的权势问题。霍曼斯认为，根据沃勒和希尔的"最少兴趣律"：对继续交往关系的兴趣最少者有能力决定交往关系。因此，如果甲方对回报乙方的兴趣少于乙方回报甲方的兴趣（甲方获得的利益也少），那么甲方就拥有更大的权势；乙方就会改变行为以使甲方得到回报。在这种情况下，乙方只有设法使甲方对保持关系产生兴趣才能具有吸引力。这是一种用提供更多的回报来求得交换关系平衡的方法②。周芙提到要在对方对预备话题不感兴趣的情况下及时地更改话题，做相应地调整，以便保证交流的继续进行，正是因为她在与当地人的交谈中处于权势较小的一方，为了维持对方对此次交流的兴趣，她只能不断地变换话题，以"迎合"对方的需求，从而造成了自己心理上的压力。

同时，由于处在新的社会文化环境下，项目留学生很难根据自己原有的一套人际交往原则和行为规范来完全、准确地预测当地人在交流过程中的思想动态和行为趋势。这种对交往走向的不确定性也会增加他们在交流过程中的焦虑和不安。他们只能通过仔细地、专心地观察对方的反应，并试着从他们的角度去解读信息，并据此调整自己各方面的表现，包括言语的和非言语的表达方式。这也就是美国跨文化心理学家古迪康斯特的焦虑与不确定性管理（AUM）理论中提及的一个对信息收集具有关键作用的重要变量，即"留意"（mindfulness）③。可见，在类似的这种跨文化交流情境下，项目留学生必须在知识上、精神上和行为上都保持强烈的投入

---

① 彭凯平、王伊兰：《跨文化沟通心理学》，北京师范大学出版社 2009 年版，第 11 页。

② ［美］迈克尔·E. 罗洛夫：《人际传播社会交换论》，王江龙译，上海译文出版社 1891 年版，第 66 页。

③ William B. Gudykunst & Young Yun Kim.，《与陌生人交际：跨文化交流方法》，上海外语教育出版社 2007 年版，第 38—39 页。

感，而这种强烈的投入感往往会使他们感到一定程度的疲惫，也就是“累”的感觉。

此外，根据霍曼斯的理论，由于交往中权势较小的乙方必须依赖另一方，所以必须继续保持行为上的吸引力，但是情感吸引力却终止了。这对于来自“交友重情”的文化传统的中国学生来说，则已经失去了与对方建立友谊的基础与期望，从而使彼此间的关系更倾向于“工具性关系”，如很多受访学生在体验到负面的或不愉快的跨文化沟通后，仍然保持与当地人的交往，是因为他们有着强烈的诸如“练习口语”“锻炼跨文化沟通技能”“完成小组作业”等实质性的、明确的交往动机和目标。然而，由于缺乏双方情感的投入，项目留学生与当地人之间很难建立起长期的、亲密的友谊关系，而最多停留在“工作友谊”或是“表面友好”的层面上。

另外，项目留学生还反映，虽然国外学生比较热衷社交活动，校内外会时有各种聚会、社团活动、BBQ等形式的活动邀请和参与机会。但是，由于他们对西方社会的人际交往方式和文化知识不甚了解或者难以适应，因此往往很难在这些交往活动中取得理想的或较好的交流效果：

> 我不知道应该怎么样和他们开始交谈……所以最多的时候就只能微笑，简单地打个招呼，如果对方愿意走过来和我说话，我就会很高兴，会很认真地和他谈……但是总是聊不到几句就结束了。我不知道是因为我讲的东西他们不感兴趣，还是我的表达有问题，有好多次都这样，让我很郁闷。(王宁宁语)

> 我们去人家家里参加聚会，基本上party主人都不会过多地为我们做介绍，只能靠自己去认识……外国人比较随性，也比较主动，有点“自来熟”的感觉，所以，据我观察，他们即便是刚认识，也能很快打成一片，一起谈笑风生的，聊得很热闹。但像我们中国人就比较腼腆，不习惯主动找不认识的人聊天，特别是女生，总是觉得不太好意思。而且……我们跟他们文化差异比较大，他们聊的东西我们不了解，聊起来总会有“无话可说”的感觉，而我们知道的东西他们又不怎么感兴趣。(陈蓓语)

> [在学校的聚会上] 他们（指当地学生）如果问我两句，我就跟他们说呀。我一般不会主动去问他们：“你们在聊什么？”……这种

聚会一般都是朋友带我去的，其他人我也不认识，所以一般都是听他们聊，看他们玩儿，再就是喝酒……大部分时间就是喝酒……有几次都是这种情况，所以我感觉我跟他们在一起干的最多的一件事儿就是喝酒。（我和他都大笑）（王哲语）

西方人的聚会往往在组织上会比较松散，人们主要凭自己的喜好和兴趣自由决定自己的交谈对象、交谈话题和交谈方式。他们习惯于在聚会上四处游荡，与不同的陌生人互动，这一点与西方的自我中心主义倾向是密切相关的。但是对于来自中国的留学生来讲，这种交往方式是他们不太擅长的，他们习惯聚会上有比较明确的主题，有组织者或主持人会专门负责介绍与会者的身份，引导大家互动，进行集体活动。因此，当面对西方这种过于自由、松散、随性的西方式聚会时，他们发现自己无法在自由穿梭的人群中确定自己的位置，运用合适的交往方式与他人谈论双方都可能感兴趣的话题，因此感到了迷茫和无所适从①。加上语言的问题和文化差异导致的不同兴趣点，使得项目留学生在社交场合下的跨文化交往更加艰难。

此外，中西方社会文化中人际吸引特征的不同以及据此形成的不同的中西人际交往方式对项目留学生的跨文化互动也有着不小的影响。彭迈克在其关于中国人心理的跨文化研究中发现，中国文化的集体主义本位观强调维持和谐的人际关系，并采取适当的待人方式，中国人认为受人喜爱的人应该具有友好、谦虚、助人、诚实等特征，而不应太过“招摇”“显摆”“锋芒毕露”；而西方社会则非常强调个人主义和独立性，认为建立社会关系和获得社会地位则主要是靠个人的幽默感、感召力、才能和社交技能②。楚博认为：

美国的派对文化，强调人要有情调，要够酷、不逊。说白了，在一起喝酒，要看你会不会逗别人开心，同时让人尊重你。见多识广、

① 陈向明：《旅居者和"外国人"：留美中国学生跨文化交际交往研究》，教育科学出版社2004年版，第237页。

② ［英］彭迈克等：《中国人的心理》，邹海燕等译，新华出版社1990年版，第208—210页。

自信、风趣、可靠，这是美国人崇尚的……其中，自信很重要。你看《复仇者联盟》（一部美国电影）就知道美国人最喜欢哪几种人了。基本上你把《复仇者联盟》里面几个成员的交往过程观察一下，就是美国主流交友价值观……而中国学生，以致很多亚裔学生的交际障碍，就源于东方传统的谦逊文化。在东方，谦逊表示尊重。而在西方，很容易理解为“你不行”。所以长期受这种文化影响的东方人，总给西方人一种“你不大行”的感觉。退一步讲，也至少是“你对这件事没干劲”的感觉。然后加上文化差异，幽默感就很难体现出来了……所以说东方学生唯一能表达的就只有友善了。而总是友善，自己累，别人可能也觉得假。比如说，人家要是夸奖一下你，一般我们会回答说：没有没有。久而久之，误会就形成了。

（备注：楚博，美国，工科合作项目，留学一年半）

项目留学生中与楚博类似的看法很多见。中国人在跨文化互动中往往表现得比较内敛、谦逊，不善于过多地表现自己，对别人有较强的认同倾向。而西方人在交往中则比较注重发挥自己的个性，表达自己的观点，以展现自己的优点和能力。这种中西文化差异造成的不同交往方式很容易导致交往双方对彼此行为的误解和对语言信息的误读，从而影响跨文化沟通的有效进行，甚至导致跨文化沟通的中断。

六　客观环境与社会组织结构

受访留学生认为他们与当地人的交往很难进行更多、更深层的交往还有一些客观上的原因。例如西方院校的松散型组织结构问题。很多受访学生都表示由于“国外的大学没有固定的班级……上不同的课遇到的同学也是不一样的……而不像中国大学，大家大学四年都在一个班，甚至一个宿舍，一起吃饭、一起上课、一起活动”（王宁宁语），他们与当地学生的接触往往都比较短暂、有限，“除了在课上和小组作业中跟当地学生接触比较多一点，课下就几乎没什么交往”（方蕾语）。

另外一个比较明显的影响因素与项目留学生集体出国的特点有关。根据合作办学项目的规定，项目学生在完成国内阶段的学习会立即转入国外院校进行后半段的学习，达到条件的同一届同一专业的学生往往会被学校安排在同一时段出国。由于他们在国内是同班同学，在出国前不仅相互之间都比较熟悉，而且很多还是非常要好的朋友。出国后，他们继续在同一院校同一专业学习，不少同学还选择了住在一起，因此，他们在彼此的社会支持网络中扮演着重要的角色，互相给予情感上、物质上和信息上的各种支持和帮助，但同时，他们也发现同去的同学太多，以至于大部分时间都“扎堆”在一起，在客观上大大地减少了他们与当地人的接触和交往的机会，很多参访的项目学生都在这方面有所感触：

> 不仅仅是中国留学生，其他的留学生也更多的是和自己同民族的伙伴聚集在一起。因为现在英国大学的国际学生是很多的，特别是中国留学生，中国学生爱和中国学生在一起是事实，特别是我们在国内就是同学，还有上一届的……（一口气列了7个同学的名字），等等。很多问题不需要咨询校方而直接问他们就好了，这也间接导致了与外国人接触的机会变小。（周芙语）

> 同去的同学太多，是一把双刃剑，虽然能够在生活学习上互相照顾，能够更好沟通，但是基于中国人喜欢“扎堆”的习惯……难免不受其影响……会阻碍学生去努力了解当地文化，降低学生适应西方教育模式的热情。（王宁宁语）

> 我所在的学校中国人非常多，光我们学校去的，跟我同一届的就有十几个人，而中国学生特别喜欢扎堆……极大妨碍了与其他国际学生或者当地学生交流……目前除了一些因为学习而认识的外国同学，没有与当地人深交。（艾罗语）

第四节　留学整体感受与个人收获

当与项目留学生谈起他们对自身的留学经历在整体上有些什么样的感受时，笔者印象最深的是萧成的一番叙述：

> 我觉得我的留学感受，可以用五个字来形容，就是“痛并快乐着”……以前我过生日有个朋友送给我一本书，书名就叫《痛并快乐着》，第一次读到的时候觉得挺不理解的。但是因为不理解所以印

象很深。现在我觉得把这五个字用来形容我在国外生活的感受，是再贴切不过了。之所以“痛”，是因为我们在国外会遇到很多挫折，经历到很多不顺的事情……［比如］学习压力大，而且也会孤独、想家，所以我有时会感觉日子很难熬、很痛苦，也很想念以前在国内悠闲的生活。但是从另外一方面来讲，我在这里又觉得很快乐。因为我在这里认识了很多其他国家的人，交到了国际朋友，而且学到了很多东西，增长了不少见识，开阔了眼界，自己也变得更加独立和成熟了。这些都会让我有一种自我成就感，有一种发自内心的愉悦感。所以我说我是痛并快乐着……总而言之，言而总之，我觉得这是一次非常难得的经历，会让我终身受益。

萧成的这段话其实也代表了其他很多项目留学生的留学感受。他们一方面为学习上、人际交往和日常生活中遇到的种种困难和挑战而感到烦恼和忧虑；一方面，又为自己在压力中成长，各方面能力得到提高而感到高兴。有趣的是，虽然在谈及自己的留学动机和目标时，不论是在问卷调查中还是访谈中，项目留学生都表示他们最为关注的是顺利地完成学业，提高自己的语言水平。然而在说到个人的留学收获时，大多数项目学生提及更多、重视程度更高的则是个人的成长与能力的提高，尤其是个人独立能力的提高和成熟度的提升：

最重要的不是英语不是文凭，而是心智的成长。套用网上一段话：留学最大的收获就是两样东西，一是一种把我放到任何国家任何我谁都不认识的地方我都能生存下去的能力，和一种名车豪宅也动摇不了我愿意每天坐公车去追求简单梦想的平淡心态，而我认为这两样足以让我受益终身。(王宁宁语)

最大的收获是成熟，经历了很多事情，思想开阔了许多。学校和学历都不是最重要的，最重要的是学到的东西。(文思语)

总的来说，我成熟了很多。生活上，学会了各种自立。没出国前，我的做饭水平远不如现在。各种生活的事情要自己处理，从而让我开始明白这才是真正的生活。学习上明白了要自觉，要行动。老师不会像在国内的老师，天天催着你来上课，顶多给你发个 E-mail 告诉你，你没上课会有什么样的后果，所以，现在的我，即使被扔到一

个陌生的环境，我也能好好地照顾自己了。其他的东西，所见所闻就太多了，看了不少风景，遇到了不少人。（林扬语）

总体上讲，受访学生提到的个人收获主要包括四个方面：个人的成长与个人能力的提高；文化知识与专业技能的学习；语言能力的提高以及取得的学业成就。下面是笔者摘录的部分受访学生在这个问题上的一些总结性言论：

（1）个人的成长与个人能力的提高

如前所述，项目学生在海外生活和学习的期间，个人的独立生活能力、自制能力、时间管理能力、批判性思维能力都得到了不同程度的提高，同时，他们的个人自信与成熟度也得到了相应的提升。

自身的提高，更乐观积极地面对生活，懂得忍耐，知道奋斗，增进了友谊，还有厨艺大有进步。（陈蓓语）

实际上，出门在外学习，最先培养出来的就是独立。任何事情都需要自己去处理，这对本身的独立能力要求更高了。（吴嘉佳语）

最重要的收获就是生活上的成长，交友和眼界的开阔。（赵言彬语）

独立生活能力和学术能力都比以前要强，同时也慢慢确立了今后的方向。不再迷茫这点对我很重要。（周芙语）

国外学习锻炼了我的自控能力和处理事情的能力，因为美国自由时间太多了，还有就是什么事情都要自己解决。（方蕾语）

最大的收获就是学会独立生活，学会独立解决问题，也要懂得与他人协作。碰到疑问，敢于去弄明白。（王宁宁语）

英语，社交能力，处理突发事件的能力，独立专研的能力，厨艺，性格上变得说难听一点脸皮更厚了。（程璐云语）

（2）文化知识与专业技能的学习

在文化知识和专业技能方面，项目留学生表示他们对东道国的文化知识以及中国的传统文化都有了更加丰富、准确的认识和了解，同时，他们的跨文化沟通技能、口头陈述能力、学术写作能力、团队合作能力以及管理能力都得到了一定的提高。

在国外有很多课都要求做presentation，而且不止一次。虽然过程比较痛苦，但是收获也是很大的。以前做presentation，我会特别紧张，心理压力也大，现在做多了就习惯了……我觉得我变得更自信了，胆子也变大了，沟通能力也有提高。(齐齐语)

这边teamwork很多……可以促进与外国同学之间的交流，培养团队合作意识。在这方面，我觉得我进步很多。(张超语)

学习上，我觉得让我印象最深的就是第四年的学习，因为第四年的学生会自己带一组二年级的学生进行他们二年级的课题，而第四年的学生就是作为manager存在，再就是第四年的学生本身的课题也会有段时间要求成为manager带领整个组进行课题，我个人认为管理能力有很明显的提高。知道该如何分配任务，也知道如何来处理人与人之间的关系，让组里的人都满意他们的任务，给予组员一个和谐愉快的工作环境，这一切都很重要。管理能力的提升对于以后真正的工作起到很直接的作用，这点也是我觉得国外教学比国内教学要好一点的地方。真正让学生可以直接实践，而不是只停留在理论知识上的学习。(程璐云语)

现在我已经比较习惯这里的生活了，因为时间待久了，跟当地的人接触多了，也就懂得了在这边生活所必须了解的一些东西，就比如说他们看问题的方式、做事的习惯、他们的节日、文化等，跟中国有什么不同，了解了经历了，也就慢慢知道该怎么应对了……我现在就明显感觉自己比以前要懂得多得多，特别是文化上的东西，特别有感触（纪筱卉语）。

（3）语言能力的提高

据项目留学生反映，他们在听说读写各个方面都有所提高，其中最为明显的是口语和写作能力的提高。

对我来说，在国外学习这一年多，最让我感到高兴的是我的英语口语提高了很多……主要是我的英语发音，还有比较地道的一些表达方式，我学会了不少。这些进步都让我变得更加自信了……我想这对我以后的职业发展也是很重要的。(艾罗语)

语言主要是口语和学术写作上的提高……因为有很多presentation，而且还有 teamwork……需要跟当地的学生、老师沟通，口语慢慢就提高了……英语写作也是，写得多了自然就提高了，比如我现在写 report，essay 什么的，就能明显地感觉到比以前要熟练得多。（庄雅涵语）

（4）学业成就

项目留学生在学业成就上的收获主要包括取得国外学历以及习得专业知识方面的收获。很多受访学生都表示，顺利地完成合作办学项目不仅使他们在专业知识上更加精进，同时，海外学历也使得他们在未来求职中更具竞争力。

我参加的项目是毕业后可以两边（指中、外合作院校）拿学历的，我觉得这样很好，很划算……可以让我以后找工作的时候比较有优势，有更强的竞争力。（王哲语）

国外的老师比较注重学生的动手能力，实践的机会比较多，所以我觉得我在那边的专业知识学得还是比较扎实的，拿到的证书含金量也比较高……这一点我很满意。（纪筱卉语）

学业上的收获是肯定的，让自己变得更独立更坚强去面对问题。（吴嘉佳语）

当然，项目留学生在谈论自己的留学收获时通常会同时涵盖以上多个方面的内容，笔者在这里将其分成几个部分来叙述，也主要是为了结构的清晰和讨论、分析的方便。

此外，也有不少项目留学生在访谈中坦言，虽然他们在留学期间有所收获，但仍然感觉不太满意，没有达到理想的水平，因而心存遗憾。究其原因，他们表示，主要是因为自己对当地文化的了解程度不够，缺乏有效的跨文化沟通技能，加之比较年轻，爱玩，对自己未来的发展目标比较模糊，所以没有能够充分地利用当地的资源来尽可能地提高自己各方面的能力，还存在改善和提高的空间，因此感到遗憾：

现在回想起来，其实我有很多跟当地人打交道的机会，但是当时都没有把握住，现在觉得挺后悔的……主要是当时不知道该怎么跟他

们打交道，对自己的语言也没自信……就退缩了。（严静雪语）

当时没有意识到跟当地人交流的重要性，放过了很多机会……现在英语水平……也不是说没有提高，但是我觉得如果我能再积极、主动一点，也许会提高得更多，效果会更好。像现在我跟老外说话，有时候还是会有点磕磕巴巴的……不太流利。（方蕾语）

我现在才知道只要多读半年就可以再拿个学位……但是当时我很少注意这方面的信息，也很少看学校网站，所以错过了申请的时间段……有点后悔，如果能再拿个学位，或许对以后移民会更有帮助。（程璐云语）

开始出去还是比较小，有点管不住自己……再就是对自己的未来目标也不明确，只想着只要考试过关就 OK 了，其他时间就经常跟中国朋友混在一起，跟当地人接触还是太少了。语言能力是个很大的问题。如果我出国前英语再学好一点，我可能会更有自信去跟当地人交流。（何维语）

在那边大部分时间都是在学习，虽然在学习上跟当地学生有一定的交流，但是没有交到什么要好的［当地］朋友，就像中国大学同学之间的那种好朋友……太难了。（艾罗语）

第五节　对国内阶段课程与培训的看法与建议

总体上看，受访学生大多对他们参与的中外合作办学项目持肯定的态度。他们认为中外合作办学项目是一个“很好的平台”（王宁宁语），为他们“提供了一个很好的出国学习的机会”（张超语），并且具有通过其他途径出国的中国留学生所不具备的优势。据项目留学生反映，国内阶段的学习对他们海外学习的帮助主要体现在专业知识和语言的准备上，其中以外教授课、英语（读、写）强化训练等方式最为有效，以下是笔者摘录的部分受访学生的相关言论：

国内的学习还是很有用的，特别是在国内的时候进行了很多写作练习，所以不论是写报告还是论文的格式都是比较熟悉的。所以在完成这边（指国外）的作业时，会比其他同学容易上手。我记得写第一篇报告的时候，我们班有个法国的同学，就没有弄清楚格式问题，

最后教授给了他一个不太理想的分数。(纪筱卉语)

其实总体来说，我还是挺满意的。特别经过在国外跟同等学力同学的对比。我们的老师还是相当负责任的，所以我觉得基础也比其他同学扎实一些。也给我们提供了这样一个平台有出国学习的机会。(王哲语)

我在国外和中国学生比我觉得我们这种项目出来的学生的最大的优势是写英语的报告。由于大学期间都是英语写作，所以到了国外是很能适应的，所以我觉得这是学校的最大的特点和优势。(张超语)

国内学习的一些课程对我们出国后的学习有一定的帮助。在国外有时候学习的课程我们都在国内学过。这样的话可以减轻我们学习的压力。(孙黎立语)

我觉得中外合作办学模式的教学让要出国留学的学生感受到了在国外才会有的英文授课和类似的课程设置帮助你去理解和感受那种氛围。(周芙语)

专业课方面，授课还是很好的，内容很全……特别是有外籍老师给我们上一部分专业课，帮助我们提前熟悉了国外的教学方式和学术要求……对我在国外的学习的内容很有帮助。(王宁宁语)

虽然多数项目留学生都表示他们在国内阶段的学习对其在海外的学习和生活具有一定的帮助，但同时也指出了很多的不足之处，希望能够得到改进和完善。其中，受访学生反映最多的是在文化知识、跨文化沟通能力、外语口语以及学术能力（如批判性思维培养）等方面的欠缺：

我觉得国内对语言上的要求还有些不足。尤其是法语口语，练习的机会比较少。所以出国后跟当地人交流还是有一定的困难，有点害怕开口，不太自信。我觉得学校应该加强学生在这方面的训练，这样他们出国留学才不会遇到很多困难，就算遇到，也会因为语言的无障碍而方便处理。(林扬语)

我感觉我们在国内的××大学对于出国前的准备工作做得不够，没有对欧美文化和生活风俗进行相应的介绍，导致我们初次出国有一段时间很明显地感到文化差异，也就是常说的 culture shock。(张超语)

出国后，［我］深深地感觉到，国内学校对出国前的辅导很不够，特别是一些文化背景上的指导特别欠缺。另一个关键就是语言问题，很多合作办学的同学来到国外一年，还无法与外国人正常交流，甚至是一些基本的生活用语都不会，更谈何求学。（秦庆语）

[出国前的准备] 不够，特别是对于论文，我觉得作业这方面，应该让学生独立完成，国外的作业特别注重 critical……而我们国内对这方面的训练很少，所以出国后在写 essay 时，总会感觉力不从心。（陈蓓语）

我觉得学校应该加强同学们的写作水平和课外的阅读量，事先有一个比较广的知识基础。这样在出国后，会减少很多的压力。因为这边的教授会要求你进行批判性的思考，写出你个人的看法，而看法是建立在你所看过和了解的东西上，所以需要你有很丰富的阅读量来作为基础。（庄雅涵语）

此外，在教学效果和质量以及课程设置等方面，项目留学生也提出了一些需要解决的具体问题，并根据自己的实际感受提出了建议：

整体而言，学业还是比较顺利的，具体到个别的课程会存在一些困难，主要原因是没有相应的基础知识，建议在以后的合作办学项目中加强交流，争取达到两校课程的无缝衔接。（楚博语）

学校提供的专业课知识上需要贴近国外大学的教学大纲，其实这边每年学的知识并不多，可能国内学小班半学期的内容，国外会上一学期，我觉得重点是对于每个需要掌握的知识点讲透，而不是为了完成繁重的教学任务，把那么多知识往学生脑中挤。只重量，不重质。这样对于国外的专业课学习本身没多大的帮助。（王哲语）

[我认为国内教学] 差两块，第一块：适合于工程类专业或理工类专业的论文，presentation，学术规范的讲座，不需要很多课时，但是很重要。我的 project 做得很好，本可以拿更高的分数，但是导师说我的论文不够专业，包括排版、图片的选择、数据分析的切入点以及语言的专业程度上都有欠缺，很可惜。第二块就是专业课的课程衔接问题，国内学了很多强电方面的课程，但是我在英国这边发现强电的课程并不是很多，强项发挥不出来，反倒是信号、通信这些课程让我吃了亏，还第一次挂了科（幸好别的科目成绩尚可，不影响升

学）。（萧成语）

这些信息是项目留学生根据亲身的留学体验通过思考和反省得出的结论，因此具有较高的可信度和时效性，能够为以后出国的项目学生提供信息参考，同时也有助于学校进一步完善合作办学项目的实施和可持续发展，因此具有较强的现实意义，需要得到足够的重视。

笔者将这些研究结果与几位中方合作院校的分管校长和项目相关负责人进行了探讨，从另一侧面验证了以上结论的信效度，同时也获得了许多有关看待和实施中外合作办学工作的建设性意见与建议。几位中方合作院校的分管校长和教育国际学院院长在访谈中都提到，目前本校已有的合作办学项目发展比较稳定，在学生数量和办学规模上都有所扩大，并对提高学生质量提出了更高的要求。这一方面归功于国家政策上的扶持与重视，另一方面也源于本校教育国际化程度的加深、合作办学实践经验的累积以及校园多元文化建设的进一步发展。他们在中外合作办学工作中的跨文化问题上有着高度的共识。他们认为，跨文化问题是中外合作办学工作中不可忽略，并应予以高度重视的问题，是关系到中外合作办学能否实现真正可持续发展的关键因素之一：

> 中外合作办学本身就涉及一个跨文化的问题，因为是两种不同文化下的高校搞学术合作、合作办学，所以说跨文化的问题是贯穿始终的，从项目的建立和实施到后期的维护和质量的监管，我们这边老师的跨文化培训，与国外高校的学术交流，当然还有最重要的学生的跨文化能力的培养和发展问题，这些东西比较庞大，还涉及方方面面的很多具体的细节，但是跨文化的问题是贯穿始终的……可以说这是合作办学的一个基本特征。……跨文化的问题肯定必须得到足够的重视，并得到妥善的处理才能够保证我们与国外高校合作办学的稳步发展……［解决好跨文化问题］是中外合作办学实现可持续发展的必要环节。（某中方合作院校分管校长语）

在谈到学校目前对项目学生提供的跨文化适应辅助课程、项目或活动时，相关项目负责人反映，目前中方院校比较常采用的方式包括：（1）安排必修或选修课程（从他们提供的“人才培养计划”“教学大纲”“课程介绍”等资料来看，这类课程主要包括如“英美文化”“人类文化及世界文明”“法国历史”“欧洲文艺复兴史”等介绍国外文化知识的课程)；(2)引进外籍教师讲授专业课或外语口语，以期让学生提前熟悉国外的教学方式，并获知一些实用性的社会文化常识；(3)安排相关的跨文化讲座，如跨文化交际、文化休克、中西文化比较等主题，一般会分阶段邀请专家学者进行专题讲座，通过校内网站、辅导员通知等形式告知学生；(4)邀请部分回国学生组织开展留学经验交流会，频率在一年一次到一年两次之间；(5)此外，学校每年还会举办校园国际文化节之类的活动，促进校内的国际留学生与本校学生之间的互动交流，加强校园多元文化的建设。就这些课程与活动的实施效果而言，多位项目负责人最为强调的是文化与外语课程对于项目留学生的作用最为明显，主要体现在外语能力的提高(主要评估标准为通过国外合作院校要求的语言考试)和对外国基本文化常识的了解(主要评估标准为通过课程考试与学生后期的一些反馈)上。由于这两方面能够通过比较硬性的、在出国前就能够得到测验的方式进行评估，因此在一定意义上来讲，它们较其他方面会比较好把握，虽然这种把握不一定完全准确和全面，因为就如本研究中的受访学生们反映的，外语考试的成绩并不能够完全代表和预测他们在国外生活和学习的能力。

但是，这其中还应该包括一个非常重要的内容，那就是项目学生跨文化能力的发展与评估。笔者认为，对项目学生跨文化能力的发展与评估工作应该是一个系统的、阶段性的、注重反馈的过程，应该是一个完整的体系。只有对项目学生在参与项目的整个过程中的表现进行全面的把握，对他们的阶段性发展(如出国前、出国后、回国时)进行适当的了解和评估，并提供一定的学术帮助与技术支持，才可能最大限度地保证学生的个人成长与发展以及整个合作项目的健康、持续发展。这一观点在与各位相关负责人的探讨中也得到了认同。但同时他们也表示，就目前的实际情况而言，他们对于出国后的项目学生的学习与生活情况的跟踪了解还比较有限，在对项目留学生跨文化能力的评估方面的重视程度与具体措施都还不够。在谈话中，研究者发现学业成就(如考试成绩的高低)以及毕业后的去向仍然是目前评估项目学生成功与否和个人成长的最主要的衡量标准，而对于他们在跨文化能力方面的发展，如跨文化意识和跨文化敏感度的评估还显得比较笼统和模糊，尚缺乏全面、系统的有效评估机制。因此，“在以后的工作中要怎么样更好地培养和发展学生的跨文化沟通能力，怎么样建构一个系统的、完整的跨文化教育和培训体系是一个需要特别关注的问题，是以后工作中的重中之重，应该花更多的精力和资源来完成”（某中方院校国际教育学院处长语）。

本章小结

本章主要从学业适应和跨文化人际交往方面对项目留学生在新社会文化环境下的主观体验以及影响其适应态度与行为的深层文化原因进行了更深入、细致的描述和分析。由于中外院校在教育理念、教学方式和教学语言等方面存在很大差异，项目留学生在课堂学习、完成课程要求以及进行师生互动的过程中不断地体验到中西教育氛围以及传统文化价值观等方面存在的显著差异，经历了一段比较困难的调整期，在个人成长与个人能力、文化知识与专业技能、语言能力以及学业成就等方面都获得了不同程度的提高。同时，项目留学生根据亲身的留学体验，通过思考和反省，对自己参与的合作办学项目的实施过程和效果提供了具有较高可信度和时效性的反馈信息，具有实践参考价值。后文中对项目留学生跨文化培训模型的建立正是基于这些实证调查的结果。

第五章

综合分析与理论构建

这一章，我们着重对本书的研究结果进行综合分析与进一步的讨论，主要从社会文化认知与评估、跨文化适应态度与策略以及自我概念与文化身份重构等方面进行了探讨，并在此基础上提出高校中外合作办学项目学生的跨文化适应理论框架。

第一节　社会文化认知与评估：对中国文化与留学所在国文化异同的动态比较

根据对项目留学生跨文化适应状况的了解与分析，笔者发现，受访学生在谈论他们的跨文化经历时，往往会以对中国文化与当地文化的异同进行比较的方式来进行说明。即使是在研究者没有明确要求的情况下，他们也同样采取了这种方式。这从前一章中王宁宁对西方师生关系的论述，方蕾和张超对于他们的跨文化人际交往事件的描述等例子中可以清晰地看出这一倾向。可见，学生对于新社会文化的认知与评估亦是对自身原有文化与留学所在国文化异同的比较过程，而这种比较往往是一种自发式的、长期的、动态的以及不断修正的心理过程。

这种对新社会文化认知与评估的长期性与动态性特征主要体现在其阶段性上。笔者认为，项目留学生对于东道国社会文化的认知与评估主要可分为出国前文化印象和出国后亲身体验两个阶段。这两个阶段在内容和形式上有所不同，各有侧重，但相辅相成。

就出国前的认知与评估阶段而言，可将其看作一个或多个文化假设，之所以是“假设”，是因为这些“先期文化印象”主要是学生们依据在国内获得的各种资源而形成，尚未得到实际经历的检验，因此在信息的准确性和时效性上可能存在一些问题。从本研究的调查情况来看，受访学生在出国前对未来留学所在国的印象比较笼统，不够准确，存在一些思维定式或者说是刻板印象的倾向。就信息的获取途径而言，主要包括学校的文化课程（如英美文化课）、与外籍教师的交流、各种媒体（如书籍、电影、报纸、网络等）、讲座以及社团等渠道。虽然由此形成的先期文化印象与东道国的实际情况可能存在一些偏差，但是多数项目留学生都表示，这些提前获知的信息能够在一定程度上帮助他们减轻留学初期的心理焦虑和不确定感，从而更快速地适应当地的生存环境。这一研究结果也说明在出国前进行文化知识与技能的准备与培训是一项必要的、有效的举措。

然而，随着在国外居留时间的增长，以及在真实情境中对新社会文化知识的不断学习与积累，国内形成的一系列文化假设会逐渐受到质疑、挑战甚至是否定，又或者会得到进一步的肯定和认同。当文化假设与实际经历较为吻合时，学生会对其进行重新肯定和运用，从而不用在思想和行为上做出更大的变动来应对新的社会文化情境。例如，有项目学生表示他们在国内阶段通过外籍教师对外国院校的学术规范和要求获得了比较准确的了解，因此减轻了在海外学习时的压力；然而当文化假设与实际经历不符、发生冲突时，便会受到质疑或调整，纪筱卉在出国前认为"法国是个浪漫、友好的国家"，然而当她来到法国后却发现："这里没有想象中的友好，法国人很排外，而且治安也不好。有很多阿拉伯的小孩会明目张胆地在大街上抢东西。"何维在出国前听上一届的同学说"美国人很冷漠，对中国学生不太友好"，然而当她在美国过圣诞节的时候，却收到一个美国女生的邀请"去 maryland 她家住了快一周"，让她感觉到了家的温暖。这些与预想中不一样的经历往往会给项目留学生留下深刻的印象，并成为他们认知与评估当地社会文化的重要参考。

同时，学生在国内建立"先期文化印象"的过程中往往也会同时形成对东道国社会文化的某些特定期望。也就是说，项目留学生在出国时是对当地人及当地文化抱有一定期待的，而这种期待通常是建立在自己原有的社会文化价值观以及在国内获知的东道国社会文化知识基础上的。根据预期违背理论，被视作负面违背的期望（事情变化的比预期要糟）会导致负面评价，而那些被视作正面违背的期望（事情变化的比预期得要好）

却能带来正面评价和结果①。项目留学生在对当地人的行为进行评价时，往往会将其与中国人在类似情境下的做法进行比较，然后从中选择出自己比较偏好的一种。如果他们偏好当地人的方式，那么他们就会对当地人的行为进行正面评价，反之则会形成负面评价，而且往往会伴随着对自身原有文化的重新认识和重新肯定，会对自己的原有文化更加的理解和欣赏。例如，前文中提到的程璐云对于西方社会亲人之间关系淡漠的不认同使得她对中国传统文化中的“孝道”更加欣赏，并感到自豪。而当发现外国的老师更能容忍来自学生的质疑和挑战，课堂上的学术讨论氛围更浓时，萧成则明确地表达了他对这种西式教学风格的偏好和欣赏。

值得一提的是，笔者在研究过程中发现，当项目留学生将当地人描述为具有“率性”“冷漠”“友好”“活跃”等特征时，他们通常所依据的是自己在实际经历中的亲身体验以及存印于脑海里的思维定式。但由于他们普遍与当地人的交往机会有限，交往程度也比较浅，因此，他们对当地社会文化的认知与评估结果很容易片面化，且不稳定，刚形成的文化印象很可能会因为接下来发生的另一件事情而发生很大的改变，即使是一件很小的事情往往就可能成为他们对当地人性格与文化定位的重要参考系，因此可能会加大他们的判断偏差，造成片段式、片面式的评价结果。下面是两位同学在一次小组讨论中的交谈片段，反映了这方面的问题。

何维和齐齐来自同一个中国地区，并同在美国念书，她们分别是通过不同学校的合作办学项目出国的，但专业都是工科。访谈时，一位在国内办毕业手续，一位回国休假。两位同学在研究者的邀请下参加了一次小组讨论会，下面是两位同学以及笔者在关于美国人是否守时的问题上的一些谈话片段：

何维：对了，你觉得澳大利亚人守时吗？（这句话是针对笔者问的，因为她知道笔者曾在澳洲留学）……我觉得美国人很不守时啊。

我：是吗？你为什么会这么认为呢？

齐齐：啊？不会吧？

何维：我觉得美国人超级不守时。比如我们的 group meeting，约

① ［美］丹·兰迪斯、珍妮特·M. 贝内特、米尔顿·J. 贝内特：《跨文化培训指南》，关世杰等译，北京大学出版社 2009 年版，第 439 页。

的是五点钟，我是五点钟准时到的那里，还有个男生，是默认的team leader，他不是native，可能是欧洲那边的，我没问，他也是准时到。另外两个人，经常就6点钟，6点半来啊，一个是美国native，有一个不是。Team leader也不说什么。

我：每次都这样吗？

何维：对呀，基本上每次都这样。我也不好说什么，感觉不好意思说，关键是我也不知道该怎么说。然后搞了几次以后，我也不那么守时了，有时候去了就一个人都没有。我就想这些人怎么都这个样子啊，然后有时候你就是迟到一个小时，到了那里还是没有人在。

齐齐：他们会不会把时间记错了？

何维：肯定不会啊，就是一遍一遍重复的。

我：你有观察过其他的美国人吗？他们也是类似的情况吗？

何维：我有两个同学，都是××大学（指国内院校）一起去的，他们那两个组，还有人迟到更久，或者根本就不出现。

齐齐：我觉得不会呀。我之前那个小组，就我一个中国人，一个加拿大人，三个美国人，他们是还会提早去的那种。

何维：啊……那是怎么回事呢？

齐齐：我觉得可能还是跟个人性格有关系吧。大多数美国人应该都还是挺守时的。咱们以前上的课不也这样讲的吗？

何维：也有可能吧。可能是我运气不好，哈哈。

从上面的对话中，我们可以看到，何维在出乎意料地发现自己学习小组中的美国组员并不如想象中那么有时间观念时，她的认知发生了很大的改变，从她的用词和笃定的语气中可以看出，她已将这种“不守时”的特点覆盖到所有美国人的身上，而她做出这一判断的根据却仅仅是源于自己与其他两位中国朋友的一两次小组讨论会的经历。我们姑且不论美国人到底守不守时，在多大程度上守时的问题[①]，但从何维对其进行判断和评估的信息基础和思考方式来看，是存在一定问题的。究其原因，研究者认为，很大程度上可能是源于她与当地美国人的交往太少，因此没有其他更

① 这一问题也不在本研究的主要讨论范围内，而且若真要讨论起来，恐怕还需要进行另一专门研究，运用更多的理论与实证资料作为支持，才能进行更好的探讨和分析。

多的经历能够作为参考，同时，对于可能存在的其他原因（比如个人对学习兴趣不高、不够重视等），由于何维“不好意思”问，没有跟对方进行直接的沟通，因此只能凭借她自己那有限的经历对事情原因进行了推断，从而加大了认知结果发生偏差的可能性。而当齐齐提到与之截然不同的经历时，何维显得有些吃惊和迷茫，对自己的认知和判断有了再次的动摇，由于一时难以找到造成自己认知失调的根本原因，她将自己的困境归因于“运气不好”。而这种认知，显然同样可能是不准确的。

另一方面，同在美国念书的齐齐在这个问题上的亲身体验却与自己的预期保持了一致，即“美国人是守时的”，因此她更加确信这一观点，并将何维的美国组员不守时的行为归为了个人原因。她的判断是否准确，由于在访谈中她没有给出更多的参考信息，因此在此姑且不进一步讨论。但她的表现至少可以说明，当个人期望与实际经历相符时，个体会对自己的判断显得更为自信，不确定性会更低。

此外，项目留学生在留学期间对当地社会文化的认知与评估也不是一成不变的，即使是对同一件事情的理解，也会随着文化知识的增加、思想观念的调整或是情境因素的改变而发生不止一次的改变。而这种改变往往是通过项目留学生对某一具体事件的理解和事后反思而实现的。在反思过程中，一方面，项目留学生往往会对自身原有的中国文化进行重新认识和重新评价，例如，前文中提到的程璐云对于西方社会亲人之间关系淡漠的不认同使得她对中国传统文化中的“孝道”更加欣赏，并感到自豪。另一方面，他们也会对东道国社会文化进行更深入的思考。并在此基础上，相应地改变或调整自身的态度和行为，使其与当地社会文化更加契合。下面艾罗在自己的留学日志中写到的一段话可以反映项目留学生们在这个问题上的思考：

……头一次在 Perth 的大街上看到老外身穿西服，脚蹬运动鞋，还背着个大“书包”急匆匆地赶公车时，我 shock 了！我觉得他们看起来既滑稽又可笑。我不知道他们怎么会做出这样的装扮来，太不讲究了－－|||[①]。这要是在中国，肯定会被认为是“影响市容”，还不知道会被人笑成什么样儿呢……可是慢慢地我发现，很多的老外都

① －－||| 是网络语中用于表示无语、流汗类的表情。

是这个样子的，他们虽然着装“古怪”（至少是在当时的我看来），但是表情却非常自然，我有好几次都偷偷地观察了他们和他们周围的人，大家都很自然，也没有任何人在背后指指点点……后来我实在憋不住好奇心，就问了问我的房东，一位可爱的澳洲老太太，她告诉我，因为路上穿球鞋比较舒服，穿高跟儿鞋会比较难受，他们只要到办公室之前换回高跟儿鞋就可以了，这只是“自己舒服与否的事，与时尚无关”……于是我渐渐地明白了，也渐渐地开始欣赏起他们这种随性、自由的做事风格，我羡慕他们总是能在自己的世界里悠然自得，做自己喜欢做的事，不用介意别人的眼光……在中国，我们总是有太多的顾虑，有太多的约束，而且有些约束可能只是自己强加给自己的……我渴望有一天，我也能够摆脱这一切不必要的约束，做一回真正的自己，享受这纯粹属于自己的小小乐趣……我想，或许有一天，我也能像他们一样，穿着西装，蹬着球鞋抬头挺胸地漫步在祖国首都的大街上。^_^ ①。

从艾罗的叙述中我们可以看出，她在观察与接触当地人的过程中，感受到他们与自己原有的价值观念、思维方式和行为方式的明显不同，从而开始逐渐地意识到自己在中国生活时曾经习以为常而不自觉的自身文化特质，并通过将其与东道国文化进行比较，实现了对自身原有价值观念与行为方式的反思、调整与评估。

由此可见，跨文化适应的过程亦是个体认知结构和行为不断得到完善的过程。只有尽量增加与当地社会成员的接触，多角度多渠道地去了解当地社会文化，事后多做反省和思考，才能够尽可能地对当地社会文化做出正确的理解和判断，减少认知偏差的发生，并在基础上深化对自身原有文化的认识和理解。这也是项目留学生在当地社会能够顺利交往，提高跨文化交际能力的必要条件。

第二节　涵化态度与涵化策略：理想与现实的差异

本研究的另一个重要发现在于项目留学生的理想的涵化态度与实际运

① ^_^ 网络用语中表示“笑脸”的符号。

用的涵化策略之间存在差异。上一章问卷调查结果显示持整合涵化态度的学生占到了80%以上的比例，而仅有很小的一部分被试者选择了其他的三种涵化态度：分离、同化与边缘化。这与以往的部分相关研究结果基本一致①②。然而，在进一步的访谈过程中，笔者发现，项目留学生的涵化态度与其在实际情况下运用的涵化策略有所不同，尤其是在人际交往方面，差异尤为明显。也就是说，项目留学生“希望与当地人建立什么样的交往”与他“实际与当地人是什么样的交往状况”，两者之间存在差异。在访谈中，大部分的受访学生都说过类似的话，“我本来是希望……但是却没有能够……”，“想是想，但很难……”这些陈述方式清晰地体现了他们理想中的跨文化适应状况与实际经历之间的落差，其中最为明显的差异体现为：学生们在很多实际的涵化情境中并未将理想中的整合态度付诸行动，而是更多地采用了分离策略。同时，本研究结果也表明，相较于理想的涵化态度而言，依据项目留学生在实际中对涵化策略的应用，能够更加准确、有效地预测和分析他们的跨文化适应状况。对于二者的差异，究其原因，笔者认为，主要有以下几个方面值得注意（下面主要以跨文化人际交往方面的差异为例进行分析）：

第一，期望值不准确。本研究的问卷与访谈的调查结果均显示，项目留学生对于跨文化人际交往方面可能存在的困难估算不准确，他们在实际中遇到的交往困难要远远大于其预期中的困难。据部分受访学生反映，他们出国前考虑和担心最多的还是学习上和生活上的一些问题，而对于与当地人交友的问题，却较少思考，因而他们无论是在心理上还是在知识、技能上，对于跨文化人际交往方面所做的准备都比较有限。但事实表明，跨文化人际交往比想象中的要困难和复杂。很难达到项目留学生先前构想的完美目标。由于对跨文化人际交往中可能遇到的困难过于忽视，导致学生们在文化知识和跨文化沟通技能上的准备不够充分。这一点在笔者所观察到的学校组织的留学经验交流会上也有所体现：在校学生与回国学生的互

① Ward, C. & Kus, L., “Back to and Beyond Berry's Basics: The Conceptualization, Operationalization and Classification of Acculturation”, *International Journal of Intercultural Relations*, Vol. 36, No. 4, July 2012, pp. 472 – 485.

② Berry, J. W. & Sabatier, C., “Variations in the Assessment of Acculturation Attitudes: Their Relationships with Psychological Wellbeing”, *International Journal of Intercultural Relations*, Vol. 35, 2011, pp. 658 – 669.

动交流中，提及的问题多是关于生活和学习上的具体问题，比如住宿费用、课程安排、专业内容、打工机会等，却很少有学生问及怎样和当地人交往方面的问题。另外，从学校普遍欠缺关于跨文化能力培训的课程和讲座的情况也可看出，无论是学生本人还是学校，都未对跨文化人际交往方面的潜在困难给予足够的重视，从而也缺少相应的准备措施，导致项目留学生在这方面期望值的不准确。因此出现了“我很想跟当地人交朋友，但是却找不到有效的方法”“因为跟当地人交往很不愉快，所以后来大部分时间还是跟中国同学在一起”等类似的情况。换句话说，项目留学生在跨文化人际交往上的涵化态度倾向于整合，却由于各种未曾提前准备和难以克服的困难，而在实际行动中偏向于选择分离策略。

第二，语言问题。语言是沟通的桥梁，第二语言的掌握程度对项目留学生的跨文化沟通行为尤为重要。要想与当地人有效沟通，首先就得能听懂、理解他们的意思，同时还需要表达自己的想法，这就需要具备一定的听说能力。为了完成学业，留学生必须阅读大量英文书籍，撰写各类学术论文，这就要求留学生具备较好的读写功底。因此，外语水平是适应留学生活、克服文化休克的关键因素。

此外，语言问题实际也涉及文化习得的问题。费孝通先生认为，语言的学习与发展是随着个体社会化的过程一同进行的，因此“语言知识的成熟实际就等于他在社会中及文化中地位的成熟”①，而个体在新社会文化环境下的涵化过程实际上就是一个再社会化的过程，其第二语言水平的提高和完善是随着他们在新社会环境下的文化学习过程而完成的。很多学生之所以认为自己始终无法融入当地人的社交圈子，其中很重要的一个原因就在于他们对其语言中所包含的文化内容和信息无法充分地感知和理解，因此“总是会有一种被 left out（译文：排斥在外）的感觉”（王宁宁语）。如萧成所说：“在这边生活的语言要求和融入这边生活的语言要求是很不一样的……因为文化背景的差异，在英国人眼里面的英式笑话就很难逗笑中国的学生。所以为了缓解文化背景的冲击，需要我们大量地了解他们的生活方式和习惯，所以交流就很重要，需要一个高档次的语言水平。”可见，语言水平及其相关文化背景的缺失是阻碍项目留学生将跨文

① 费孝通：《文化的物质面与精神面》，载《文化与文化自觉》，群言出版社2010年版，第18页。

化交友意愿变为现实的重要因素。

第三，歧视与偏见。笔者调查发现，很多项目留学生对于自身在留学期间是否有遭遇歧视或偏见的问题认识比较模糊。这一方面是由于项目留学生普遍与当地人的交往都比较少，因此无法完全从自身极为有限的经历中确定自己的这些不愉快的经历是源于当地人对自己所属民族的歧视与偏见，还是与其他原因有关，如个人性格、事情发生的具体情境等。而在这种认知归因比较模糊的状态下，个体可能会选择尽量避免跨文化接触，减少文化间的交际行为直至归因明晰化①。这一点在研究结果中也有所体现，部分受访学生表示由于在与当地人的交往中发生了冲突或者是不愉快，但又无法确定原因，因此在后来的生活中开始有意或无意地避免在相似的情境下与当地人交往，转而与中国朋友或是其他文化背景比较相似的留学生（如马来西亚、新加坡、日本、韩国等国留学生）更多地聚在一起，从而造成了实际社会交往中的分离状况。如艾罗所说："我不确定这到底是因为歧视我们是中国人还是因为别的什么原因……我跟他们实际接触不多，所以也不敢完全肯定。但是给我的感觉就是他们对我们有歧视，这让我很不舒服……也不太愿意跟他们再过多地打交道。"

另一方面，项目留学生之所以对自身是否遭受到歧视的问题难以确定，是由于他们与当地人的冲突往往比较微妙和隐蔽。通常很少会有当地人用直接的侮辱性的言语和行为来对待他们，在本研究中，这种情况仅有两个学生有所提及，但是很多受访学生表示，在某些社会情境或场合下，他们仍然能从当地人的眼神、表情、语气、肢体语言中感知到不友善的气息和歧视的味道。例如齐齐谈到，她有一次与几个中国朋友和日本朋友一起在果汁店喝饮料，他们买的是一大杯果汁，然后一人一根吸管，一起头靠着头喝饮料。但齐齐很快地感觉到了周围人异样的眼光，"旁边有来往的老外总是回头看我们，而且表情都非常奇怪，就好像我们做了什么不应该的事情，让他们吃惊。我对他们那种眼神，那种表情感到很不舒服，而且很愤怒……和我一起的朋友也注意到了这一点，他们也跟我有同样的想法"，当我提示齐齐这也许是因为东方人和西方人对朋友间人际距离的认识存在差异引起的，齐齐以更加不满的语气回答说："我知道他们可能不

① Padilla, A. M. & Perez, W., Acculturation, Social identity and Social Cognition: A New Perspective, *Hispanic Journal of Behavioral Sciences*, Vol. 25, No. 1, 2003, pp. 35 – 55.

这样做，但是我们喜欢这样做，跟他们有什么关系呢？我们又没有要求他们也这样做。他们凭什么要评判我们的行为呢？”

可见，由于敏感地感受到了当地人对她们所尊崇的东方传统文化价值观与行为模式的不理解、不认可和不宽容，齐齐等留学生对当地人产生了反感甚至愤怒的情绪，从齐齐的话语中可以清晰地感觉到她的自尊心受到了很大的冲击和伤害，由于无法从当地人那里获得群体的归属感和安全感，觉得自己是“局外人”，齐齐选择将本地人排斥在自己的社交圈子以外，转向同胞（或有相似文化背景的个体）那里寻求情感上的慰藉和心理上的安定感，也由此重新肯定了自己的行为及其植根所在的东方文化。这与齐齐在之前的访谈中提到的“想和当地人好好相处，多交几个朋友”的初衷是相悖的，是一种典型的分离策略。

第四，缺乏将态度转化为实际行动的能力。很多项目留学生在访谈中都用过类似的表达：“其实我知道他们是怎么做的……但是我自己却很难这样做。”例如，楚博在说到国外师生关系时表示，虽然他很欣赏国外老师和学生之间较为平等、随意的交往方式，也能够接受他们互相之间直呼姓名的做法，但是对于他自己来说，却始终无法这样做：“到现在为止，我还是用 professor，或者 Dr. ××来称呼我的老师，要叫名字，说实话，真的叫不出口……我想是因为中国那种等级观念，还有尊师重道的思想已经在我心里根深蒂固了吧。”林扬也表示，他常常在看到老人的时候就想主动跑去搀扶，或者问人家需不需要帮助，虽然他知道在国外这种做法是不可取的，也知道这可能是对他人能力的一种质疑或低估，但是他就是“忍不住，觉得不这样做心里就过不去”。这些根植于心、“根深蒂固”的思想便是一种深层文化价值观的体现。

从这些受访学生的叙述中，笔者发现一个重要的现象：即个体在离开自己母文化，到另一个异文化环境下生活一段时间后，并且在已经了解到新文化环境下人们的行为模式和道德规范后，虽表示理解，而且也有遵守的意愿，但是在实践中却仍然感到从内心里难以接受，或在行动上难以遵守，而总会“情不自禁”“身不由己”地依据自身原有的文化价值观和道德标准来为人处事。尤其是当个体在新文化环境中的居留时间较短，与当地人的接触与交往有限的情况下，这种情况更为突出。也就是说，个体尚缺乏将态度与知识转化为实际行动与交际技巧的能力。

为什么会出现这种现象？笔者认为，这主要是源于个体的深层文化价值观在起作用。费孝通先生对于道德价值和情操的论述可以用来帮助我们理解这一“情不自禁”的“文化守旧”现象。他认为，个体在某种环境下，会依内在的逼近，采取某一种方向的动作。而“这内心的逼近并不是出于先天的本能冲突，亦不是出于利害的计算，而是集体在一定文化情境中逐渐训练出来的”一套道德价值与情操体系，它们需要在极长的时间，经过一步一步对于个体的逐渐约制而形成[①]，即个体在漫长的社会化的过程中逐渐建立和完善起来的。因此，这些道德价值和情操体系一旦形成便会非常稳固，不易改变。当个体与新的社会文化环境发生持续的接触时，为了生存和发展，他们便会开始学习当地社会的一套价值体系和道德规范，进行再社会化的过程，而这一过程在一系列因素（例如接触时间、交往频率、当地社会对异文化的态度等）的影响下往往呈现出不完整的特征，体现为个体对表层风俗文化与行为规范的了解与学习，以及对原有深层文化价值观的保持和维护。

第三节　跨文化适应策略的选择与运用

一　对涵化压力与文化冲突的归因

社会心理学的归因理论认为，个体对生活事件的理解和阐释可能存在多种方式，或具有本质上的差异。归因方式与控制点对个体如何看待自身应付社会环境的改变的能力具有重要作用。因此，涵化中的个体对事件缘由的认知会对其理解和阐释自身涵化经历的方式产生重要影响[②]。只有在对涵化压力和文化冲突进行归因分析的基础上，个体才能建立和发展有效的应对策略来解决问题。在涵化情境下，当个体将事件归因于外部情境因素，认为自己对涵化过程不具备控制力时（如将事件归因于当地社会对自身所属文化群体的歧视），他们往往会采取更为消极的应对方式或分离的涵化策略；当个体将事件归因于个人内部因素（如语言水平不够，文化知识欠缺等）的影响时，他们会采取更为积极、主动的应对方式或整

---

① 费孝通：《文化的物质面与精神面》，载《文化与文化自觉》，群言出版社2010年版，第19页。

② Jones, E. & Davis, K., “From Acts to Dispositions: The Attributional Process in Person Perceptions”, In L. Berkowitz (ed.), *Advances in Experimental Social Psychology*, New York: Academic Press. Vol. 2, 1965, pp. 219 - 266.

合的涵化策略来解决适应问题。

另外值得一提的是，据受访学生对自身跨文化适应困难原因的认识和解释，笔者发现，他们在对自身涵化压力和文化冲突的归因方面具有以下几个特点：

第一，归因的习惯性倾向。虽然个体在对跨文化事件的归因上各有不同，但其中还是存在一个比较普遍的规律，即多将事件的原因归结于语言或文化差异，且在语言“够用”的前提下，学生更倾向于将适应中遇到的问题（如交友困难）归因于文化差异。也就是说，当学生具备一定的语言沟通能力时，他们才更容易意识到文化差异在他们的跨文化适应过程中的重要影响，此外受访学生提及的原因还包括个人性格与兴趣、歧视与偏见以及宗教信仰等。

第二，归因比较笼统。如一些项目留学生在解释自己的跨文化人际交往状况不佳时，有时会将其简单地归因于“中西文化差异”，但至于是哪些方面的文化差异，具体涉及哪些文化概念，则没有过多的思考。也就是说，他们对其中涉及的具体文化内容没有一个更全面、清晰的认识，在事后的个人反省和文化反思缺乏深度。

第三，归因存在模糊。如前文所述，项目留学生与当地人的接触普遍较少，缺乏对东道国社会文化及人际交往方式的全面认识，因此他们在对事件进行归因时时常会拿不准其到底是源于个人差异，还是文化差异，抑或是歧视或社会偏见方面的问题。由于归因比较模糊，学生便很难确定应该采用哪种应对方式来解决问题，因此容易造成跨文化沟通的失败，同时也使得他们在之后的跨文化交往中变得更加敏感和谨慎，在面临类似的情境时，更易选择回避和中断沟通的方式，力图避免再次产生不愉快的局面。

二　跨文化适应策略的选择与运用

如上文所述，项目留学生对于新社会文化的认知与评估是一个动态的、不断改变的心理过程，与之相对应的，项目留学生在留学的不同时段、不同情境下对于跨文化适应策略的选择和应用也同样呈现出不断变化的特点，也就是说，项目留学生对于跨文化适应策略的选择和运用主要是基于自身原有的社会文化价值观与行为准则，以及不断积累的新文化体验及其认知，因此是一个动态选择和不断调整与完善的过程，呈现出多样性

（因人而异）、灵活性（因事而异）、情境性（因环境而异）的特征。就具体的适应策略而言，笔者认为可分为以下几种类型：

1. 折中式应对法

笔者在调查中发现，项目留学生在处理跨文化事件时，会同时考虑到自己有可能承担的风险和潜在的威胁和困难，以及自身在该事件中的实际需求和想要达成的目标，然后根据对实际情况的权衡，创造一种对自己较为有利，同时又比较保险的应对策略，使其既能够在一定程度上削减风险，又能够满足自身的实际需求和目标。这种应对方法的一个显著特征就是：项目留学生会先与一定数量的中国同胞（例如同去的其他项目学生）结为“同盟”，组建好一个基本的沟通情境，然后再向外邀请当地学生和其他国家留学生的加入，从而实现跨文化交往。研究者将这种应对方法称为“折中式”应对法，主要是取其“取正、调和、适中”之意，意指调和各种不同压力源和实际需求，减少压力事件和情境中的部分有害特征，创造较为有利和保险的跨文化沟通情境。

这种应对方法的运用在项目留学生的学习、生活及人际交往方面都有所体现。例如在自由组建学习小组时，一些项目留学生会首先和几个中国同学确定，然后再尝试邀请其他一两位本地学生或其他国际留学生加入。这样做，既能够保证学习小组的文化多元性，让自己有机会练习外语，并获得与当地学生共同合作的机会和体验。同时，由于在小组人数上占多数或均数，使得他们在决定小组沟通的时间、方式、语言和长度等方面都具有一定的主动权，从而减少了他们在跨文化沟通中的焦虑和不安定感。林扬在小组作业中便运用了这种应对方法，他在访谈中对其进行了详细的阐释：

> 自己选［组员］的话，还是愿意跟当地人一块。不过我一般会先找几个中国人，然后可能［邀请］一两个老美［参加］。因为这样比较保险……主要是担心跟老美合作中途有什么不顺。如果组里就你一个中国人，万一出现什么情况，说难听一点，万一他们中途把你踢开，你也很难做什么……这种情况是可能发生的，我朋友就遇到过，所以我在这方面比较注意。但是因为有些［专业的］东西不管你再怎么熟悉，在语言上你还是没有老美容易沟通，写作方面也没有他们强。比方说给你一个 project（译文：项目），我们分工，里面 commu-

> nication（译文：沟通）那一块一般都是老美负责，我们基本上主要就负责做一下运算、结果处理之类的，这样可以互补一下缺点，做出来作业质量也会更好。这是目前我觉得比较实际的，而且效果也比较好的一种方法。

此外，依靠集体出国的优势，项目留学生偶尔会一同组织一些活动，比如 BBQ（户外烧烤）、小型聚会等，并会邀请当地学生和其他国家的留学生参加，以便在与同胞沟通感情的同时，也实现与当地人进行跨文化交往的初衷。如庄雅涵所说："因为我们这一届一起出国的同学有十多个，加上上一届的几个师兄师姐，彼此之间都非常熟悉，感情也不错。只要有时间，大家都会聚在一起组织一些活动，比如聚餐啊、BBQ 啊、party 啊，旅游啊……一般像 BBQ、Party 一类的活动，我们都会叫上一些自己认识的朋友，有当地的，也有其他国家的留学生。大家在一起可以多交流，多互相了解。"

整体上看，项目留学生之所以会选择这样的应对方式，笔者认为其主要原因在于：一方面，他们具有与当地人进行跨文化沟通与交流的需求和目标，但另一方面，由于他们身处异文化情境下，考虑到自身作为少数文化群体在当地社会交往中可能会由于语言、民族、社会地位等因素而处在劣势地位，因此他们希望可以通过与同胞"结盟"的方式，使自己能够在具体的某跨文化沟通情境中占据主体地位，对沟通的方式、时间、语言等方面掌握一定的主动权，从而减少这种"客场沟通"可能带来的心理上的焦虑与不安定感。另外，由于受中国传统文化的影响，项目留学生具有比较强烈的群体本位思想，偏向于集体行动，加之他们集体出国的特性，使得他们更易与彼此建立联系，将这种应对方式变为现实。可见，这种应对方式的优势在于能够同时满足项目留学生进行跨文化交往的需求，并规避跨文化交往中可能存在的风险。然后由于受众多客观条件的限制（如当地学生的态度、学业要求等）的影响，他们在这种应对策略的实践方面存在一定困难。

2. 回避式应对法

回避式应对法主要是指项目留学生在面对涵化压力或文化冲突事件时，自主选择中断或退出跨文化交往的方式，并通常伴有重新肯定与加强自身原有传统文化的思想和行为。就访谈的内容而言，项目留学生对于回避式应对法的应用主要体现在两个方面：一是在学习、生活和人际交往中尽量避免与当地人交往。例如，在小组作业中选择与中国同学一起，当电脑坏了与维修公司联系时选择讲中文的客服频道，在打工中感觉受到了当地人的歧视而放弃工作等情况。二是加强自己与同胞“圈子”的联系，如参加中国学生组织（如学联）、通过网络和现实结交中国朋友，扩大自己与中国人的交际网络。从以上的描述可以看出，这种回避式的压力应对方法与分离的涵化策略基本上是一致的。其形成的原因也是多种多样的，如前文所述的歧视与偏见、个性特征与兴趣爱好、语言、人际交往方式以及价值观冲突等方面的因素，同时还包括思乡的情绪所引起的孤独感和无助感。

从受访学生的反馈中，笔者发现，选择回避式应对法的学生在适应上可能存在以下几个方面的问题：第一，由于避免与当地人接触，他们在当地社会文化的习得方面进展相对比较缓慢。很多时候一些可以通过直接、简单的询问方式从当地人那里获得的生活信息和打工机会，他们往往会选择更为迂回的方式来获取，甚至是放弃获得的机会。例如张超在访谈中提到，他刚到英国时，由于对自己外语水平的不自信，不敢开口跟室友交流，所以就连附近超市在哪的问题都选择自己上网查，而没有去问当时就在身旁的室友。而吴嘉佳也曾因为受不了同在一家校内餐厅打工的当地男生的“不友好”行为，而放弃了继续在餐厅打工的机会。这些做法使得学生在处理跨文化情境下的生活事件或人际冲突时更加困难，且往往效果不佳。第二，在与当地人的交往中采取回避的方式也可能增加项目留学生的心理压力和负面情绪。虽然很多受访学生都表示，与中国朋友相处能使他们“感觉更自在”（萧成语）或“心情更愉快”（程璐云语），但是他们却常常会因为没有充分利用当地的资源最大限度地提高自身的语言水平和跨文化能力而在内心产生一种强烈的“负疚感”和郁闷情绪。这种负疚感和郁闷情绪的产生一方面是源于预定目标没有实现，导致自尊受到了打击，对自我价值的认可产生了动摇；另一方面则与父母的期望有关，如方蕾所说：“我经常会觉得很内疚，父母花了这么大代价送我来［留学］，结果我却浪费了这么好的语言环境，我觉得很对不起他们。”由此可见，在多种涵化情境下选择回避式应对法的项目留学生往往对于自身留学生活的满意度比较低，心理压力大，而且在当地的社会文化适应中表现不佳。

3. 主动应对法

主动应对法主要是指项目留学生通过积极观察、刻意模仿的方式来学习和运用当地社会的语言、文化和行为模式的做法。以语言学习为例，很多受访学生都表示他们在留学初期发现国内所学的外语与当地人实际采用的表达方式存在差异。为了更好地与当地人交往，他们开始下意识地对当地人在交谈中使用到的各种俚语、缩语、常用语等开始积极地学习和模仿，他们认为学习这些“地道的”语言表达方式，遵循这种语言运用的习惯，不仅能够使他们的跨文化沟通更加顺畅，同时也能提高自信和对自我价值的认识，并在感情上增加自身对当地社会的“归属感”。王宁宁对此有亲身的感触：

> 我刚去的那个学期，发现 Aussie 很喜欢用缩语，比如他们一般不说 because，说 coz，不说 university，说 uni……这跟我们国内学的那种［表达方式］是不太一样的……后来我就会比较有意地去注意他们在表达的时候一般是怎么说的，然后也模仿着去说，渐渐地就习惯了……语言上的差异减小了，你跟当地人之间的隔阂肯定也就少了一层，沟通起来就会更顺利，他们也更容易把你当成自己人。

运用主动应对法的学生，通常具有很强的行为动机和明确的目标，如提高外语水平的强烈愿望、取得高水平学业成就的目标以及打算移民的强烈意愿。这些动机和目标可以在一定程度上帮助项目留学生克服自身局限、突破自我，解决各种适应困难，提高自身能力。例如程璐云在访谈中提到：

> 因为我们的课堂参与是占一部分成绩的，所以要想在这门课上拿 D（Distinction），你就必须在平时的课堂上表现活跃一些，至少要让老师对你的表现有印象……所以我只能逼着自己在课堂上多问问题，多参加讨论……刚开始是挺痛苦的，说话总是很紧张、怕出错。不过时间长了也就习惯了，脸皮也比以前厚了（笑）。不过事实证明这种学习方式还是很有效的，我的 critical thinking 和分析能力现在都提高了很多。

如上所述，主动应对法就意味着要与当地社会文化进行多方面的接触、参与和接受。因此，就主动应对法与涵化策略的关系而言，主要取决于学生对保持自身原有传统文化的态度和行为。如果学生在主动参与和接纳当地社会的部分文化价值观和行为规范的同时，也注意保持自身原有传统文化，那么这种主动应对法就倾向于整合策略；而如果学生在主动参与和接纳东道国社会部分文化价值观和行为规范的同时，选择放弃自身原有传统文化，那么这种主动应对法则倾向于同化策略。

4. 认知调适法

除了上面提到的三种行为维度上的应对策略，笔者还发现，项目留学生能够通过改变自身对压力事件和情境的认知和评估来降低对压力程度的感知，减少心理压力，维护自尊和自我价值感，保持正面的积极的心态。在受访学生的反馈中，这种应对方式具体体现为三个方面的内容：积极重新解释造成压力或冲突事件的原因；调整认知参考群体，对自身行为进行再评估，调整期望值；下面笔者将以几个比较典型的案例对这三种应对方式进行说明。

（1）积极重新解释造成压力或冲突事件的原因

对跨文化情境下发生压力或冲突事件的原因进行理性的分析和适当的调整能够有效地帮助项目留学生缓解心理压力和负面的情绪。

片段分析三：

艾罗：“我们被歧视了吗？”

艾罗在澳留学期间曾和两名中国同学共同租住在一个老太太家里，老太太是当地人。有一次，她们买了一条鱼回来打算做了吃。但是当她们在厨房刮鳞片剖鱼的时候，房东老太太却阻止了她们，并要求她们去后面院子里剖：“Rose（房东名）就直接把我们赶了出来，叫我们到后院里去弄。当时觉得挺尴尬的，心里很不爽。”郁闷的“三姐妹”只好可怜兮兮地排排坐在后院的石头台阶上，边捣鼓手里的鱼，边讨论房东老太太的做法：“当时我们就想她是不是歧视我们啊，不然怎么连鱼都不让我们在厨房做呢？”可是，在接下来的讨论中，她们慢慢地否定了这一想法，因为房东老太太平日里对她们都非常的不错，会开车带她们去遛狗、去看露天演唱会、去参加免费的combat课程，而且似乎对中国的文化也很有好感。于是，艾罗三人改变了初始的想法，转而认为房东老太太之所以这么做，是因为生活习惯上的文化差异：可能她们澳洲人不习惯这种做法吧，因为我们也从来没见过老太太在厨房剖鱼什么的，而且她连生肉都很少弄，平时就拌点沙拉，最多再加点培根什么的，很简单……反正不管怎么样，都是可以理解的。后来我们在这方面也就特别注意了……后来和老太太的相处还是很愉快的。

（备注：艾罗，澳洲，商科合作项目，留学一年）

在该冲突事件伊始，艾罗等人根据当时的具体情境和自身的直觉和感受对房东老太太的行为做出了即时的心理反应：认为老太太可能对她们存在歧视，因而感到了郁闷和气恼。但是所幸的是，她们并没有据此得出最后的结论，而是将事件放在了更为宽泛的信息背景中（如她们先前与房东老太太的相处情况与感觉）重新进行了思考和分析：她们对以往与房东老太太的相处情况进行了回顾，从中确定房东老太太对她们是真诚和友好的，因此歧视她们的可能性非常小。沟通排除受歧视的可能性，艾罗等人的自尊得到了修复，心情得到了调整，从而能够用更加积极、正面的态度来看待和处理这次的冲突事件：通过一番思考，她们最终将这次的冲突事件归因于文化差异，并对其采取了宽容、理解和尊重的态度，从而促进了她们在后来的时间里与房东老太太之间的良好互动的保持。

可见，通过对这次冲突事件的原因进行积极的分析和适时的修正，艾罗等人缓解了心中的委屈和郁闷情绪，保持了自尊和良好的心态，并维护了与房东老太太的友好关系。可见，通过适当调整自身对压力和冲突事件的认知和评估，能够帮助提高生活满意度，避免在人际交往中遭遇负面的经历。

（2）调整认知参考群体，对自身行为进行再评估

在跨文化压力事件中，项目学生能够通过调整自身认知的参考群体，并以此为标准对自身行为进行重新审视和评估，以达到舒缓负面情绪、保持良好心态的目的。

片段分析四：

孙黎立：我的打工体验

为了能够赚取一部分生活费，减轻父母的压力，也为了增加与当地人的接触机会，增加不同的生活体验，孙黎立在留学的第二年找了一份在校内餐厅当服务员的兼职工作。刚去的一段时间里，孙黎立由于难以调整好心态而一度情绪低落。

这里的工作非常繁忙，你得不断地端盘子、收拾客人吃剩下的残汤剩水，还得堆着笑脸面对一些不友好的客人。我觉得很累。毕竟在家的时候家务都很少做，我在国内的时候从来没想过有一天我会做这种工作。

由于感受到了出国前后自身生活待遇的降低和工作中一些歧视行为的存在，孙黎立的自我尊严和自我价值感都受到了严重的打击和威胁，这种沉重的心理压力甚至使得孙黎立多次想要就此放弃。所幸的是，通过一段时间的观察，以及与其他中国朋友的沟通和了解，孙黎立逐渐认识到，中国留学生在当地打工是一种很普遍的现象，而且大多都是做像服务员、收银员、清洁工一类要求相对较低的工作。“因为这些工作相对比较好找，而且时间安排上也比较灵活”，因此有利于学生自主协调学习和工作上的安排，为大部分中国留学生所接受。同时，孙黎立还发现，在她周围的中国朋友圈子里，打工被认为是一件平常而且光荣的事情，是自身独立能力的一种体现，而相反，“如果你没有打工，别人就会认为你很弱，是光靠家里，过来混日子的，容易被人看不起。”有了这样的认识和理解，孙黎立最初的想法开始有了很大的转变，她不再因为自己在餐厅端盘子而感到自卑和苦恼，反倒多了一份“自豪”的心情，这意味着她的自尊和自我价值感得到了恢复和提升，心情也随之好转。在之后的打工过程中，她有了更加愉快的体验。

（备注：孙黎立，英国，商科合作项目，留学两年）

由此可见，孙黎立对于自身打工压力的缓解主要是源于对整个中国留学生群体打工状况及其认知的了解。也就是说，她对自身压力情境的认知和评估的改变在很大程度上是基于自身所属群体对类似压力情境的认知和评估。孙黎立的这种表现和做法与中国文化中的群体意识和“差序格局”式的人际关系有着密切的关系。费孝通先生认为，中国人的人际关系是以自我为中心，推己及人，由近及远层层扩展的同心圆，中国人根据他人与自己的远近亲疏关系决定自己所属的社会群体，即所谓的“文化圈子”、“社交圈子”。中国人的群体本位思想决定了他们对于自我概念的建构和自身行为的评价在很大程度上要取决于他们所属的这些“圈子”，即他们在心理上所认同的“参照群体”[①]。在孙黎立的例子中，她所选取的“参照群体”是中国留学生群体，由于发现打工在中国留学生当中是一种普遍现象，是被大多数中国留学生所认可，并持有正面评价的行为，因此，她对自身的打工行为及其认知和评价也进行了相应的调整，使之更接近于中国留学生群体的普遍认知。

（3）调整期望值

如前文所述，随着在东道国生活时间的增长，项目留学生开始逐渐意识到当地人的人际交往方式、价值规范、交友观念与中国都有着不小的差异，他们原本期望在东道国结交“知心好友”“挚友”“闺蜜”“好哥们儿”的理想在真实情境下难以得到实现，因此感到了沮丧、郁闷、迷茫等负面情绪。为了走出这种心理困境，学生们开始重新调整自己的期望值和行动目标。他们不再期望在与当地人的交流中得到过多情感上的慰藉和精神上的支持，而转为追求更实际更易衡量的目标，如提高语言水平、解决学业或生活上的实际问题以及礼貌上的需求等。通过这种方式，他们降低了自身在跨文化人际交往中认知失调的程度，缓解了因期望值过高无法实现而导致的负面情绪和心理压力。但同时，他们与当地人的关系也因此更倾向于“工具性关系”，或是“短暂性友谊”“工作友谊”“表面友好”。楚博的一番话反映了众多受访学生在这个问题上的思想变化：

刚开始去那会儿还比较激动，想着要跟老美好好接触，好好玩，交朋友。但是等过了半年，这种激情退去以后，这种想法就淡了……反正自己生活不是一样吗？非要［跟］老美［交朋友］干吗

① 陈向明：《旅居者和“外国人”：留美中国学生跨文化人际交往研究》，教育科学出版社2004年版，第324页。

> 呢？……因为要跟老美交朋友很难，特别是我们说的那种“好哥们儿”，讲义气、讲情分的朋友，在这边基本上不可能。美国人功利性很强，也比较独立，他们不会对你有什么要求和期待，同样也不希望你对他们有多大的要求，尤其是在感情上。俗话说，希望越大，失望越大。所以跟他们打交道你要先搞清楚你想得到什么，还有你能给他们什么，等价交换就OK了。不要还想着用中国那套交朋友的标准来这边使，那不好使。

总的来说，项目留学生在海外居留期间不可避免地要进行文化学习，并同时展开学术活动。从某种意义上来讲，他们的适应过程，包括对新的社会文化环境以及新的教育环境的适应，是一个形成和发展压力应对策略与跨文化冲突管理技能以便应对文化差异引起的一系列心理压力与社会交往困难的过程。

第四节　社会支持与学生的求助行为

社会支持网络是一定范围内人和人之间相对稳定的社会关系。个体可以通过构建和维持自己的人际网络来获得各种资源（包括情感、物质、友谊、信息、技能等方面）的支持。多项研究表明①②，社会支持网络是影响留学生适应的一个非常重要的社会环境因素。良好的社会支持网络能够缓解留学生的心理和生活压力，有利于他们在新的社会文化环境下保持身心健康，进行有效的社会互动，并取得学业上的成功。本研究的调查结果也得出了类似的结论。

从整体上看，大部分项目留学生都表示他们在留学期间获得了来自社会各方面的支持，其中包括在东道国的同胞朋友以及当地朋友提供的帮助、国内的家人和亲友以及来自其他国家的留学生等提供的社会支持。虽

---

① Hendrickson, B., Rpsem. D. & Aune, R. K., “An Analysis of Friendship Networks, Social Connectedness, Homesickness, and Satisfaction Levels of International Students”, *International Journal of Intercultural Relations*, Online Advanced Publication, 2011, pp. 1－15.

② Brown, L., “An Ethnographic Study of the Friendship Patterns of International Students in England: An Attempt to Recreate Home through Conational Interaction”, *International Journal of Educational Research*, Vol. 48, No. 3, 2009, pp. 184－193.

然他们都在不同程度上为项目留学生提供了情感上、信息上以及物质上的各种帮助和支持，但在社会支持的功能特点上却有所不同，各有侧重。

在调查中，很多受访学生都表示，他们在留学期间的大部分时间（尤其是休闲时间）都是和中国朋友在一起度过的。而他们之所以倾向于和中国朋友“扎堆”，原因之一在于：与中国朋友相处可以在很大程度上为他们提供情感上的慰藉，减少因思乡情绪或遭遇歧视和偏见而引起的种种负面情绪，从而缓解心理上的压力，保持情绪的稳定，并获得一种“安全感”和“归属感”。如周芙说：“因为身处异乡，大家的思乡感情都特别强烈，这种情况下，只有簇拥在一起，才会多感觉到一点温暖。”艾罗说：“和中国朋友在一起会感觉更加的熟悉和自在……会比较轻松。”赵言彬在谈及自己发展学联的初衷时也强调了是要“在中国留学生中建立团队的温暖”。这些诸如“温暖”“熟悉”“自在”的感觉便是情绪稳定、心理安全的表现；原因之二在于，根据相似—吸引原则，人们往往喜欢跟那些与自己相似的人相处。这种相似性通常不是指客观上的相似性，而是更关注人们感知到的相似性，如信仰、价值观、态度、个性品质、兴趣爱好等方面的相似性[①]。根据这一原则，中国留学生之间可能拥有更多的“共同话题”“共同语言”以及“共同的兴趣爱好”，这些共同点将他们牢牢地凝聚在一起，形成一个具有强力情感纽带的群体，也就是所谓的“社交圈子”。

其次，除了能够提供情感上的支持，项目留学生也强调能够在生活和学习上给他们提供实际帮助的人大多还是中国朋友。如方蕾在生病时发现能尽心帮助她，照顾她饮食起居的“只有中国朋友”（以及一些与自己文化背景相似的同学朋友）。庄雅涵也曾不无感慨地说：“如果学习上有什么不懂的，一般也只有中国同学会很耐心地教你，帮助你理解。”萧成也认为：“生活中有什么事儿，比如搬家、借钱，都还是得靠中国的那帮‘哥们儿’。”可见，中国朋友不仅能够为项目留学生提供情感上的支持，而且也在提供信息支持、实际支持（practical support）等方面具有重要的作用。

---

① Bochner, S., “Culture Shock Due to Contact with Unfamiliar Cultures”, *Online Readings in Psychology and Culture*, Unit 8, 2003, p. 5. Retrieved from http://scholarworks.gvsu.edu/orpc/vol8/iss1/7.

值得一提的是，在项目留学生频频提到的中国朋友当中，同一项目出国的学生占有很重要的地位。据他们的解释，这是因为他们在国内时彼此就已经比较熟识，来到国外后，因为相似的留学体验，以及共同的文化、语言和教育背景，使得他们在面对不熟悉的社会文化环境时，更倾向于接近彼此以寻求精神上和信息上的支持，在“一起出国的同学应该互相帮助、互相扶持，共同进步”（萧成语）的理念下，项目留学生之间的联系在留学期间变得更加紧密，友谊得到升华，甚至已经“亲如兄弟姐妹”（王宁宁语）。由此可见，同一项目出国的学生们已经成为彼此的社会支持网络中不可或缺的重要一环。此外，中国合作院校的老师及其行政机构也是项目留学生获取信息支持的重要途径之一。很多受访学生表示他们在学习中遇到专业上的问题时，都曾通过发 E-mail、打电话、QQ 聊天等通讯手段向母校的老师求助。另外，还有一些诸如签证、学分转换、课程减免等方面的实际问题，项目留学生通常也会与母校的相关部门，如教务处、国际部、项目办等部门联系，以获取帮助。这一点在笔者对中方合作院校的项目相关负责人的访谈中也得到了侧面的证实：

> 我们一般会建有专门的 QQ 群给这些学生（指通过合作项目出国的学生），学校这边有什么信息或者要求的话我们会及时地通过 QQ 群和群邮件的方式通知给他们，他们平时有什么问题的话也会给我们留言，我们都会尽量帮助解决的。（某中方合作院校国际教育学院科长）

这些特殊的社会支持来源体现了项目留学生社会支持网络构成的丰富性和独特性。同时，项目留学生在谈到中国朋友所提供的帮助和支持时，也往往会将其与当地人在类似情境下的行为模式进行比较。比如，当他们谈到与中国朋友之间的深厚友谊时，他们也会同时抱怨自己与当地人的交往中没有太多的情感交流，而多半是一些目的性较强的、持续时间较短的，且偏于理性的社会交往，例如前文提到的王哲与当地学生“始于小组作业，终于小组作业”的短暂而简单的合作关系就是一个典型的例子。由于中国是典型的人情社会，注重人际关系，人与人之间的情感交流在中国人的社会交往行为中占有十分重要的地位。辜鸿铭说：“中国人的全部生活是一种情感的生活"[①]，古书《郭店楚简·性自命出》中有云，"道始于情"，意指人与人之间的关系是由情感开始的[②]。这些观点都体现了中国人在人际交往中对彼此在情感上的需求和依赖程度。因此，当项目留学生来到东道国时，他们自然而然地想和当地人建立起相互依赖性的人际关系。然而由于与当地人接触有限、交往程度较浅、双方人际交往观念不同（见第四章第三节中有关项目留学生跨文化人际交往问题的论述）等种种原因，项目留学生没有能够与当地人建立理想中的关系。为了弥补自身在情感需求上的缺失，以及因期望未能实现而导致的失落情绪，项目留学生更加倾向于回归中国朋友的圈子，以获得情感上和实际上的支持来源。

尽管如此，项目留学生仍然表示，他们在与当地人的交往中获得了很多必要的帮助和支持。尤其是在留学初期，他们通过室友、房东、学习顾问（academic advisor）、当地同学和老师、教会人员和国际部工作人员等的帮助，对东道国社会的政治、文化、宗教、教育、娱乐等方方面面的知识有了更准确、更丰富的了解和认识，从而减少了在新社会文化环境下因无法预测当地人思想、动机与行为而产生的焦虑和不确定。而他们总结：要获得这些知识和信息的一个要领就在于必须主动、明确地向对方提出需求或者进行询问。如张超语："一般只要你主动问他们，他们还是比较友好的。会给你提供一些建议。"通过与当地人建立良好、有效的社会人际关系，项目留学生不仅快速地习得了在新社会文化环境下生存和学习所必须具备的知识和技能，同时也在这一文化学习的过程中提高了自信和自我价值感，在获得了一种自我"成就感"（艾罗语）的同时，也对当地社会多了一份"归属感"，例如王宁宁通过当地朋友学会了很多俚语、缩语和当地年轻人惯用的表达方式，这使得她感觉"自己的口语得到了一些提升，觉得自己与当地人的距离也缩小了，似乎与他们更接近了……更重要的是，克服了与陌生人用英语沟通的恐惧心理"。萧成在学校配置的学习顾问的帮助下，合理地安排了自己的选课内容和时间，制订了合适的学习计划，从而避免了因不了解当地院校的教育文化和学业要求而导致的学业

---

① ［美］辜鸿铭：《中国人的精神》，黄兴涛、宋小庆译，海南出版社 1996 年版，第 32 页。

② 乐黛云：《和谐社会与文化自觉》，载刘海平主编《文化自觉与文化认同：东亚视角》，上海外语教育出版社 2008 年版，第 25 页。

安排不当。

另外，很多的受访学生还肯定了教会在他们的社会支持网络中占有的重要地位。他们认为，“教会的人都非常友好，他们会主动找你交谈，邀请你去参加他们教会组织的一些活动和聚餐……（而且）他们都不会说强迫你信教”（王哲语），而且“在教会里可以遇到各种类型的人，可以和他们聊天，交朋友”（周芙语），同时，教会人员还“能够在一些生活上的事情上帮到你。比如搬家，他们会开车过来帮你搬，而且是免费的”（张超语）。可见，教会及其人员不仅能够给予项目留学生一定的情感支持，是项目留学生与当地人建立朋友之谊的重要途径，同时还能够为他们提供很多实际的帮助和支持。

除了与身处东道国的同胞、当地人与其他国家的留学生进行良性的社交互动，建立友好的人际关系之外，多数受访学生都反映，他们与自己远在国内的家人和亲友，以及关系非常亲密的朋友之间有着频繁的联系：

> 我基本每周都会和父母联系，都是用电脑QQ联系，也可以办Lebara电话卡或用Skype给家里打电话……我很想家，能够听到父母的声音我就觉得很开心。（严静雪语）
>
> 我经常跟家里人联系。一般是打电话比较多，然后就是上网视频和语音。在这边打电话回国比较便宜，所以一般都是打电话回家，当然要看好时差。（张超语）
>
> ［我］基本每三天都会和家里视频聊天，跟他们聊聊我在这边的新鲜事。有时也会寄一些小东西回家，有一次我还寄了两盒Tim Tam（澳大利亚的一种巧克力饼干）回家^_^①。（庄雅涵语）
>
> 跟国内的朋友联系还是挺多的。一般用QQ、微博和Skype联系……比如，我会在QQ空间里放一些我在国外拍的各种照片，写一些心情日志，或者没事发发微博什么的，跟国内的朋友分享我在这边的一些新鲜事儿。（周芙语）
>
> 每一个出国在外的学子都会想家，开始恨不得每隔一天都要联系一次，把新鲜的东西告诉家人和国内的朋友。以后基本每周一次，通过转达国内的电话卡、QQ、微信、人人网等。（纪筱卉语）

① 网络用语中的“笑脸”符号。

从上面摘录的部分访谈言论可以看出，即使是身处海外，项目留学生仍然通过各种方法与国内的家人和朋友们保持着密切的联系，进行着各种心情愉快的互动。为何相隔万里之遥的家人和朋友仍然能够成为项目留学生的重要社会支持来源？联系以上提及的访谈内容，笔者分析具有以下几个方面的原因：首先，中国“差序格局”式的社会结构强调人伦纽带和亲疏、尊卑等级。这种社会结构在人际关系的层面上则体现为以自我为中心，由己推人，由近及远层层扩展的“人际圈”。其中离自我最近的一层就是家人，中国人最重视的关系就是血缘关系。因此，中国人的代际关系比较亲密，相互依赖性也比较强。所谓“儿行千里母担忧”，这种情感上的相互依赖感在项目留学生普遍存有的“思乡”情绪下得到了进一步的强化和凸显，为了寻求心理上的安全感和情绪的稳定，也为了能够让相隔甚远的父母能够在了解自己的情况后安心，项目留学生在海外留学期间仍然和家人保持了密切的联系。可见，父母和亲友在项目留学生所寻求的情感支持上具有不可替代的位置。其次，如今的高科技通信工具已较为发达，项目留学生可以通过诸如电话、邮件、QQ、Skype、微博、空间等多种联系方式与国内的家人和亲友保持联系，从而在技术层面上也方便了他们之间进行情感纽带的维系。

第五节　自我概念与文化身份的重构

当项目留学生离开中国，千里迢迢到海外留学时，他们发现自己原有的一套符号系统、价值体系和行为规范在这个相对陌生的新社会文化环境下已不再完全适用。为了重新建构能够衡量自己行为的价值标准，以满足自己在东道国生存和发展的需要，项目留学生不得不努力地进行文化学习，并采取各种应对方法来调整自己的思维方式和行为模式，使之与当地的社会文化更相容，从而达到较好的适应效果。从前文的叙述中我们可以很容易看出，中国文化中“差序格局”式的人际关系以及依赖型、关联型个体身份的建构对于项目留学生的跨文化适应过程及结果产生了极为重要的影响，而他们的跨文化体验及在此过程中对中西文化异同进行的动态认知与评估反过来也会影响到他们对自我形象和社会身份认同的建构。从这个意义上来讲，项目留学生的跨文化适应过程可以说也是一个自我概念和文化身份重构的过程。

一　自我概念重构

自我概念是指个体看待自己的方式，即个人的自我概念或自我形象[①]。个体对自我概念的构建往往与其所属的文化及其当前所在的社会文化背景和具体文化情境有着密不可分的关系。因此，当个体离开原文化，与异文化进行直接、持续性的接触和互动时，他们在原文化中建构起来的自我形象也会因自身所处的社会文化环境的改变而随之发生一定程度的变化。本研究中的项目留学生便是在这样一种新旧社会文化环境转换的过程中对自我概念进行了重新建构，就其具体转变的突出特点而言，主要体现在面子观念的削减和独立型人格的增强两方面。

中国社会是一个看重人情、讲究面子的关系型社会。儒家经典有云："仁者，人也。""仁"可视为"二人"，是指人与人之间的心意感通[②]。也就是说，中国文化设计中的"人"并非一个独立的个体，而是包含着与己身紧密关联的另外一个人，是"二人"的对应关系。可见，中国传统文化中个体的自我概念是在相互依赖的人际关系中逐渐建构起来的，群体中他人的评价是个体衡量自我价值、建构自我形象的一条重要标准[③]。中国人在判断和评价自己的行为时往往会特别注重其所属群体中之重要他人（significant others）的看法和反应。如果个体的行为受到其所属群体中他人的认可和正面评价，个体就会觉得"很光荣""面上有光"；反之，则会感觉自己"丢了脸""没了面子"，自尊心也会随之下降，从而引起尴尬、沮丧、懊恼等负面情绪。这里所说的"脸"和"面子"，主要是指中国本土文化中产生的"面子观念"，是个体为了迎合某一社会圈认同的形象而经过印象整饰表现出来的认同性的心理和行为在他人心目中的心理地位[④][⑤]。这种面子"在根本上是一种由于个人表现出来的形象类型而导

---

① S. Ting-Toomey. , *Communicating across Cultures*, New York：The Guilford Press, 1999, p. 27.

② 孙隆基：《中国文化的深层结构》，广西师范大学出版社 2011 年版，第 27 页。

③ Yang, Yiyin. , "Guanxilization or Categorization：Psychological Mechanisms Contributing to the Formation of the Chinese Concept of 'Us'", *Social Sciences in China*, Vol. 30, No. 2, 2009, pp. 49 – 67.

④ 翟学伟：《中国人脸面观的同质性与异质性》，载《中国人行动的逻辑》，社会科学文献出版社 1999 年版，第 74 页。

⑤ 翟学伟：《中国人的脸面观》，台北桂冠图书公司 1995 年版，第 64 页。

致的能不能被他人看得起的心理和行为"①。在中国社会，是否能在人前保存面子是一件和个人自尊密切相关的事情②。同时，中国社会追求和谐、利他倾向的核心价值观也决定了中国人的面子观具有以他人为取向的显著特点，也就是说，中国人在进行社会互动交往的过程中，不仅注重他人对自我行为的反应和评价，注意对自我形象的整饰和维护，同时也非常在意自己的言行举止是否会给对方的面子造成困扰。在中国人的社会交往中，对他人面子需求的不敏感和不重视往往会对互动双方的人际关系造成极为负面的影响，可能导致不愉快甚至是冲突的发生。在中国社会，不给人留脸面的"做法"常常会被诟病为"不会做人""不懂人情世故"，而不给人留脸面的"人"则会被批评为"没有素质"或"太过刻薄"。可见，这种面子观念不仅是中国社会人际交往的一项重要行为规范，同时也是衡量个人道德修养的重要标准③。因此，为了维持和谐的人际关系，中国人在面对潜在的面子冲突时，往往会采取含蓄和忍让的态度，运用回避、妥协或整合的方式进行应对。从这个意义上可以说，中国人的社会互动交往就是一个顾全和维护双方面子的心理和行为过程。

这种中国式脸面观和关系型自我建构对于项目留学生的跨文化适应过程产生了重要的影响。项目留学生在东道国的生活和学习时间里，尤其是在留学初期，由于害怕在沟通中发生语言上的错误（如语法、措辞、语气表达等方面的运用不当），或是担心因对沟通对象的思想态势和行为倾向无法准确判断和预测而做出不当的行为，致使自己在当地人心目中的形象受损，他们在和当地人的交往中往往会有意识或无意识地呈现出紧张的情绪，在行动上也表现得更为谨慎和犹豫。尤其是在公共场合的社交活动中，项目留学生的这种"越是追求完美，越是畏缩不前"（萧成语）的面子效应体现得尤为突出。他们对于交往中的当地人的表现和反应非常敏感，生怕在他们面前"丢脸"或是"没了面子"。例如前文中提到的项目留学生在课堂提问和发言上的诸多考虑便是与这些面子观念有关，他们在

① 翟学伟：《个人地位：一个概念及其分析框架》，载《中国社会科学》1999 年第 4 期，第 55 页。

② 黄光国、胡先缙等：《人情与面子：中国人的权利游戏》，载《领导文萃》1988 年，第 162—166 页。

③ Hu, H. C., "The Chinese Concept of 'Face'", *American Anthropologist*, Vol. 46, No. 1, 1944, pp. 45 - 64.

课堂讨论中对自己的发言“从语言到内容都非常的 picky（译文：挑剔），就是为了保证自己的发言质量，给老师和同学们留下一个好的印象”（萧成语）。同时，项目留学生鲜少在课堂上挑战老师的观点和正面驳斥其他同学的观点，在一定程度上也是出于为对方的面子着想。张超在与澳洲友人发生冲突时，隐忍自己真实的不满情绪，主动向对方道歉和解释的行为同样也存在着顾全和维护双方面子，避免冲突，保持和谐关系的考虑。

然而，与中国社会中强调相互依赖的关系型自我建构不同，西方人更加崇尚独立自我，强调自我表现和自我实现，关注个人行动的自由和个人需求的实现，因此他们在交往中的外在行为与自己内心的想法和感受具有较高的一致性[①]，他们通常不会因为顾及他人的看法或面子而改变初衷或压抑自己的真实情感。因此，西方人并没有中国人那么强烈的“面子心理”，或者更准确地说，他们的面子观更注重的是个人利益的得失，以保全自己的自主性和独立性为首要目标。当他们与交往对象发生矛盾时，他们更倾向于采用主动的、不避冲突的应对方式来努力争取个人的权利，而不会过多地顾虑对方的利益和感受。前文张超的小故事中提到的澳洲友人的表现和行为便是这方面的一个典型的例子。而且，西方人这种以自我为中心的冲突处理方式通常具有“就事论事”的显著特点。比如，学生们可能会因学术观点上的分歧而展开激烈讨论，双方在试图说明和论证自己的观点的过程中，可能会言辞犀利，彼此针锋相对，但这种直截了当、毫不留情面地驳斥对方观点的行为通常不会与当事人的道德、素质修养等个人品质问题直接挂钩，除非他们在沟通过程中存在言语或肢体上的侮辱或人身攻击行为。

随着居留时间的增长和文化学习的深入，项目留学生对中西方社会中不同性质的自我建构开始有了一定的了解，并在与东道国成员的实际接触和沟通中逐渐意识到自己原有的中国式“面子观念”在当地的社会文化背景下已失去了其作为人际交往行为规范和道德评价标准的意义和作用，若一再坚持而不做任何改变，则很容易造成跨文化沟通双方对彼此信息的误读和误解，不利于他们与当地人进行有效、互惠的跨文化互动，因此，为了更好地适应当地的社会文化环境，项目留学生开始对自己原有的面子

① 沈毅：《“差序格局”的不同阐释与再定位：“义”、“利”混合之“人情”实践》，载《开放时代》2007 年第 4 期，第 109 页。

观念进行重新审视、反思和调整，将其中不利于与当地人进行跨文化沟通的成分和特征（例如过分关注他人的反应、压抑自己的真实想法和情感等）进行了相应的削减和弱化。不少受访学生在谈及自身在留学期间发生的变化时，都戏称自己的“脸皮变厚了”“喜欢显摆了”或是“不像以前那么怕丑了”“胆子变大了”，其实就意在说明自身在面子观念上所发生的变化。例如，前文中王宁宁提到她在课堂发言上的态度和表现从最初的“担心出错，放不开，不敢开口”，到“发现当地的同学很活跃，喜欢表现，什么都敢说”，再到后来“自己也习惯了，不再过分纠结，也敢于发言了”的转变，实际便是对自身面子观念发生变化的过程和结果的一种描述。这种类似的观点在受访学生中是非常常见的。

在克服羞怯感和面子心理的同时，项目留学生也敏感地认识到要在这种崇尚个体主义的西方社会中生存，不仅需要具备一定的生活自理能力，同时也对自身的独立思考能力和自我决断能力提出了更高的要求。长期生活在一个注重相互依赖的人情社会里，项目留学生已习惯了“在家靠父母，在外靠朋友”的生活方式，他们习惯于在群体中进行决策，以群体中重要他人（如家人、朋友、老师和同学等）的意见和看法为重要参考，在很多情况下甚至会以重要他人的意志为转移。而当他们来到崇尚独立自主，尊重个人选择的西方社会时，他们却“被迫”需要对与自己有关的一切事宜进行独立判断和选择，自主安排自己的学习和生活。如王哲所言：“在这里你必须一切靠自己……没有人会替你做决定。即使是你主动去征求他们的意见，他们也会回答得非常谨慎，完了还得再强调一遍：这只是我的想法而已，主意还得你自己拿。在我的印象里，他们最常说的一句就是 you must make your own decision（你必须自己做决定）。”很多受访学生都表示，虽然经历了一段不算轻松，甚至非常痛苦的适应阶段，但是他们的独立思考能力和自我决断能力都得到了提升。在自主选择和独立安排一切生活和学习事务的过程中，项目留学生对自我价值的认知和评估也有了重新的认识。他们在学习中不再一味地信奉权威人士的观点，而是保持合理的怀疑和批判的态度，在生活上也变得更加自信、成熟和有主见，这些认知的转变都意味着项目留学生比以前更加重视自己的观点和需求，其自我意识和自我价值感都有所提高。因此，如前文所述，他们在留学期间获得了个人成长，变得越来越“独立”“自信”“坚强”和“成熟”。

由此可见，在新社会文化环境下的生活体验及事后反思使项目留学生对自己原有的自我概念有了更深、更全面的认识和理解，为了能够更好地胜任跨文化情境下的社会互动和人际交往活动，他们在观察、模仿和选择性接受当地人的思维方式和行为规范的基础上，对自我概念中“重面子”“对他人依赖性强”“忽视自我价值”等与当地社会文化价值观和行为规范相悖的因素进行了调整和改进。从总体上看，项目留学生自我概念的重构在关联型自我—独立型自我的连续区间①内呈现出从关联型自我向独立型自我迁移的动态特征。也就是说，与出国前相比，项目留学生自我身份建构中的独立自我倾向在留学过程中得到了明显的加强。

二 文化身份重构

文化身份是个体在社会和文化层面上关于“我是谁”、“我在哪个文化群体中处于什么样的位置”等问题的解释。个体文化身份的建构可以说是个体形成和建立对某一文化群体的归属感和认同感的过程，这一过程是流动的，是在历史和现实语境中不断变迁的②。因此，处于涵化中的个体，其原有的文化身份往往会因新旧社会文化环境的转换而受到冲击，继而产生一些变化。这些变化主要体现在对自身原有文化的重新认识、评价和发展，以及对新社会文化的学习、了解和选择性接受上。这些变化主要体现在个体对自身原有文化的保持和对东道国文化的参与程度上。金荣渊认为，通过平衡在海外时母国和东道国的文化行为和价值观，个体能够实现某种程度的文化适应，这种适应促进了个体文化身份的重构，确定了跨文化身份的发展③。

项目留学生离开自己熟悉的中国文化，进入到一种新的社会文化中生活和学习，这种跨文化体验促使他们开始对中国文化和东道国文化的异同进行不断的比较和思考，并在此基础上寻求各种有效的应对策略来解决适应上的困难。在此过程中，他们不仅对自身原有文化有了更全面、更深层

① Markus, H. R. & Kitayama, S., “The Cultural Psychology of Personality”, *Journal of Cross-Cultural Psychology*, Vol. 29, No. 1, 1998, pp. 63 - 87.

② 阎嘉：《文化身份与文化认同研究的诸问题》，载刘海平主编《文化自觉与文化认同：东亚视角》，上海外语教育出版社2008年版，第73页。

③ Kim, Y. Y., *Becoming Intercultural: An Integrative Theory of Communication and Cross-cultural Adaptation*, Thousand Oaks, CA: Sage, 2001.

次的理解和认识，同时也对新社会文化中的一些价值观念和行为规范进行了学习、鉴别和选择性接受，从而实现了对自我文化身份的重新建构。从研究结果来看，项目留学生的文化身份重构过程可以分为以下几个阶段：文化反思、文化自觉、文化认同和跨文化认同。

文化反思是指项目留学生对自身感受和经历到的具体跨文化事件的缘由、过程和结果进行多次地、持续地和不断修正地思考、分析和总结的过程。尤其是对具有冲突性质的跨文化事件（如期望与实际经历不符时），这种反思的频率和力度往往会更大。这一点在前文论述的大量例子中可以很容易看出。中国传统教育文化重视“自省”，孔子曰“吾日三省吾身”，强调的便是个人的内在反思。在研究者收集数据的过程中，不少受访学生都提供了他们在留学期间的一些生活日志和随想感言（多为记录在网络上的博客和空间文章），在这些真实、可靠的文本资料中，大部分都是对他们在海外的所见所闻的生动描述和一些思考，例如前文中摘录的艾罗关于澳洲人“西服球鞋套装”的俏皮评论，便是一个典型的例子。可见，项目留学生在这一阶段的文化反思行为主要是对具体跨文化情境下发生的一些日常生活和人际互动事件做出的即时反应、事后思考以及价值再判断，在此过程中获得的文化知识和文化信息更新往往具有片段性、情境性和渐进性等特征，有利于辨析中西文化差异的细微之处，但不够系统，比较零散。随着对诸多具体跨文化相关事件的体验和反思，项目留学生逐渐积累起丰富且实用的文化信息和文化知识，其中既包括对中国传统文化的重新理解和认识，也包括对东道国文化的学习、了解和评价。同时，项目留学生的独立思考能力和分析问题、解决问题的能力也在文化反思的过程中得到了明显的提升，这些文化知识和技能的习得为项目留学生步入下一阶段的文化自觉奠定了良好的基础。

费孝通先生认为：“文化自觉是指生活在一定文化中的人对其文化有‘自知之明’，明白它的来历，形成过程，所具的特色和它发展的趋向，不带任何‘文化回归’的意思。不是要‘复旧’，同时也不主张‘全盘西化’或‘全盘他化’。自知之明是为了加强对文化转型的自主能力，取得决定适应新环境、新时代时文化选择的自主地位。”乐黛云教授认为：“要实现群体层面上的文化自觉，不仅要求我们对自己的民族文化历史进行重新认知、理解和诠释，还必须联系现实，尊重并吸收他种文化的经验和长处，与他种文化共同建构新的文化语境。"[①] 可见，文化自觉与文化反思在内容的维度上是相通的、一致的，都包含对原有文化的重新认识和评价以及对新文化的学习和辨别性吸收。但是文化自觉在内容的层次上较文化反思具有更高的概括性、完整性和全面性。借用费孝通先生有关学术反思和文化自觉之间关系的阐述[②]，我们或许可以将文化反思和文化自觉的关系表述为：文化反思是文化自觉的尝试，个人文化反思的上升阶段便是文化自觉。从文化反思到文化自觉，是一脉相通的。文化反思是个体在微观、具体的跨文化情境和事件中，对自己的心理和行为进行认知和再认知，对其中涉及的文化行为和价值观进行判断和再判断的过程。而文化自觉则是对这些具体情境下的片段式认知和思考进行有效的组织和整合，找出事件与事件之间在文化上存在的千丝万缕的联系，在此基础上形成对自身原有文化更系统、更完整、更深入的认识和理解，尤其是对往日里一些习而不察的文化特质进行重新认识和评价。

自觉是认同的前提，文化认同立基于文化自觉[③]。只有在文化反思和文化自觉的基础上，我们才能对自身所属文化有一个更清晰、更深层次的系统性了解和诠释。而只有在真正了解自身文化的基础上我们才可能更好地认同它，实现真正意义上的文化认同。这种认同不是静止的、封闭的和恒久不变的，而是随着对不同文化的观察、了解和学习而不断调整和修正的过程。随着在跨文化情境下文化反思和文化自觉的深入，项目留学生逐渐形成了一种更加开放、平等、互相尊重的态度来看待和处理不同文化间的差异，用一种客观、发展的眼光来看待自身所属的中国传统文化，实现在传承中创新、在学习中进步、在比较中发展的文化认同观。研究表明，项目留学生在文化认同上所做的努力不仅仅涉及个人文化身份的建构，他们还在一定程度上考虑了中国文化在全球化的语境中应该如何定位自己，寻求更好发展的深刻问题。林扬的一段独白反映了项目留学生在这个问题上的思考：

---

① 乐黛云：《和谐社会与文化自觉》，载刘海平主编《文化自觉与文化认同：东亚视角》，上海外语教育出版社 2008 年版，第 28 页。

② 费孝通：《从反思到文化自觉和交流》，载《文化与文化自觉》，群言出版社 2010 年版，第 223 页。

③ 杜维明：《文化自觉与文化认同：人文社会学和哈佛—燕京学社所面临的挑战》，载刘海平主编《文化自觉与文化认同：东亚视角》，上海外语教育出版社 2008 年版，第 18 页。

我们中国的文化是非常博大精深的，跟西方国家比起来我们的文化底蕴要强得多。但是这并不代表我们的文化就没有缺点，可以放之四海而皆准。在国外读书的这两年，我看到了很多在国内没见过的东西，也感受到了很多在国内没感受过的东西。这让我发现，国外的文化中也有很多的可取之处，我们应该借鉴、吸收，把这些好的东西变成我们文化中的一部分。比如我们讲"和谐社会"，"和"是为了维护社会稳定和民族团结，是为了减少冲突。这是好的，我们都知道。但是在很多情况下，特别是跟人打交道的时候，有时候我们也会因为太追求"和谐"，反而变得没有了个性。在这一点上，我觉得老外就比我们做得要好。他们很重视自己的价值，很独立也很自信，维权意识比较强。所以跟他们讨论问题，brainstorm，就会收获很大。虽然他们有时候说话太直接，会伤人，我并不赞成。但是我认为那只是说话方式的问题，就内容来讲还是不错的。相比之下，现在的中国学生就比较缺乏这种对自我价值的认识，所以很难在学术上有自己的创新……我想如果把西方教育中的这些好的东西吸收到我们的教育文化中来，应该是很有好处的，而且也是必要的。只有这样我们才能发展……［所以我认为］中国文化要想在世界上长期占有重要的地位，就不能故步自封，必须要不断地创新，不断地吸收别的文化中优秀的成分，有些需要改进的就要大胆地去改，好的方面就要发扬光大，这样我们的文化才能向好的方向发展，能够与时代接轨，能够走在世界文化的前列……［发展中国文化］这对我们每个人来说都是一份责任。中国有句古话说"国家兴亡，匹夫有责"，要想中国强大，我觉得应该从我做起。

（备注：林扬，美国，工科合作项目，留学两年）

最后，笔者认为，跨文化认同的建立应该是项目留学生进行文化身份重构的最理想的阶段。戴晓东教授指出，跨文化认同必须依托文化认同的支撑，在维持文化主体性的前提下，尽量地扩展文化身份的界域和开放性，使不同的文化能够有更多共享的空间和更为广阔的沟通平台①。根据

① 戴晓东：《跨文化交际理论》，上海外语教育出版社2011年版，第216—217页。

这一观点，本研究中的项目留学生建构跨文化认同的过程可以表述为：在维持中国文化主体性的前提下，通过在跨文化情境下的各种观察、比较、反思和再创造，拓宽视野，吸收创新，使自己能够用一种辩证、发展的眼光来看待自己的传统文化，同时对异文化采取尊重、宽容和开放的态度，经过谨慎鉴别吸收其中的良性成分，从而使自己的文化身份边界得到最大限度的拓展。中外合作办学项目是中国教育体制内的，有组织、规范化的办学方式，旨在培养具有国际化视野和高水平专业知识的、且能够为中国的现代化发展服务的高级复合型人才。正如《中华人民共和国中外合作办学条例》总则中规定的："中外合作办学应当符合中国教育事业发展的需要，保证教育教学质量，致力于培养中国社会主义建设事业的各类人才。"因此，中外合作办学项目培养出的理想的人才应该是以中国文化认同为根基，兼备开放、宽容与平等的多元文化态度，能够批判地吸收众异文化之长，并将其内化进自身的认知体系与文化价值系统的国际型高级人才。可见，这一培养目标和理念与跨文化认同的建构理论是非常吻合的。

总的来说，个体对自身文化身份进行重构的每个阶段都离不开对原有文化和东道国文化异同的比较，郑也夫在给彭迈克《难以捉摸的中国人》一书中的序言中讲道："深刻了解自身文化的基础从来都不仅在于熟悉，更在于比较。熟悉自己的指掌并不能产生判断，而只有在比较了他人的指掌后才能判断自己的指掌是大是小，是美是丑，是粗壮还是纤细。"① 在中国社会成长起来的项目留学生来到新的社会文化环境下生活，跨文化经历为他们提供了进行文化比较和对照的动力和资源。而对新旧文化异同的比较和思考，也促使项目留学生对自身原有文化进行了重新审视、反思和评价，从而完成了对自我文化身份的重新建构。下面对林扬的一篇留学感言的摘录反映了项目留学生的在这个问题上的心理变化过程：

学习别人，是为了更全面地了解自我

——赴美留学两年感想

赴美求学两年，通过对不同文化的学习和了解，我收益最大之处是

① ［英］彭迈克：《难以捉摸的中国人》，杨德译，辽宁教育出版社 1997 年版。

学会了如何全面和深刻地看待以前不能理解之事。中国政治的严肃、美国政治的活泼、集体意识和个人主义、专制和民主……种种的文化差异引发我的无限思考。矛盾带来了困惑，但困惑之后则是深思、熟虑以至顿悟。

出国前，作为饱受新时代思想潮流影响的年轻一辈，心中隐约对美国开放式社会充满憧憬和向往：一个政治开放、言论自由的国家，其人民和谐共处、互相礼让，该是多么美好的景象啊！那时美国于我就仿佛是“邻家小孩”于自家母亲，集万千优点于一身，不食人间烟火的所谓“完人”。每当生活中遇到各种困难、社会上见到各种毛病，心中就会默默想道：这在美国应该是没有的。那时的美国对于我，或者说和我一样的很大一批学生来说，是一个符号化、意识化的角色：国内做得不好的，在那边一定是做得好的；国内不能做的，在那边一定是允许并且对的。这其中不能不说年轻的心不愿受束缚、渴望被认同的愿望对我们的认知影响很大。

当人在遭受痛苦时，心中往往会塑造一尊“偶像”，它必会集所有愿望于一身，每逢想起总能在痛苦中给予人们抚慰，就好比“邻家小孩”“世外桃源”“西方极乐”……每当这种“偶像”被人们强加在一个现实的载体之上时，盲目的吹捧和崇拜就必然会出现。这时人们爱的并不是称颂的对象，而是寄托在这个对象上的人们的臆想和愿望。

我明白这个道理，是在赴美留学的第一年年末。通过切身的体会和接触，我发现美国的社会并不像出国前想象的那样不食人间烟火。人民的高素质是建立在合理的人口密度和较轻的生活压力上，个人主义和学生的创新意识是建立在教学资源的丰富和教学时间的充裕上。我越来越了解到之前从国内看美国的种种，就像平常家庭的小孩看富家子弟的生活一样，仅仅看到其浮华奢靡的表面，而没有看到在其背后家族上一辈人的努力。我曾经很形象地给朋友打了一个比方来阐述为何美国人民的素质看起来如此之高：在美国学校，你经常会看到人们自发排队有序地上校车，并给需要帮助的人让座，这是因为每 5 分钟就会路过一辆校车，而且上面往往坐不满一半的座位，相信任何人在这样的环境下都可以心情愉悦、微笑常驻，自然也就会更加地为别人着想。而在我的家乡武汉，你必须在烈日和尾气的折磨下等超过 20 分钟才能等来一辆大腹便便的公交，然后你将会和超过标准载客量两倍的“对手”争抢上车的权利，就算你身强力壮成功在车上占有一席之地，你还要承受每次拐弯和加减速时被前后的乘客泼一碗热干面或者豆浆在身上的风险，一趟旅途下来经常会松筋错骨、不成人形。如果每天都在如此情况之下，你是不是突然就可以理解那些插队上车、不愿让座的人了？当然，一定还有无论情况多么恶劣都依然坚守传统美德的人，但我举这个例子，只是想说明，在美国，讲文明讲素质的成本，比国内低太多了。

在不断地用比较和辩证的眼光去观察两国文化政治的差异中，我越来越深刻地理解着这些差异背后蕴含的丰富知识和经验，也越来越能理解治国之策以考虑“基本国情”为先的意义之所在。就如同中医讲究的对症下药、异人异方，如果不能深刻地理解自己、理解自己的国家，又何谈羡慕他人、羡慕异国呢？同理而言，如果不曾去认识和接触不同的人和世界，又怎能全面、辩证地了解自己和祖国呢？

值得一提的是，笔者调查的项目留学生在出国后都表现出强烈的民族自尊心和民族责任感。“不出国不知道自己多爱国”（萧成语）是众多项目留学生的共同心声。中国是典型的集体主义社会，中国文化强调人与人之间的相互依赖，看重彼此之间长期的关系责任和共同命运，中国人内群体之间存在着强烈的情感纽带，这种情感纽带在国家和文化的层面上则主要体现为民族自尊心和民族自豪感等民族意识。由于强烈的民族意识，中国人往往将个人自尊与民族自尊紧密地联系在一起，甚至将个人自尊等同于民族自尊，个人认为自己的行为就是民族形象的体现①。因此，在与东道国成员的交往过程中，项目留学生一方面对当地人对待自己和自己祖国的态度和行为非常敏感，另一方面他们也很在意自己在当地人际交往中的言行举止对祖国形象可能造成的影响：

我很在意他们对中国的态度和看法。基本上，他们对中国的态度就决定了我打不打算继续跟他们交往下去。每次我听到或者看到一些对中国不太好的言论的时候，我就会非常生气，非常非常生气，感觉就像是自己被人扇了巴掌。特别是很多时候他们说的那些东西根本就

① 陈向明：《旅居者和“外国人”：留美中国学生跨文化人际交往研究》，教育科学出版社2004年版，第272页。

不是真实的情况。我想他们连事实都没搞清楚，凭什么在这里对我们的国家评头论足呢？……每次发生这种情况我就会忍不住地生气，就很想跟他们理论。但是因为语言上的问题，有时候又不能很好地把自己的想法说出来，所以就更觉得憋屈，觉得自己不争气啊，没有维护好我们祖国的形象啊。（陈蓓语）

出于群体本位思想，项目留学生在新的社会文化环境中不仅非常在意对方对自己的态度以及对自己祖国的态度，而且也非常在意当地人对待其他中国人的方式和态度。当他们看到或感觉周围其他的中国同胞受到了不友好或不公正的待遇时，他们常常也会感同身受，受到同样的打击和伤害。周芙在访谈中谈及的一段经历在这个问题上比较具有代表性：

周芙："保护他就是保护我们自己"

周芙曾经选修过一门跟专业相关的大课。其中一节课由于主讲老师有事所以请了另一位中国老师来代课。这位中国老师非常年轻，大概三十来岁，看起来还有些像学生。周芙和她邻座的中国同学都认为，他可能是这个学校的博士生或者是新来的助教。由于同为中国人，周芙非常在意这位中国老师接下来的表现："他刚开始讲的时候，我整个心都提到嗓子眼儿了，因为他看起来好像有些紧张，不太像一个学者的样子。所以我很担心他能不能讲好课。生怕他会出错。其实我也很紧张，甚至比他还紧张（笑）。如果他讲不好，他自己肯定会很受打击，我也会为他感到难过。"庆幸的是，这位中国老师的课讲得非常不错，"能看出来他是经过精心准备的，逻辑性很强，很有条理，ppt 也做得很详细，表述也到位"。但正当周芙和她的中国同学为这位中国老师的表现感到满意和自豪时，一位白人女学生开始频繁地打断老师的讲话，并用一种非常不礼貌、近乎粗鲁的方式如"连珠炮似的"不断地向他发问。

她根本就不让老师完整地说完一句话，听老师回答了半句就又在那里开始反驳，就跟连珠炮似的。完全不给老师回答和解释的机会。给人感觉就是她提问不是为了讨论学术问题，而只是为了给我们这个中国老师难堪，让他下不了台。有种很挑衅的意味在里面，让人感觉很不舒服。

面对女学生突如其来的无礼质问，这位中国老师显得有些尴尬和羞赧，但是还是坚持很有礼貌地回应着这名女生。这种情况连续发生几次之后，周芙感到越来越气愤："之前那个英国教授上课时没见她这么嚣张过，她这分明就是看不起中国人，歧视我们！"同时她也敏感地发现在座的很多中国学生都已开始坐立不安、群情激愤。

不光我觉得生气，当时课上的好多中国学生都很不满，大家互相看来看去，用眼神交流着同样的想法。一些坐得近的学生已经开始在窃窃私语了。估计是在讨论怎么样让那个女生闭嘴。

终于，在那个女生再一次中途打断老师的回答时，一位中国男生大声地制止了她："Calm down! If you just let the teacher finish his words, you won't have so many questions. OK? Just calm down, will you?"（周芙在访谈时用英文完整地重复了那位男生当时的发言，可见她对此事的印象之深）。这位男生的举动很快获得了更多在场的中国学生的声援，"他说完之后，大家也都跟着喊，calm down，shut up之类的"。在这之后，这位女生果然安静了下来，课堂也恢复了进度。而对于这位中国男生的"英雄"举动，周芙有着这样的感慨："我当时特别佩服这个男生，觉得他很有担当，是个真正的中国爷们儿……其实保护他（指中国老师）就是保护我们自己，如果中国人都不帮中国人，那在国外该多悲哀啊！"

（备注：周芙，英国，商科合作项目，留学一年）

从周芙的叙述中我们可以很清晰地感觉到，在海外的中国人之间存在着一种强烈的互相依存、共荣共辱的情感关系。虽然中国人内部也会存在这样那样的冲突和矛盾，有时候也会各自为政或者互相算计。但是当他们面对来自外群体成员（即"外人"）的刁难或挑衅时，他们往往会激发出强烈的民族认同感和团结意识，同仇敌忾，一致对外。

特里安迪斯的跨文化研究表明，集体主义文化在内群体和外群体的划分上较个体主义文化要更加明显。虽然集体主义者会因为长期的关系责任和牵连而格外地关注内群体成员的他人面子观，倾向于采取回避、妥协和整合等应对方式[①]。不过，他们在外群体冲突场合中更关注自我面子观问题，而这种自我面子通常是与自己祖国的面子、民族的面子紧密相连，甚至互相重叠的。也就是说，当他们在与当地人的冲突中感觉到自己的民族文化或国家形象（包括民族尊严、民族荣誉、民族声望等）受到了威胁或损害，他们会更倾向于运用强调争取自身地位和目标而不顾他人冲突利益的主导—竞争型冲突处理方式[②]。这从上述例子中中国男生和包括周芙在内的其他中国学生直接、共同反击当地女学生的无礼行为的举动中有明显的反映。

为了维护个人自尊和民族自尊，避免自己和同胞受到来自外界的伤害，项目留学生意识到应该团结起来，共同面对来自当地文化的挑战。他们当中的一些人与同届的中国同学更加亲密，组成了自己的"小圈子"，一些人通过网络和其他社交场所（如教会、酒吧、宿舍等）认识了更多的中国朋友，一些人则参加或建立了中国人自己的社团组织。赵言彬曾和笔者谈起过他在学联的一段经历，从中可以看出中国学生为团结同胞，维护民族认同所做的努力：

> 我在××大学（指他所在的国外合作院校）当了一年多的学联（CSSA）的会长。当初之所以参加这个组织主要是也想着帮大家做点实事儿。因为我刚来的时候，自己英语不够好，年龄也比较小，啥都不会呀。所以也就啥都经历了。经历完了之后觉得不能让后来的人再受委屈，要把大家都团结起来，要建立团队的温暖，这样大家在国外的生活也就会相对轻松和愉快一些。……我们搞这个会的理念就是"热爱国人、团结国人、服务国人"，事实上我们也是按照这个标准去做的。我觉得保持对中国民族的认同对中国留学生来说是非常重要的。你只有了解自己的文化，对自己的文化有信心，才可能在现在的社会中找准自己的位置。……当然我们并不是要搞隔离，如果只缩在自己的小圈子里，肯定是对自己的发展不利的，这个道理我想大家都

① Ting-Toomey, S. & Oetzel, J., *Managing Intercultural Conflict Effectively*, Thousand Oaks, CA: Sage, 2001.

② ［美］丁允珠：《将面子—协商冲突理论用于实践》，载［美］丹·兰迪斯、珍妮特·M. 贝内特、米尔顿·J. 贝内特编《跨文化培训指南》，关世杰等译，北京大学出版社2009年版，第320—321页。

懂。我们的主要目的是希望让中国留学生能在这个团队里找到一种归属感，会觉得我们是有力量的，是有坚强后盾的，这样我们在跟老外打交道的时候，就会更自信，手上的资源也会更丰富，这是我们所追求的，是我们建立社团的初衷。

（备注：赵言彬，英国，商科合作项目，留学两年）

赵言彬对于团结国人、建立民族文化认同的观点应该说是比较客观和正确的。团结不是为了隔离，而是为了更好地融合。保持自身的民族文化认同并不意味着就要完全排斥新的社会文化，相反，对自身民族文化自信心的增强能够有效地促进中国留学生与当地人的人际交往。这也从一个侧面印证了贝瑞提出的多元文化假设：集体自尊和安全感会导致更有利的群际感知和更高的外群体容忍度①。人们只有在感到自身的文化身份安全时才能接受与自己不同的人。自身的文化根基感为他们主动伸出手与他人建立跨文化关系提供了一个安全的基础②。

由上可见，这种民族意识和民族自尊心能够给身居海外的项目留学生提供心理安全、自我尊重和群体归属感等情感上的支持，同时也有利于增强学生的爱国情操、民族认同和民族自信心。但是同时我们也应该特别注意两点：第一，不能在较长期的留学生活中过于依赖本族同胞，使得自己与当地人的社会交往机会受限；第二，要用科学、客观和理性的态度来看待跨文化情境下发生的冲突事件，以尽量避免民族中心主义思想和狭隘的民族意识的滋生，实现理性的文化自觉。

第六节　高校中外合作办学项目学生跨文化适应理论框架

根据前几章的讨论与分析，笔者提出了高校中外合作办学项目学生跨

---

① ［新西兰］科琳·沃德：《文化接触的心理学理论及其对跨文化培训和介入的启示》，载［美］丹·兰迪斯、珍妮特·M. 贝内特、米尔顿·J. 贝内特编《跨文化培训指南》，关世杰等译，北京大学出版社 2009 年版，第 276 页。

② ［加拿大］约翰·W. 贝瑞：《跨文化关系中的基本心理过程》，载［美］丹·兰迪斯、珍妮特·M. 贝内特、米尔顿·J. 贝内特编《跨文化培训指南》，关世杰等译，北京大学出版社 2009 年版，第 255—257 页。

文化适应的理论框架，如图 5—1 所示：

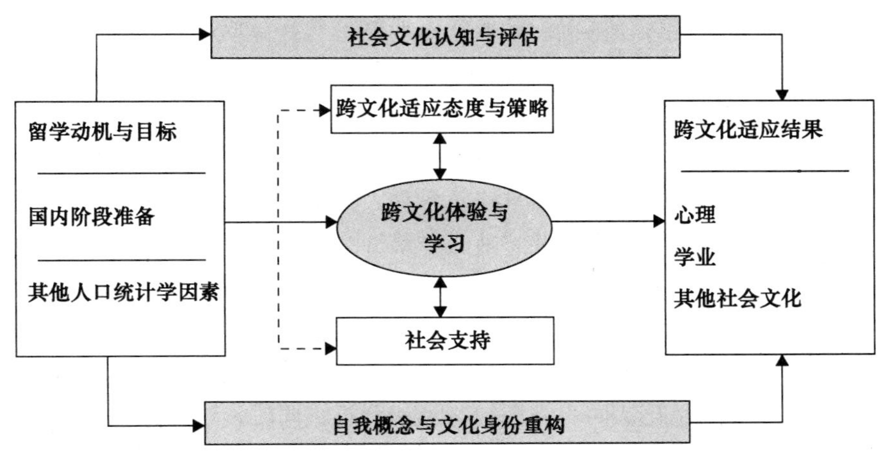

图 5—1　高校中外合作办学项目学生跨文化适应理论框架

如图 5—1 所示，项目留学生的留学动机与目标，他们在国内阶段接受的课程与培训以及性别、学历、留学时长和专业等人口统计学因素是影响项目留学生跨文化适应的重要因素。项目留学生在跨文化体验的过程中不断地学习在东道国生活与学习所必须具备的文化知识与基本技能，他们的跨文化适应态度与策略以及所获得的社会支持对他们的跨文化适应过程具有非常重要的调节作用，经过一段时间的跨文化体验，项目留学生会达到一个相对稳定的跨文化适应结果，其中包括心理、学业以及其他社会文化方面的适应结果。可以说，项目留学生的这一跨文化适应过程是对新社会文化的认知与评估及对原有文化的再认知与再评估的动态过程，主要通过对东道国文化与原有中国传统文化之间的异同进行比较而实现，是一种动态的、长期的以及不断修正的心理过程。同时，项目留学生的海外适应经历也是一个自我概念与文化身份重构的过程，在新社会文化环境下的生活体验及事后反思使他们对自身的原有文化及自我身份进行了更客观和更全面的认识和理解，并对其中与东道国社会文化价值观和行为规范相悖，不利于他们进行跨文化适应的因素进行了适当的调整和改进。从本研究的结果来看，项目留学生对自我概念的重构呈现出从关联型自我向独立型自我迁移的动态特征，在文化身份重构上显现出文化反思、文化自觉、文化认同和跨文化认同四个不同阶段的特征。

由于现存的贝瑞等人构建的跨文化适应理论框架因主要以长期移民和难民为主要研究群体，其对国际留学生群体，尤其是通过国际教育合作项目出国的学生群体的针对性不够，因此其理论框架对该群体的跨文化适应问题及其影响因素的解释和适用程度存在一定的局限性。相较于贝瑞等人的理论框架，本研究提出的理论框架将留学动机与目标、国内阶段准备、社会支持、跨文化适应态度与策略及各种人口统计学因素列为影响项目学生跨文化适应的重要因素，并将适应结果分为心理、学业及其他社会文化适应等三个维度。同时，该理论框架进一步强调了个体跨文化适应态度与实际策略之间可能存在的差异及其形成原因，指出对个体跨文化适应问题的考察不仅应关注其理想的文化适应态度，还应同时纳入对个体实际跨文化适应策略以及文化认同等方面的测量和分析。同时，该理论框架还将个体跨文化适应过程视为个体对留学所在国社会文化与中国传统社会文化进行认知、比较与评估的动态过程，以及对自我概念与文化身份进行重构的动态过程。可以说，本书建构出的中外合作办学项目学生跨文化适应的理论框架，不仅是首次专门针对中外合作办学项目学生群体提出的跨文化适应理论框架，同时也是对现存跨文化适应理论框架的有效补充和进一步发展，其对解释其他类型的国际留学生的跨文化适应问题也具有一定的参考价值和理论意义。

本章小结

本章主要对项目留学生跨文化适应的量化与质性调查结果进行了进一步的讨论与分析。研究发现，项目留学生对于新社会文化的认知与评估即是对新旧文化异同的一种自发式的、长期的、动态的，以及不断修正的比较过程。他们在涵化的不同时段、不同情境下倾向于运用包括折中式、回避式、主动以及认知调适等不同的跨文化策略，并在自我概念的重构上呈现出从关联型自我向独立型自我迁移的动态特征，在文化身份重构的过程中显现出文化反思、文化自觉、文化认同和跨文化认同四个阶段。据此，本章提出了专门针对高校中外合作办学项目学生跨文化适应的理论框架。该理论框架将留学动机与目标、国内阶段准备、社会支持、跨文化适应态度与策略及各种人口统计学因素列为影响项目学生跨文化适应的重要因素，将适应结果分为心理、学业及其他社会文化适应等三个维度，并将个体跨文化适应过程视为个体对留学所在国社会文化与中国传统社会文化进行认知、比较与评估的动态过程，以及对自我概念与文化身份进行重构的动态过程。

第六章

实践探索：中外合作办学项目学生跨文化培训模式构建

在本章中，我们将依据前几章对项目留学生跨文化适应状况及问题的分析与讨论，以跨文化适应和跨文化培训的理论和方法为基础，并参考中外合作办学项目目前的办学特点和管理模式进行高校中外合作办学项目学生跨文化培训模型的构建。

第一节　跨文化能力培训理论及方法

如前所述，中外合作办学国内阶段课程中，跨文化适应能力培训方面较为薄弱，而国外有关实践经验较为丰富。因此，笔者首先对国外相关的跨文化培训方法进行了一个梳理，以便供我国有关单位参考。同时，这也可以为在下一节初步构建中外合作办学模式下跨文化培训的理论模型与实践途径，为形成中外合作办学的跨文化支持和培训网络，提供有力的支持。

要在跨文化接触中进行有效的交流，跨文化能力的培养非常关键。米尔顿·贝内特把培养对异文化的敏感性作为获得跨文化适应能力的途径，并设计出跨文化敏感度的发展模式。这种模式分为六个阶段：否认（尽量避免考虑其他的文化，否认或根本意识不到文化差异的存在）；防卫（认为自身的文化是最好的，通过贬低文化差异来保护自身的核心世界观）；最小化（通过将差异隐藏在文化的共性中来保护世界观）；接受（开始接受潜在的文化差异和行为差异的存在）；适应（开始适应不同文化的差异，并具备在多元文化里有效交流的能力）；整合（重新确定自己的文化身份，能够有意识地在不同的文化语境中灵活的采取行动）。显然，跨文化接触中，处在前三个阶段的个体倾向于避免文化差异，以自己民族为中心，因此又称为民族中心主义阶段。而进入到后三个阶段的个体倾向于寻求文化差异，从民族中心主义过渡到民族相对主义阶段①。米切尔·哈默（Mitchell Hammer）和米尔顿·贝内特据此创编出《跨文化发展量表》（Intercultural Development Inventory），用以测量受训学员的跨文化敏感程度。这一检测工具已被多次检验和完善，被广泛地应用于跨文化培训的研究领域当中②。

进行跨文化培训的目的主要是获得在新文化环境当中学习、工作和生活所需要的知识、技能和态度。知识主要是指一般的跨文化知识（如文化多样性）以及具体文化的信息和资料。获取知识不仅可以依靠课堂或教学式的培训，也可以通过专家讲座、与周围其他文化资源（如在中国的国际留学生）的互动交流、小组讨论、与已在海外的同学、朋友或熟人的联系等方式；对跨文化技能的学习主要指对目标文化的有效交流方式和技能的习得，主要可以运用实践—指导—反思—发展的培训方式来完成；而态度层面的问题往往会触及学员的价值观和信仰体系。不过并不是说通过培训一定要学员完全接受目标文化中的价值体系、思维方式以及行为模式，而是使学员对这种文化间的差异有所意识，提高他们对他文化的包容性和敏感度，从而为他们的跨文化适应过程提供有效的帮助。显然，这三个方面的学习不是独立的，而是互有交集、紧密联系的。任何培训方法的使用都应根据这几个方面的因素来设计、实施和评估。

可见，跨文化培训的目的和内容与文化学习、压力—应对以及社会认同这三大基本理论框架是一致的。根据沃德在《跨文化培训指南》一书中的论述，文化学习理论的目标是将行为的变化作为跨文化能力和社会文化适应的基础。它强调特定文化知识和跨文化技能的重要性，认为言语和非言语交流技能是成功地进行跨文化互动的关键，并可以通过有效的跨文化培训方式获得；社会认同和社会认知理论主要侧重引导提高跨文化意识和培养客观态度方面的跨文化训练。这些是有效的跨文化关系必要但不充分的前提条件；压力—应对理论重视应对文化接触和变化的动态、评估的

---

① ［美］珍妮特·M. 贝内特、米尔顿·J. 贝内特，载［美］丹·兰迪斯、珍妮特·M. 贝内特、米尔顿·J. 贝内特编《跨文化培训指南》，关世杰等译，北京大学出版社 2009 年版，第 217－225 页。

② Paige, R. M.（Eds.），"Intercultural Development［Special Issue］", *Intercultural Journal of International Relations*, Vol. 27, No. 4, 2003.

重要意义、应对机制的应用、社会支持的价值以及对心理和生理健康的影响。有关压力和应对过程以及“文化休克”症状的知识很重要，但是跨文化培训在技能开发方面会更有效。沃尔顿（Walton, S.）提出压力是旅居生活不可或缺的一部分，压力管理应该纳入跨文化培训的范畴，帮助受训者增加应对选择并对这些选择进行实践①。另外，跨文化培训课程的压力管理环节中应注意社会支持问题，包括确定家庭提供的社会支持，学习、工作和生活中需要的社会支持，以及在学习、工作和生活中可能得到的社会支持机会，将未满足的需要与现有的支持相结合，维持现有的关系，开发、维持或解除新的关系②。方丹（Fontaine, G.）认为跨文化培训应强调基本技能训练的实用性，应培养受训学员获得在他们特定的国际任务情境下最有效的学习技能的能力，并建议用自我评价练习来辅助这种训练③。另外，一些具体的测量工具和方法，像跨文化适应量表（Cross-cultural Adaptability Inventory）④，自我效能感训练⑤的运用可以有效地增强个体对跨文化优劣势的意识，以及将跨文化经历理解成挑战而不是威胁的能力。总之，压力和应对框架的目标就是要达到心理健康和心理满足的培训结果⑥。

另外，其他的一些跨文化介入的方式在帮助受训者获取技能，减少刻板成见以及提高跨文化关系非常有效。就针对国际留学生的有关训练来讲，最常见的介入是将国际和国内学生或不同的文化群体聚在一起的教育环境。包

---

① Walton, S., "Stress Management Training for Overseas Effectiveness", *International Journal of Intercultural Relations*, Vol. 14, No. 4, 1990, pp. 507 - 527.

② ［美］丹·兰迪斯、珍妮特·M. 贝内特、米尔顿·J. 贝内特编：《跨文化培训指南》，关世杰等译，北京大学出版社 2009 年版，第 286 页。

③ Fontaine, G., "Social Support and the Challenge of International Assignments: Implications for Training", in D. Landis & R. Bhagat (Ed.), *Handbook of Intercultural Training* (2nd ed.), Thousand Oaks, CA: Sage, 1996, pp. 271 - 272.

④ Kelley, C. & Meyers, J. E., *The Cross-cultural Adaptability Inventory*, Minneapolis, MN: National Computer Systems, 1989.

⑤ Bandura, A., "Self-Efficacy: Toward a Unifying Theory of Behavioral Change", *Psychological Review*, Vol. 84, No. 2, 1977, pp. 191 - 215.

⑥ ［新西兰］科琳·沃德：《文化接触的心理学理论及其对跨文化培训和介入的启示》，载［美］丹. 兰迪斯等编《跨文化培训指南》，关世杰等译，北京大学出版社 2009 年版，第 285—286 页。

括同龄人配对[①]、合作学习[②]以及 homestay 住家项目[③]。这些介入的评估和回顾显示出跨文化关系的改善、跨文化友谊的增加、刻板印象的减少以及学业上的进步。事实还表明同龄人配对更大范围地增强了国际学生社会调适能力，这与跨文化研究的结果是一致的，即与东道国文化成员接触越多，以及对这些关系越满意的旅居者所体验到的社会文化适应问题就越少[④]。

跨文化培训中所使用的培训方法非常之多。福勒（Fowler，S. M.）和布鲁姆（Blohm，J. M.）在《跨文化培训指南》中跨文化培训方法划分为认知方法（演讲、文字材料、以计算机为基础的培训、电影、自我评价、个案研究、危机事件法）；活动方法（角色扮演、模仿游戏、跨文化练习）；跨文化方法（对比文化培训、跨文化敏感案例、跨文化分析、跨文化对话、地区研究、沉浸法）以及视觉想象法、艺术与文化法等其他方法进行了分析，并据此列出考虑使用各种培训方法的快速参考表，非常的实用和便捷[⑤]。

另外，科尔布建构的“经验学习周期”模型将学习方式分为了 4 种：具体经验（concrete experience）、进行反思式观察（reflective observation）、提炼抽象概念（abstract conceptualization）和主动实验（active experimentation）。选择了培训方法和技术后，把这个模式记在心中，可以确保每种学习倾向都能得到表述。贝内特曾开列了支持学习周期不同阶段的教育活动清单[⑥]。“具体经验”可利用小组讨论、范例、自传、电影、联系、录像带、音乐等方式进行；“反思式观察”使用的方法包括期刊、讨论、头脑风

---

① Quintrell, N. & Westwood, M., “The Influence of a Peer-Pairing Program on International Students’ First Year Experience and the Use of Student Services”, *Higher Education Research and Development*, Vol. 13, No. 1, 1994, pp. 49 – 57.

② Volet, S. & Ang, G., “Culturally Mixed Groups on International Campuses: An Opportunity for Intercultural Learning”, *Higher Education Research and Development*, Vol. 17, No. 1, 1998, pp. 5 – 23.

③ Todd, P. & Nesdale, D., “Promoting Intercultural Contact between Australian and International Students”, *Journal of Higher Education and Policy Management*, Vol. 19, No. 1, 1997, pp. 61 – 76.

④ ［美］丹·兰迪斯、珍妮特·M. 贝内特、米尔顿·J. 贝内特编：《跨文化培训指南》，关世杰等译，北京大学出版社 2009 年版，第 287 页。

⑤ ［美］桑德拉·M. 福勒、朱迪思·M. 布鲁姆：《跨文化培训方法》，载［美］丹·兰迪斯、珍妮特·M. 贝内特、米尔顿·J. 贝内特编《跨文化培训指南》，关世杰等译，北京大学出版社 2009 年版，第 71—114 页。

⑥ Bennett, J. M. & Bennett, M. J., *Becoming a Skillful Intercultural Facilitator* [Training material], Portland, OR: Summer Institute for Intercultural Communication, 2003.

暴、观察思考的小论文、参考书单、工作表格、单元性的工作；“提炼抽象概念”包括演讲、论文、讲话方案、类比、建立模式、建构理论、参考书、研究和阅读；“主动实验”包括的方法有：计划方案、田野工作、课外作业、实验、案例研究、模仿练习、游戏、指定的实践活动、自学和示范等①。无疑，这些研究模式与培训方法为本研究构建中外合作办学项目留学生的社会支持网络以及跨文化培训体系有着很好的理论指导意义和实践参考。

同时，我们认为，民族志方法能够为构建高校中外合作办学项目学生的跨文化培训模式提供重要的理论基础和参考方法。语言人类学家 Dell Hymes 认为，以民族志的方式进行学习实际是每个个体都能够做且正在做的事情，即以一种比较自然、通识的方式学习某种文化模式下的意义构建、风俗习惯和行为规范等②。这种学习方式在个体身处跨文化环境中时同样适用。从这个意义上说，接受跨文化教育的项目学生本身就具备“民族志研究者”这一身份，他们的跨文化学习经历也可称之为“海外民族志”式的学习。无论是在国内学习他国语言、社会文化及交流技能的准备阶段，还是在出国学习阶段与东道国文化群体进行互动交流的过程中，项目学生会通过各种方式和渠道对新旧文化的不同进行对比和分析，并为了适应新的社会文化环境而学习一系列必要的沟通技能。同时，在跨文化互动的过程中，个体的自我概念和文化身份也会随之发生一定的变化。而民族志式的思考方式和学习方法则可以有效地帮助身处海外的个体有意识地对这一系列问题进行审视和分析。因此我们认为，在国内准备阶段教授项目学生基本的民族志研究方法是必要的，其能够帮助学生在随后的海外生活和学习中形成一种民族志式的观察和学习方法，并据此对自身的具体跨文化体验与所学知识有意识地、比较客观地进行系统整理、科学分析和归纳，从而将其纳入自身的认知体系中，并形成新的自我认同和文化认同。

---

① ［美］桑德拉·M. 福勒、朱迪思·M. 布鲁姆：《跨文化培训方法分析》，载［美］丹·兰迪斯、珍妮特·M. 贝内特、米尔顿·J. 贝内特编《跨文化培训指南》，关世杰等译，北京大学出版社 2009 年版，第 63—64 页。

② Hymes, D., *Language in Education: Ethnolinguistic Essays* [M]. Washington: Centre for Applied Linguistic, 1980.

第二节　高校中外合作办学项目学生跨文化培训模式构建

从前几章对本研究调查结果的讨论和理论分析中可以看出，项目留学生在海外阶段的学习和生活经历以及适应情况受到来自多个方面因素的影响，比如他们对东道国语言的掌握程度，对东道国政治、文化与教育知识的储备，对东道国文化价值观、道德规范和人际交往模式的了解和诠释，以及他们对待不同文化群体的态度和敏感性，自身的开放度、灵活度，对情境性涵化策略与压力应对方法的运用，以及从母国和东道国获得的社会支持。此外，本研究还表明，对自身所属文化的了解和自信程度也会影响项目留学生对东道国社会文化的参与程度。陈国明和斯塔罗斯塔（Starosta，W. J.）从跨文化能力的角度将这些影响因素归纳为情感（跨文化交际的敏感性）、认知（跨文化意识）和行为（跨文化交际的灵巧性）三个方面。他们认为具备跨文化能力的人不仅应该知道如何在具体的跨文化环境中有效而得体的交际，而且还应该知道尊重对方的文化身份，并具备正面、积极的情感[①]。本研究的调查结果显示，绝大部分项目留学生都具备正面、积极的跨文化适应态度，他们承认并尊重文化差异，对东道国文化具有一定的了解，并在与当地人的交往中运用了多种适应策略和应对方法，并在此过程中对自身文化进行了反思，对自我身份与文化身份进行了重构。但是，他们仍然存在如适应预期与实际经历不符，缺乏将跨文化态度和知识转化为实际行为与交际技巧的能力等一系列问题，不利于他们充分地利用当地的文化与人力资源提高自己。这说明项目留学生在跨文化能力上还存在一些缺失，还有很大的提高空间。

同时，研究结果也表明，国内院校统一提供给项目留学生的语言强化训练、双语专业课和跨文化相关课程与讲座（如英美文化、跨文化交际等）为他们顺利适应东道国的生活和学习提供了很大的帮助，得到了学生们的肯定，其中以学术写作、学术规范和外语读写方面的训练效果最为突出。但是学生们同时也反映，他们对东道国文化实用知识的学习和跨文

① Chen，G. M. & Starosta，W. J. "Intercultural Communication Competence：A Synthesis"，*Communication Yearbook*，Vol. 19，1996，pp. 353 – 383.

化社交技巧的训练在国内的准备阶段仍非常的不充分，而国内院校对他们提供的跨文化培训往往也以国内阶段学习的结束而结束，缺乏后续的支持与评估。

鉴于中外合作办学项目的办学特点和管理模式，笔者认为，合作院校双方在监控学生的适应状况和问题，以及跨文化培训的实施过程和效果方面具备一定的优势：首先，统一的学生教学与管理（尤其是中方院校）能够为系统实施跨文化培训及评估培训效果提供可能和便利；其次，院校具备丰富和优秀的科研队伍能够开展对项目留学生的跨文化适应及跨文化能力培训等方面的学术研究。双方院校的合作关系与共同利益也为彼此进行相关方面的学术合作提供了机会和平台。

根据本研究对项目留学生跨文化适应状况的调查结果，以跨文化适应及跨文化培训理论为基础，参考中外合作办学项目的办学特点和管理模式，笔者提出一个针对项目留学生群体的跨文化能力培训方法，称之为“海外民族志式综合培训模式”，该培训模式的主体部分在于要求项目留学生完成一份“海外民族志作业”。该作业要求学生对自身留学体验（尤其是社会互动和人际交往中的关键性事件或片段）进行记录、评估和反思（即撰写反思性日志），并在此基础上撰写一份研究报告。研究报告要求学生联系相关理论，对反思性日志中的内容进行合理的整合和综合分析，并对自我在跨文化交际过程中发生的变化和个人成长进行思考和评估。目的在于帮助项目留学生更好地理解东道国文化及其所属成员的思维和行为模式，并在此过程中发展和评估自身的跨文化沟通能力。围绕这一主体部分展开的措施还包括国内阶段在理论、语言和文化知识上的准备，对学生提交的研究报告的评估和反馈，以及双方院校基于这些数据资源而进行的有关项目留学生跨文化适应及跨文化能力培养方面的学术合作。这些学术合作的成果又将对改善项目留学生的跨文化适应状况及跨文化培训提供可靠的理论支持和数据参考。该培训模型具体可分为四个阶段：准备阶段、实施阶段、评估阶段和反馈阶段（如图6—1所示）。

（一）准备阶段

为保证项目留学生在出国后能够具备完成“海外民族志作业”的基本知识和技能，让他们能够从留学经历中最大限度地获益，合作院校在国内阶段应对学生进行以下几个方面的训练：

1. 外语强化训练：就本研究中项目留学生反映的情况而言，语言方面的培训除读写外，还应加强对口语和听力的培训。语言训练并非只包括对语法、词汇等语言学知识的教学，同时还应重视语言表达（如习语、俚语等）中涉及的文化背景和历史典故，并对项目留学生出国后可能遭遇的语言问题，如口音、语速、习语俚语的文化背景等因素进行警示，从而让学生们做好心理准备，以降低出国后的语言休克程度。

2. 跨文化理论与培训：包括对东道国社会文化知识及学术要求的介绍、对跨文化适应和交际相关理论的教学以及跨文化交际模拟训练（如文化浸入训练、班嘎（Barnga）游戏①和伊克托诺斯（Ecotonos）游戏②、EXCELL③ 跨文化体验式训练等）。就跨文化交际与适应理论而言，笔者认为，在教授现有权威性西方跨文化理论的同时，应重视运用中国学界的相关理论与学术思想，比如费孝通先生对文化和文化自觉的概念阐释与对传统文化中"和而不同""中和位育"等思想的解读。这些先进思想根植于中国的优秀传统文化，因此更容易得到学生们的共鸣与理解，从而取得好的学习效果。就跨文化培训而言，在这一阶段的跨文化培训活动中要特别注意避免刻板印象（或定式思维）的过分形成，并提醒学生文化内部个体差异的存在。

3. 中国传统文化介绍：必须加强对中国优秀传统文化的讲授，尤其是对中国的深层社会结构（"差序格局"）、中国人的传统价值观、人际交往模式和道德规范（如人情、面子、关系等本土文化概念的理解和认识）等内容的讲授，因为对本民族文化的了解与自信有利于学生在跨文化交际与适应的过程中保持主动、积极和乐观的态度和行为。这一观点在贝瑞等人提出的多元文化假设中有明确的体现，同时也在本书的研究结果中再度得到了验证。此外，笔者建议，以中西文化比较的方式进行教学可能会取得较好的效果。

---

① Thiagarajan, S. & Steinwachs, B., *Barnga: A Simulation Game on Cultural Clashes*, Yarmouth, ME: Intercultural Press, 1990.

② Nipporica Associates., *Ecotonos: A Multicultural Problem-Solving Simulation*, Yarmouth, ME: Intercultural Press, 1993.

③ Mak, A. S. & Buckingham, K., "Beyond Communication Courses: Are There Benefits in Adding Skills-based EXCELL™ Socialcultural Training?", *International Journal of Intercultural Relations*, Vol. 31, 2007, pp. 277-291.

4. 留学规划报告：要求学生在出国前提交一份简短的报告，列出对自身留学生活的目标和计划，描述目前对东道国及其成员的印象，并对自己在出国后可能遇到的适应问题进行预测。同时，根据自己的理解写出对“跨文化能力”的定义，并据此对自身的跨文化能力进行分析和评价。学生出国后可将该报告内容与自身实际经历进行对比，从中意识到这些“先期印象”（对东道国可能存在的刻板印象或偏见）和留学预期（如对适应困难的类型、程度及打算采取的应对方法的预测）对他们的跨文化适应和人际交往可能产生些什么样影响。

总的来说，这一阶段的学习准备需要达到这样几个主要目标：第一，了解文化差异，建立现实的和正面的留学期望；第二，具备基本的语言沟通能力；第三，掌握一定的跨文化适应理论及民族志研究方法；第四，习得一定的跨文化沟通技巧。

（二）实施阶段

实施阶段是该培训模型的核心阶段，在这一阶段，项目留学生需要在留学期间完成一份“海外民族志作业”，可分为两个部分：第一，撰写反思性日志。我们鼓励项目留学生在跨文化交往过程中，用“深描”的方法，详细记录自己印象深刻的跨文化事件或跨文化互动过程[①]，并自由地写下自我感想和反思，如他们遭遇文化冲突的原因及过程、运用的解决办法以及事后的反思，当然也包括对成功的、愉快的跨文化交际活动的描述和经验总结。实际上目前项目留学生自发写的一些日记、周记已经具备以上所要求的部分内容（如描述生活事件、记录自我随想）。笔者希望通过明确的作业要求和对理论的介绍，让项目留学生能够以更加客观、公平的态度以及丰富的知识资源来看待、应对和反思自己在东道国社会文化环境下的生活事件和人生体验，从而帮助他们在新的社会文化环境下建构对他们自己有意义的社会“现实”[②]。第二，撰写研究报告。项目留学生需在回国前完成一份研究报告，重点要求学生联系在国内学习过的相关理论，将反思性日志中的内容进行选择、整理和重新组织（如选取部分有

---

① Geertz, C., *Local Knowledge: Further Essays in Interpretive Anthropology*, New York: Basic Books, 1983.

② 陈向明：《旅居者和“外国人”：留美中国学生跨文化人际交往研究》，教育科学出版社2004年版，第338页。

意义的、有启发的互动情节或关键性事件进行分析、解释和反思），从中阐明自身对东道国文化以及中国文化的了解和诠释，以及对自我概念和文化身份变化过程的理解和定位，并确定自身现有的、缺乏的以及正在发展的文化互动能力。学生可借鉴经济管理学中企业常用的SWOT分析法来分析自身的优劣势以及面临的挑战和威胁。理想中合作院校应该在学生撰写海外民族志作业的过程中，提供一定的咨询途径和学术支持，例如在双方院校指定某几个顾问老师在学生求助时提供一定的帮助和指导。

这一阶段的培训设计主要是基于两种重要的现象学研究工具：理解（verstehen）与反思（introspection）。"理解"强调个体具备"在与他人的直接观察与互动中，通过移情式内省和反思来认识和理解他人的能力"①。"反思"则要求个体观察自身对于某个文化互动事件的内心想法和感觉。这些主观过程能够帮助个体在跨文化沟通中逐渐形成文化移情，并帮助他们发现自己的文化互动能力。埃利斯（Ellis，C.）和博赫纳（Bochner，A.）认为，民族志的思考方式和学习方法能够帮助个体更深入地了解自身与他人的互动过程，鼓励个体通过质疑、情感参与和自我发现的方式来进行自我反省②。基于这些相关理论和方法论，研究者希望通过完成"海外民族志作业"帮助学生更好地理解东道国文化及其所属成员的思维方式和行为模式，并在此过程中了解到自身的优势和局限以及引导他们发展文化互动能力的心理过程。

当然，由于人类学研究方法对研究者的专业知识、技能和方法都有较高的要求，需要长期的训练才能够熟练的运用，设计这一作业并不是要求我们的学生研究者一定得提供多么"专业"的民族志研究报告，而是期望他们能够在有限的研究情境下运用内省、个人反思和解释等工具帮助他们理解跨文化沟通的复杂性、混乱和危险性等特征，并在这一过程中提高自身文化互动能力的自学能力和跨文化意识。目前已有部分有关老师运用

---

① Patton, M., *Qualitative Evaluation and Research Methods* (2nd ed.), Newbury Park, CA: Sage, 1990, p. 57.

② Ellis, C. & Bochner, A., "Autoethnography, Personal Narrative, Reflexivity: Researcher as Subject", In N. Denzin & Y. Lincoln (Eds.), *Handbook of Qualitative Research* (2nd ed., pp. 733 - 768), Thousand Oaks, CA: Sage, 2000, p. 740.

人类学方法鼓励学生在跨文化互动中进行反思的研究[①]取得了成功，这也为这种培训方法取得成功提供了可能性和可行性的参考。

（三）评估阶段

评估阶段主要指合作院校对项目留学生提交的海外民族志作业进行审阅和评分（应占一定的学分），对其跨文化能力进行问卷调查与评估，笔者认为，米尔顿·贝内特等人设计的跨文化能力发展量表值得推荐使用。同时，学校应请已具有海外留学经历的项目学生对学校提供的跨文化培训以及对整个中外合作办学项目的满意度进行评估并提出改进建议（可采用开放式调查问卷方式）。

（四）反馈阶段

反馈阶段主要是院校将审阅结果反馈给学生。并在征得学生同意的前提下将他们提交的资料和数据用于对项目留学生整体跨文化适应及跨文化能力培养的学术研究。其中，以双方合作院校进行学术合作的方式为佳。另外，本研究中调查的大部分项目留学生都表示非常乐意将自己的留学经历和体验与后届的学生们分享，帮助他们更好地适应未来的海外生活。因此，学校应加强学生们之间的互动和交流，例如举办留学经验座谈会、建立项目学生 QQ 群、网上社区等方式。

学生对中外合作办学项目的满意度是中外合作办学机构评估指标体系中的重要内容，而学生的满意程度又与他们在留学期间的个人收获和取得的学业成就密切相关。我们期望能够通过采取有效的跨文化培训措施及对其跨文化适应状况（包括心理、学业和人际交往适应）进行监控（如跟踪调查），帮助学生们在他们的留学生活中最大限度地获益，从而提高中外合作办学项目的办学质量，保证中外合作办学项目的健康、可持续性发展。

---

① 如 Jackson, J., "Ethnographic Preparation for Short-term Study and Residence in the Target Culture", *International Journal of Intercultural Relations*, Vol. 30, No. 1, 2006, pp. 77 – 98; Jordan, S., "Writing the Other, Writing the Self: Transforming Consciousness through Ethnographic Writing", *Language and Intercultural Communication*, Vol. 1, No. 1, 2001, pp. 40 – 56; Holmes, P. & O'Neill, G., "Developing and Evaluating Intercultural Competence: Ethnographies of Intercultural Encounters", *International Journal of Intercultural Relations*, Vol. 36, No. 5, 2012, pp. 707 – 718; Roberts, C., Byram, M., Barro, A., Jordan, S. & Street, B., *Language Learners as Ethnographers*, Clevedon, England: Multilingual Matters, 2001.

表 6—1　　　　高校中外合作办学项目学生跨文化培训综合模型

出国前	出国后	回国后	
准备阶段 （知识与技能） √语言 听说读写 文化背景 √文化知识 中国文化 东道国文化 √跨文化相关理论 √民族志研究方法：深描 √跨文化训练 √跨文化能力问卷调查 （可参考米尔顿·贝内特等人设计的跨文化能力发展量表）	实施阶段 （海外民族志作业） √反思性日志 记录与描述：关键性事件、互动过程 自我反思和感想 自我 SWOT 分析 √研究报告 理论联系实践 理解文化差异 发展和评估：自身跨文化交际能力 √院校支持： 咨询途径 学术指导	评估阶段 √作业审阅与评分 √跨文化能力问卷调查 （应与出国前使用的调查问卷一致，以便于评估） √学生对项目的满意度调查	反馈阶段 √学生作业反馈 √合作院校学术合作 学生跨文化适应状况研究 跨文化能力培养与跨文化培训研究 √学生内部留学经验共享

本章小结

在本章中，笔者依据前几章对项目留学生跨文化适应状况及问题的分析与讨论，以跨文化适应和跨文化培训的理论和方法为基础，并参考中外合作办学项目目前的办学特点和管理模式提出了针对高校中外合作办学项目学生而设计的跨文化培训模型。该模型分为准备、实施、评估和反馈四个阶段，其中以实施阶段中要求项目留学生完成“海外民族志作业”为中心，该作业要求学生对自身留学体验，尤其是对跨文化互动和人际交往中的一些关键性事件进行记录、评估和反思，并依据这些反思性日志，在回国前完成一份完整的研究报告。该研究报告要求学生联系相关跨文化适应理论和文化知识，对反思性日志中的内容进行合理的整合和综合分析，并对自我在跨文化交际过程中发生的变化和个人成长进行思考和评估。其目的主要在于帮助项目留学生养成有意识地进行内省和文化反思的习惯，从而更好地理解东道国文化及其所属成员的思维和行为模式，并在此过程中提高自身文化互动能力的自学能力和跨文化意识。围绕这一主体部分展开的措施还包括出国准备阶段合作学校提供给学生的一系列有关语言、跨文化理论、训练以及特定文化知识的课程与培训，回国后对项目学生留学质量的多方面评估和反馈，以及双方合作院校基于这些数据资源而进行的相关学术合作等内容。这些学术合作的成果又能够对改善项目留学生的跨文化适应状况及跨文化培训提供可靠的理论支持和数据参考。当然，这一培训模型的实际效果还需要进一步的实证研究检验。

结语：

研究结论、贡献及有待进一步研究的问题

一　研究结论

本研究在对现有的跨文化适应相关理论及实证研究文献资料进行回顾与分析的基础上，以高校中外合作办学项目学生为研究对象，运用问卷、访谈与观察等研究方法对目前高校中外合作办学项目学生留学期间的跨文化适应状况、问题及其影响因素进行了深入调查研究和理论分析。本研究的主要结论如下：

（一）项目留学生的整体心理适应状况良好，但是仍有少部分学生存在轻度或中度抑郁。在社会文化适应方面，项目留学生在人际交往方面的适应困难程度最高，其次是学业适应。就人口统计学因素而言，学历和留学时长对项目留学生的心理适应具有显著影响，学历、留学时长、专业和当地朋友数量对项目留学生的社会文化适应具有显著影响。在涵化态度上，整合态度是项目留学生进行跨文化适应的最佳选择，而分离和边缘化态度则明显不利于项目留学生的跨文化适应。此外，对国内阶段课程与培训满意度高的学生在海外期间的跨文化适应状况较好。总的来说，社会支持与涵化态度对项目学生的心理适应和社会文化适应均具有一定的预测作用。其中，中国朋友提供的社会支持对预测项目留学生心理适应的贡献最为明显；而非中国朋友与学校支持以及整合态度对预测项目留学生的社会文化适应的贡献最为显著。

（二）项目留学生理想的涵化态度与实际涵化策略的运用之间存在差异，尤其是在人际交往方面，差异尤为显著。参与本次研究的项目留学生们在很多实际的涵化情境中并未将理想中的整合态度付诸行动，而是更多地采用了分离策略。就具体的跨文化适应策略而言，项目留学生在涵化的

不同时段、不同情境下运用了折中式应对法、回避式应对法、主动应对法和认知调适法等几种不同的压力应对策略，呈现出多样性、灵活性和情境性的特征。

（三）项目留学生的跨文化适应过程不仅是一个文化学习的过程，同时也是一个对新社会文化进行认知与评估和对原有文化进行再认知与再评估的动态过程，以及进行自我概念与文化身份重构的过程，在海外留学期间，项目留学生的自我概念呈现出从关联型自我向独立型自我迁移的动态特征，在文化身份重构上显现出文化反思、文化自觉、文化认同和跨文化认同四个不同阶段的特征。

（四）本研究提出了一个针对高校中外合作办学项目学生而设计的跨文化培训模型。该模型分为准备、实施、评估和反馈四个阶段，其中以实施阶段中要求项目留学生完成“海外民族志作业”为中心，涵盖出国准备阶段合作学校提供给学生的一系列有关语言、跨文化理论、训练以及特定文化知识的课程与培训，回国后对项目学生留学质量的多方面评估和反馈，以及双方合作院校基于这些数据资源而进行的相关学术合作等内容。

总的来说，本书的研究结果表明，贝瑞等人构建的文化适应理论框架因主要以长期移民和难民为主要研究群体，其对国际留学生群体，尤其是通过国际教育合作项目出国的学生群体的针对性不够，对该群体的跨文化适应问题及其影响因素的解释和适用程度存在一定的局限性。本书基于实证调查与深入分析，建构出专门针对中外合作办学项目学生跨文化适应的理论框架。该框架将留学动机与目标、国内阶段准备、社会支持、跨文化适应态度与策略及各种人口统计学因素列为影响项目学生跨文化适应的重要因素，并将适应结果分为心理、学业及其他社会文化适应等三个维度。

相较于现存的贝瑞等人的跨文化适应理论框架，该理论框架进一步强调了个体跨文化适应态度与实际策略之间可能存在的差异及其形成原因，指出对个体跨文化适应问题的考察不仅应关注其理想的跨文化适应态度，还应同时纳入对个体实际跨文化适应策略以及文化认同等方面的测量和分析。同时，该理论框架将个体跨文化适应过程视为个体对留学所在国社会文化与中国传统社会文化进行认知、比较与评估的动态过程，以及对自我概念与文化身份进行重构的动态过程。可以说，该理论框架不仅是国内首次专门针对高校中外合作办学项目学生提出的一个理论框架，同时也是对现存跨文化适应理论框架的有效补充和进一步发展，其对解释其他类型的国际留学生的跨文化适应问题也具有一定的参考价值和理论意义。

二 研究贡献

总的来说，本书研究的理论贡献主要体现在以下几个方面：

（一）本研究在实证调查的基础上，通过量化与质性分析提出了中外合作办学项目学生跨文化适应的理论框架。就目前而言，虽已存在贝瑞、沃德等著名学者们提出的几种比较权威的综合性涵化理论模型，但其测试人群多为移民与难民群体，只有少部分实证研究以国际留学生为调查对象。从总体上看，针对国际留学生群体而设计的跨文化适应理论模型还没有建立起来。本研究对现有涵化理论模型对项目留学生跨文化适应的适用程度进行了检验，其中部分预测变量，如社会支持、涵化态度等在该学生群体的跨文化适应中得到了支持和验证，而另外一些预测变量，如留学动机与目标、出国前的专业知识与跨文化技能的准备等也应作为重要影响因素纳入项目留学生跨文化适应的理论模型中。就跨文化适应维度而言，研究者指出，东道国教育环境下的学业适应应作为社会文化适应的一个重点考察领域而单独列出，即项目留学生的跨文化适应可分为心理、学业以及其他社会文化方面的适应三个维度进行更详细的考察。同时，通过中外合作办学项目出国的学生是中国留学生群体的重要组成部分，而中国留学生亦在整个国际留学生群体中占有重要比例，因此可以说本研究也是对国际留学生跨文化适应理论模型建构的一次探索性实证研究。

（二）就研究对象而言，本研究对中外合作办学项目留学生群体的跨文化适应问题进行了系统、深入的实证研究，填补了目前国内学术界在这一研究领域的缺失。中外合作办学项目学生是中国留学生群体的重要组成部分，而且呈现出快速增长的趋势。受中外合作办学项目目的、教学与管理模式的影响，通过中外合作办学项目出国的学生具有自身的独特特征（如以集体形式出国，出国前国内院校提供统一的语言与专业训练等），这些特征使得他们的跨文化适应问题既具有整个中国留学生群体的一些共同特性，同时又具有自己的适应特点和适应问题。但目前国内学术界专门针对这一特殊留学生群体跨文化适应的相关实证研究（尤其是质性研究）还非常少见。本研究为丰富该领域的学术理论与实证数据做出了一定的贡献。

（三）本研究初步提出了一个针对中外合作办学项目学生而设计的跨文化培训模型。该培训模型主要是基于本研究调查结果中显示的项目留学生目前的整体跨文化适应状况，并结合相关理论框架及现有的一些类似的培训成功案例，以中外合作办学项目的办学特点和管理模式为依托而建构起来的，因此具有一定的可行性和有效性，是对留学生群体的跨文化培训理论的补充和拓展。当然，其实际的培训效果必须经由多次的、全面的实证研究进行检验才能够得以进一步的完善。

（四）本研究还对涵化测量量表的设计、实施与完善进行了思考，并提出了改进建议。本研究发现，项目留学生在理想的涵化态度与实际的涵化行为之间存在差异，而学生的实际涵化行为及对自身文化身份重构的心理过程对其跨文化适应状况及结果有着显著的影响。这些研究结果表明：跨文化适应研究不仅仅应该关注涵化态度，还应扩展到对实际涵化行为与文化认同方面的考察，因此在对涵化测量量表的设计上（如本研究中用的涵化态度量表）应增加测量实际涵化行为与文化身份认同方面的题项，这样才能够更加准确地了解个体跨文化适应状况与涵化策略（包括态度、行为与身份认同）之间的关系。实际上贝瑞、沃德等跨文化心理学家在近年也已开始意识到涵化测量方法在这方面存在的问题，并就涵化态度与实际涵化行为之间的差异问题专门进行了一些量化比较研究①②，但从总体上看，对此类问题的学术研究还非常之少，尤其是运用质性方法对此类问题进行考察的研究更为少见。本书的研究结果以量化与质性分析相结合的方法对涵化测量量表的设计与实施问题进行了探讨，为完善涵化研究方法的理论研究做出了一定的贡献。

（五）从方法论上讲，研究者尝试使用了多种有效的数据搜集方法进行实地调查，且取得了不错的效果，为后续的相关研究提供了更多可供选择的研究方法。具体来讲，由于中外合作办学项目留学生是一个比较大的群体，其跨文化适应经历具有复杂性，涉及多个层面。为了兼顾研究的广

---

① Ward, C. & Kus, L., "Back to and beyond Berry's Basics: The Conceptualization, Operationalization and Classification of Acculturation", *International Journal of Intercultural Relations*, Vol. 36, No. 4, 2012, pp. 472 - 485.

② Berry, J. W. & Sabatier, C., "Variations in the Assessment of Acculturation Attitudes: Their Relationships with Psychological Wellbeing", *International Journal of Intercultural Relations*, Vol. 35, No. 5, September 2011, pp. 658 - 669.

度与深度，研究者采用了量化研究与质性研究相结合的研究方法，从宏观上统计并分析了项目留学生跨文化适应状况及其影响因素，同时也从微观层面上详细地探讨了项目留学生在跨文化情境下的社会认知与评估过程，对跨文化适应策略的选择和应用以及对自我概念和文化身份的重构过程。在访谈调查中，研究者除采取面对面访谈的方式外，还尝试运用了一系列网络通信工具（如 E-mail、QQ、MSN、Skype、微信等），通过笔聊、视频和语音聊天等方式与项目留学生进行沟通，并保持长期的联系。研究实践证明，这些多样性的数据搜集方法不仅有利于与被访学生建立和维持长期的、友好的关系，同时也有助于研究者在一定时段内纵向地了解被访学生的思想动态和情感变化，敏感地捕捉个体的差异性和适应过程的动态性，从而更加准确、深入地考察项目留学生的跨文化适应。因此研究者认为，这些研究方法对中国留学生的跨文化交际或适应进行横向或纵向的考察都非常有效，应在未来的相关研究中得到更多的关注和应用。

任何研究都应该以能够指导实践为目的，本书的实践贡献在于：

（一）本研究不仅通过问卷统计分析对项目留学生的跨文化适应状况进行了整体的考察，并且通过后续访谈对项目留学生的海外生活进行了更为深入的调查和分析，笔者期望本书中用到的分析方法与文化阐释能够使中外合作办学项目学生们以及与项目留学生境遇相仿的人们从中获得一些理解和共鸣，并为他们提供一些思考方式和文化知识上的参考和启迪，帮助他们有意识地审视和反思自己在跨文化环境中的生活和学习经历以及采用的各种应对措施的效果，促使他们在自我剖析的动态过程中更准确地认识和评估自身的跨文化能力，并增强自身的跨文化意识。

（二）对于项目合作院校而言，本研究结果可以帮助他们更好地理解目前中外合作办学项目留学生在海外留学期间的心理适应、学术适应和社会文化适应的整体状况，为他们在制定相关政策、完善课程设置与跨文化培训以及提供学术支持与咨询服务时提供数据参考和理论支持。本研究提出的中外合作办学项目学生跨文化培训模型对双方合作院校开展阶段性跨文化培训具有很强的实践意义，尤其有助于中方合作院校设计、实施或进一步改善国内阶段的课程设置、教学方式与校园文化建设，将增强跨文化意识、培养跨文化能力作为重点内容纳入到对项目留学生的培养目标和具体措施中去。

（三）由于本书在阐述过程中还重点涉及中国传统文化与西方社会文

化的异同比较，因此，本研究的一些讨论和研究结果不仅对中外合作办学项目留学生群体的跨文化培训具有指导意义，对于其他类型的中国留学生群体以及中方外派商务人员等群体的跨文化培训也具有一定的实践参考意义。

三　研究局限与应进一步研究的问题

受研究方法、研究视野、研究客观条件等因素的影响，任何研究都具有一定的不足之处，本研究亦不例外。从调查对象来看，本研究涉及的中外合作办学项目中的外方合作院校主要为欧美国家（如英、美、法、澳等），从文化角度上讲，这些国家的主流文化普遍具有西方文化的主要特征，而本研究对亚洲国家，如日本、韩国、新加坡等国家与中国的高等院校教育合作项目并未进行过多的探究。这一方面是因为中国与欧美国家的高等教育合作办学项目在目前的办学项目中占据主要位置，同时，根据跨文化适应中的文化距离理论，西方与中国的文化距离比亚洲其他国家要大，学生所遇到的跨文化适应困难可能更大，因此更具有代表性。然后，也有研究发现，东道国与家乡环境的差异表明文化的相似性可能导致不切实际的期望，从而使得旅居者的跨文化适应更加困难①。因此，在后续研究中应注意纳入包括亚洲、欧美及其他地区的合作办学项目留学生，在更全面、更大样本的基础上对中外合作办学项目学生的跨文化适应及其影响因素进行整体考察和比较研究。

另外，由于本研究中的问卷样本和访谈样本主要是基于自愿提名或熟人推荐的形式确定的，因此一些性格内向或是学业失败的项目留学生样本可能并未被包含在内。例如，笔者曾试图与两位中途中断学业回国的项目留学生进行访谈，了解影响他们顺利进行跨文化适应的重要因素，但遗憾的是，这一意愿始终没有得到当事人的同意。不得不说，这是本研究中的一项缺失和遗憾。在后续研究中，如何与此类学生建立信任和良好的关系，使他们能够打开心扉，愿意与研究者深入沟通，共同剖析和反思自身

① 如 Martin, M. M. & Rubin, R. B., "A New Measure of Cognitive Flexibility", *Psychological Reports*, Vol. 76, No. 2, April 1995, pp. 623 – 626; Selmer, J. & Shiu, L. S. C., "Coming home? Adjustment of Hong Kong Chinese Expatriate Business Managers Assigned to the People's Republic of China", *International Journal of Intercultural Relations*, Vol. 23, No. 3, May 1999, pp. 447 – 465.

的留学经历是一项比较艰巨但又非常必要的任务。笔者认为，共情原则应是解决这一难题的关键所在。

此外，本研究提出的针对中外合作办学项目学生设计的跨文化培训模型仍是一种初步设想，虽具有较为可靠的理论基础与数据支持，但尚未得到实践的检验，因此其可行性与效果目前仍是一个大大的问号，且其中每一阶段的实际操作细节和具体方法的选择还需要在未来较长的一段时间内进行更深入、更细致的研究和测试才能真正运用到实践当中去。这也是后续研究中的一个重点所在。

附　　录

附录一　中外合作办学学生留学情况调查问卷

亲爱的同学：

您好！本项调查想了解您在留学期间的学习和生活情况，目的是：通过抽样调查问卷，对中外合作办学学生的跨文化适应问题进行考察并将研究结果用于将来的跨文化培训。您的信息对我的研究有非常大的价值。此问卷的结果分析不针对个体，采用匿名形式，您的一切信息将被严格保密。请您放心填写下列问卷内容，并将问卷交（寄）回指定地址。非常感谢您真诚的配合与参与！衷心祝您学业有成、心情愉快！

第一部分　请您在选项上填空、打钩（√）或填色（如②女）。

1. 您的性别　①男　②女

2. 您的年龄（周岁）________________

3. 您的专业是________________

4. 您已经在（或曾在）国外留学多长时间？

①1—6 个月　②7—12 个月　③13—24 个月　④超过 24 个月

5. 您参加的合作办学项目模式：

①2 +2　②3 +2　③3 +1　④其他________________

6. 您目前就读的是：

①本科　②硕士　③博士

7. 您留学的国家是：

①美国　②英国　③法国　④澳大利亚　⑤加拿大　⑥其他________

8. 毕业以后您打算回国工作或是继续出国深造吗？

①回国工作或深造　②继续出国深造或工作　③不确定

9. 您有多少位当地朋友？

①0 位　②1—3 位　③4—6 位　④7 位以上

10. 如果您愿意接受采访，请您留一个联系方式（如邮箱、QQ、MSN、电话等）________________

或者您可通过第一页上的任何一种方式与我取得联系，在此致以我最诚挚的感谢！

第二部分　留学动机和期望

请根据以下选项对您的重要程度在句子右边的相应数字上打钩（√）或填色（如5）。

（1 = 完全不重要；2 = 不重要；3 = 一般；4 = 重要；5 = 非常重要）

留学动机：

	1 完全不重要	2 不重要	3 一般	4 重要	5 非常重要
1. 完成合作办学项目后半段学习，顺利拿到学位	1	2	3	4	5
2. 提高我的外语水平	1	2	3	4	5
3. 国外留学经历对我以后回国找工作有帮助	1	2	3	4	5
4. 为我以后在国外定居提供帮助	1	2	3	4	5
5. 得到一个好机会，在国外旅游，了解异国文化	1	2	3	4	5
6. 我想锻炼自己应对不熟悉的文化环境的能力	1	2	3	4	5
7. 积累人脉，为我以后的进一步深造或工作提供便利	1	2	3	4	5
8. 父母/朋友建议我参加合作办学项目出国留学	1	2	3	4	5
9. 开阔视野，丰富人生经历	1	2	3	4	5
10. 提高专业知识水平	1	2	3	4	5

留学期望：

	1 完全不重要	2 不重要	3 一般	4 重要	5 非常重要
11. 得到好的学习成绩	1	2	3	4	5
12. 在国外的生活和食宿没有问题	1	2	3	4	5
13. 理解当地的社会习俗和文化	1	2	3	4	5
14. 能够用外语顺利表达我的想法	1	2	3	4	5
15. 能够理解当地人的话（外语）	1	2	3	4	5
16. 体验融入当地社会的乐趣	1	2	3	4	5
17. 和当地人或其他国家留学生交朋友	1	2	3	4	5
18. 能够被当地人接受	1	2	3	4	5
19. 能够保持积极的态度和愉快的心情	1	2	3	4	5

还有别的留学原因吗？请说明______________________________

____

第三部分　请根据您近一周以来的实际感受和行为在下列句子右边的选项上打钩（√）或填色（如4）。

（1 = 无或很少；2 = 有时；3 = 经常；4 = 大多数时间）

	1 无或很少	2 有时	3 经常	4 大多数时间
1. 我觉得闷闷不乐，情绪低沉	1	2	3	4
2. 我觉得一天之中早晨最好	1	2	3	4
3. 我一阵阵哭出来或觉得想哭	1	2	3	4
4. 我晚上睡眠不好	1	2	3	4
5. 我吃的跟平常一样多	1	2	3	4
6. 我与异性亲密接触时和以往一样感到愉快	1	2	3	4
7. 我发觉我的体重在下降	1	2	3	4
8. 我有便秘的苦恼	1	2	3	4
9. 我心跳比平时快	1	2	3	4
10. 我无缘无故地感到疲乏	1	2	3	4
11. 我的头脑跟平常一样清楚	1	2	3	4
12. 我觉得经常做的事情并没有困难	1	2	3	4
13. 我觉得不安而平静不下来	1	2	3	4

续表

	1 无或很少	2 有时	3 经常	4 大多数时间
14. 我对将来抱有希望	1	2	3	4
15. 我比平常容易生气激动	1	2	3	4
16. 我觉得做出决定是容易的	1	2	3	4
17. 我觉得自己是个有用的人，有人需要我	1	2	3	4
18. 我的生活过得很有意思	1	2	3	4
19. 我认为如果我死了别人会生活得好些	1	2	3	4
20. 以前感兴趣的事我仍然照样感兴趣	1	2	3	4

第四部分　请根据您的实际情况在下列句子右边的选项上打钩（√）或填色（如5）。

（1 = 没有困难；2 = 有一点困难；3 = 一般；4 = 比较困难；5 = 非常困难）

	1 没有困难	2 有一点困难	3 一般	4 比较困难	5 非常困难
1. 使用交通工具	1	2	3	4	5
2. 了解所在大学对我的要求	1	2	3	4	5
3. 适应当地的礼仪	1	2	3	4	5
4. 能听懂当地的语言	1	2	3	4	5
5. 理解当地人的笑话和幽默	1	2	3	4	5
6. 购物	1	2	3	4	5
7. 适应所在学校的教学方式	1	2	3	4	5
8. 认识周围的道路	1	2	3	4	5
9. 让我自己被理解（使人明白我的意思）	1	2	3	4	5
10. 与他人谈论自己	1	2	3	4	5
11. 找到自己喜欢的食物	1	2	3	4	5
12. 撰写合乎要求的学术论文与报告	1	2	3	4	5
13. 应对令人讨厌的人	1	2	3	4	5
14. 理解文化差异	1	2	3	4	5
15. 能说当地的语言	1	2	3	4	5

续表

	1 没有困难	2 有一点困难	3 一般	4 比较困难	5 非常困难
16. 适应当地的住宿	1	2	3	4	5
17. 参加社交活动/聚会	1	2	3	4	5
18. 与当地人交朋友	1	2	3	4	5
19. 远离父母独立生活	1	2	3	4	5
20. 与不同国家的同学讨论学习问题	1	2	3	4	5
21. 能运用当地的语言进行阅读	1	2	3	4	5
22. 与行政人员打交道	1	2	3	4	5
23. 适应当地的气候	1	2	3	4	5
24. 理解当地人的价值体系	1	2	3	4	5
25. 能够在课堂上清晰地表达自己的观点	1	2	3	4	5
26. 能够运用当地的语言进行写作	1	2	3	4	5
27. 理解当地的政治体制	1	2	3	4	5
28. 与异性交往	1	2	3	4	5
29. 适应当地的生活节奏	1	2	3	4	5

您还遇到其他的困难吗？请说明______________________________

____

第五部分

1. 请根据您在最近一个月中的实际感受在下列句子右边的选项上打钩（√）或填色（如5）。

（1 = 从不；2 = 偶尔；3 = 经常；4 = 总是）

A. 想想你的家人（父母及其他亲戚），尤其是对您最重要的2—3个家人。

	1 从不	2 偶尔	3 经常	4 总是
1. 他们认真地倾听你诉说烦恼和难题	1	2	3	4
2. 你感觉他们是真的努力在了解你的困难	1	2	3	4
3. 他们让你有被爱护和疼爱的感觉	1	2	3	4
4. 他们给你提供实际的帮助，例如替你做某件事或是给予经济上的帮助	1	2	3	4

续表

	1 从不	2 偶尔	3 经常	4 总是
5. 他们回答你的问题或是给你提供解决问题的建议	1	2	3	4
6. 你将他们当作解决难题的榜样或实例	1	2	3	4

B. 想想你的中国朋友。

	1 从不	2 偶尔	3 经常	4 总是
1. 他们认真地倾听你诉说烦恼和难题	1	2	3	4
2. 你感觉他们是真的努力在了解你的困难	1	2	3	4
3. 他们给你提供实际的帮助，例如替你做某件事或是借钱给你	1	2	3	4
4. 他们回答你的问题或是给你提供解决问题的建议	1	2	3	4
5. 你将他们当作解决难题的榜样或实例	1	2	3	4

C. 想想你的（非中国）朋友。

	1 从不	2 偶尔	3 经常	4 总是
1. 他们认真地倾听你诉说烦恼和难题	1	2	3	4
2. 你感觉他们是真的努力在了解你的困难	1	2	3	4
3. 他们给你提供实际的帮助，例如替你做某件事或是借钱给你	1	2	3	4
4. 他们回答你的问题或是给你提供解决问题的建议	1	2	3	4
5. 你将他们当作解决难题的榜样或实例	1	2	3	4

D. 想想你所在学校的教学教务人员。

	1 从不	2 偶尔	3 经常	4 总是
1. 他们认真地倾听你诉说烦恼和难题	1	2	3	4
2. 你感觉他们是真的努力在了解你的困难	1	2	3	4
3. 他们履行职责，为你提供有用且实际的帮助	1	2	3	4
4. 他们回答你的问题或是给你提供解决问题的建议	1	2	3	4
5. 你将他们当作解决难题的榜样或实例	1	2	3	4

任何其他信息，请说明＿＿＿＿＿＿＿＿＿＿＿＿＿＿＿＿＿＿＿＿＿＿＿＿

＿＿＿＿＿＿＿＿＿＿＿＿＿＿＿＿＿＿＿＿＿＿＿＿＿＿＿＿＿＿＿＿

2. 请根据目前您对自己的时间安排在下列句子右边的选项上打钩

（√）或填色（如5）。

（1 = 从不；2 = 很少时间；3 = 一般；4 = 经常；5 = 大多数时间）

	1 从不	2 很少时间	3 一般	4 经常	5 大多数时间
1. 自己独处	1	2	3	4	5
2. 与中国同学或朋友在一起	1	2	3	4	5
3. 与当地学生或朋友在一起	1	2	3	4	5
4. 与来自其他国家的留学生在一起	1	2	3	4	5
5. 与各个国家的人（包括当地人、中国人和其他国家留学生等）在一起	1	2	3	4	5

还有其他情况吗？请说明＿＿＿＿＿＿＿＿＿＿＿＿＿＿＿＿

3. 您认为影响您交友的主要因素有哪些？请根据您的实际情况在下列句子右边的选项上打钩（√）或填色（如5）。

（1 = 完全不重要；　2 = 不重要；　3 = 一般；　4 = 重要；　5 = 非常重要）

	1 完全不重要	2 不重要	3 一般	4 重要	5 非常重要
1. 爱好和兴趣	1	2	3	4	5
2. 民族/国籍	1	2	3	4	5
3. 宗教信仰	1	2	3	4	5
4. 政治信仰	1	2	3	4	5
5. 语言	1	2	3	4	5
6. 经济利益	1	2	3	4	5
7. 价值观	1	2	3	4	5
8. 性格	1	2	3	4	5
9. 性别	1	2	3	4	5
10. 风俗习惯	1	2	3	4	5

还有其他方面吗？请说明＿＿＿＿＿＿＿＿＿＿＿＿＿＿＿＿

第六部分　请根据您对以下说法的态度在句子右边的选项上打钩（√）或填色（如5）。

（1 = 完全不同意；2 = 基本不同意；3 = 不确定/无所谓；4 = 基本同意；5 = 完全同意）

	1 完全不同意	2 基本不同意	3 不确定/无所谓	4 基本同意	5 完全同意
1. 我觉得，我们应保持中国文化传统，而不应去适应留学所在地的文化传统	1	2	3	4	5
2. 该流利地讲中文还是留学所在地的语言，我觉得这个问题本身并不重要	1	2	3	4	5
3. 无论中国人还是当地人的社交活动，我都不想出席	1	2	3	4	5
4. 我喜欢只有中国人参加的社交活动（如聚会）	1	2	3	4	5
5. 对我而言，重要的是，既要会流利地讲中文，又要会流利地讲留学所在地的语言	1	2	3	4	5
6. 我喜欢只有当地人参加的社交活动（如聚会）	1	2	3	4	5
7. 是该保持中国文化传统，还是接纳留学所在地的文化，我觉得这个问题本身并不重要	1	2	3	4	5
8. 对我而言，说流利的中文比说当地语言更重要	1	2	3	4	5
9. 我觉得，我们既应保持中国文化传统，也应接纳当地的文化传统	1	2	3	4	5
10. 我觉得，应该接纳当地的文化传统，而不应该保持中国文化传统	1	2	3	4	5
11. 我只喜欢和当地人交朋友	1	2	3	4	5
12. 对我而言，会讲流利的当地语言要比讲中文更重要	1	2	3	4	5

续表

	1 完全不同意	2 基本不同意	3 不确定/无所谓	4 基本同意	5 完全同意
13. 我不想与当地人或者其他国家的人交朋友，也不想与中国人交朋友	1	2	3	4	5
14. 我只喜欢和中国人交朋友	1	2	3	4	5
15. 我喜欢参加既有中国人又有当地人的社交活动（如聚会）	1	2	3	4	5
16. 我喜欢与中国人交朋友，也喜欢与当地人或其他国家的人交朋友	1	2	3	4	5

第七部分　请根据您对国内阶段教学与培训的满意程度在下列句子右边的选项上打钩（√）或填色（如5）。

（1 = 非常不满意；2 = 不满意；3 = 不确定/无所谓；4 = 满意；5 = 非常同意）

	1 非常不满意	2 不满意	3 不确定/无所谓	4 满意	5 非常满意
1. 基础专业课	1	2	3	4	5
2. 语言强化训练	1	2	3	4	5
3. 跨文化沟通相关选修课及讲座	1	2	3	4	5
4. 跨文化沟通其他相关训练（如校内国际文化节，英语角，国际学生社团等）	1	2	3	4	5
5. 行政支持（如国际部在选课、学分、办签及其他信息方面提供的帮助）	1	2	3	4	5
6. 学生心理咨询	1	2	3	4	5

任何其他信息，请说明____

____

再次衷心感谢您为此所付出的努力与耐心！祝您生活愉快，学业有成！

附录二　中外合作办学学生留学情况调查问卷

（计划出国学生）

亲爱的同学：

您好！本项调查想了解您出国前的准备情况及对即将到来的留学生活的预期，目的是：通过抽样调查问卷，对中外合作办学学生的跨文化适应问题进行考察并将研究结果用于将来的跨文化培训。您的信息对我的研究有非常大的价值。此问卷的结果分析不针对个体，采用匿名形式，您的一切信息将被严格保密。请您放心填写下列问卷内容，并将问卷交（寄）回指定地址。非常感谢您真诚的配合与参与！衷心祝您学业有成、心情愉快！

第一部分　请您在选项上填空、打钩（√）或填色（如②女）。

1. 您的性别　①男　②女

2. 您的年龄（周岁）________________

3. 您的专业是________________

4. 您参加的合作办学项目模式：

①2 +2　②3 +2　③3 +1　④其他________________

5. 您参与的中外合作办学项目的中外方院校分别是：

中方院校：____________________外方院校：____________________

6. 您计划未来出国就读的是：

①本科　②硕士　③博士

7. 您未来计划留学的国家是：

①美国　②英国　③法国　④澳大利亚　⑤加拿大　⑥其他________

8. 您计划大概在什么时候出国留学？

______年______月　至______年______月

9. 留学毕业以后您打算回国工作或是继续出国深造吗？

①回国工作或深造　②继续出国深造或工作　③不确定

10. 您在国内有国际朋友吗？

①0 位　②1—3 位　③4—6 位　④7 位以上

11. 如果您愿意接受采访，请您留一个联系方式（如邮箱、QQ、

MSN、电话等）________________________________

或者您可通过第一页上的任何一种方式与我取得联系，在此致以我最诚挚的感谢！

第二部分　留学动机和期望

请根据以下选项对您的重要程度在句子右边的选项上打钩（√）或填色（如5）。

（1 = 完全不重要；2 = 不重要；3 = 一般；4 = 重要；5 = 非常重要）

留学动机：

	1 完全不重要	2 不重要	3 一般	4 重要	5 非常重要
1. 完成合作办学项目后半段学习，顺利拿到学位	1	2	3	4	5
2. 提高我的外语水平	1	2	3	4	5
3. 国外留学经历对我以后回国找工作有帮助	1	2	3	4	5
4. 为我以后在国外定居提供帮助	1	2	3	4	5
5. 得到一个好机会，在国外旅游，了解异国文化	1	2	3	4	5
6. 我想锻炼自己应对不熟悉的文化环境的能力	1	2	3	4	5
7. 积累人脉，为我以后的进一步深造或工作提供便利	1	2	3	4	5
8. 父母/朋友建议我参加合作办学项目出国留学	1	2	3	4	5
9. 开阔视野，丰富人生经历	1	2	3	4	5
10. 提高专业知识水平	1	2	3	4	5

留学期望：

	1 完全不重要	2 不重要	3 一般	4 重要	5 非常重要
11. 得到好的学习成绩	1	2	3	4	5
12. 在国外的生活和食宿没有问题	1	2	3	4	5
13. 理解当地的社会习俗和文化	1	2	3	4	5
14. 能够用外语顺利表达我的想法	1	2	3	4	5

续表

15. 能够理解当地人的话（外语）	1	2	3	4	5
16. 体验融入当地社会的乐趣	1	2	3	4	5
17. 和当地人或其他国家留学生交朋友	1	2	3	4	5
18. 能够被当地人接受	1	2	3	4	5
19. 能够保持积极的态度和愉快的心情	1	2	3	4	5

还有别的留学原因吗？请说明____________________

____

第三部分　请根据您预期在未来留学期间会遇到的困难及其程度在下列句子右边的选项上打钩（√）或填色（如5）。

（1＝没有困难；2＝有一点困难；3＝一般；4＝比较困难；5＝非常困难）

	1 没有困难	2 有一点困难	3 一般	4 比较困难	5 非常困难
1. 使用交通工具	1	2	3	4	5
2. 了解所在大学对我的要求	1	2	3	4	5
3. 适应当地的礼仪	1	2	3	4	5
4. 能听懂当地的语言	1	2	3	4	5
5. 理解当地人的笑话和幽默	1	2	3	4	5
6. 购物	1	2	3	4	5
7. 适应所在学校的教学方式	1	2	3	4	5
8. 认识周围的道路	1	2	3	4	5
9. 让我自己被理解（使人明白我的意思）	1	2	3	4	5
10. 与他人谈论自己	1	2	3	4	5
11. 找到自己喜欢的食物	1	2	3	4	5
12. 撰写合乎要求的学术论文与报告	1	2	3	4	5
13. 应对令人讨厌的人	1	2	3	4	5
14. 理解文化差异	1	2	3	4	5
15. 能说当地的语言	1	2	3	4	5
16. 适应当地的住宿	1	2	3	4	5
17. 参加社交活动/聚会	1	2	3	4	5

续表

	1 没有困难	2 有一点困难	3 一般	4 比较困难	5 非常困难
18. 与当地人交朋友	1	2	3	4	5
19. 远离父母独立生活	1	2	3	4	5
20. 与不同国家的同学讨论学习问题	1	2	3	4	5
21. 能运用当地的语言进行阅读	1	2	3	4	5
22. 与行政人员打交道	1	2	3	4	5
23. 适应当地的气候	1	2	3	4	5
24. 理解当地人的价值体系	1	2	3	4	5
25. 能够在课堂上清晰地表达自己的观点	1	2	3	4	5
26. 能够运用当地的语言进行写作	1	2	3	4	5
27. 理解当地的政治体制	1	2	3	4	5
28. 与异性交往	1	2	3	4	5
29. 适应当地的生活节奏	1	2	3	4	5

您还遇到其他的困难吗？请说明________________________________

____

第四部分

1. 您计划在未来的留学期间如何安排自己的时间？请根据您的实际想法在下列句子右边的选项上打钩（√）或填色（如5）。

（1 = 从不；2 = 很少时间；3 = 一般；4 = 经常；5 = 大多数时间）

	1 从不	2 很少时间	3 一般	4 经常	5 大多数时间
1. 自己独处	1	2	3	4	5
2. 与中国同学或朋友在一起	1	2	3	4	5
3. 与当地学生或朋友在一起	1	2	3	4	5
4. 与来自其他国家的留学生在一起	1	2	3	4	5
5. 与各个国家的人（包括当地人、中国人和其他国家留学生等）在一起	1	2	3	4	5

还有其他情况吗？请说明________________________________

2. 您认为将影响您留学期间交友的主要因素有哪些？请根据您的实

际想法在下列句子右边的选项上打钩（√）或填色（如5）。

（1＝完全不重要；2＝不重要；3＝一般；4＝重要；5＝非常重要）

	1 完全不重要	2 不重要	3 一般	4 重要	5 非常重要
1. 爱好和兴趣	1	2	3	4	5
2. 民族/国籍	1	2	3	4	5
3. 宗教信仰	1	2	3	4	5
4. 政治信仰	1	2	3	4	5
5. 语言	1	2	3	4	5
6. 经济利益	1	2	3	4	5
7. 价值观	1	2	3	4	5
8. 性格	1	2	3	4	5
9. 性别	1	2	3	4	5
10. 风俗习惯	1	2	3	4	5

还有其他方面吗？请说明____________________

第五部分　请根据您对以下说法的态度在句子右边的选项上打钩（√）或填色（如5）。

（1＝完全不同意；2＝基本不同意；3＝不确定/无所谓；4＝基本同意；5＝完全同意）

	1 完全不同意	2 基本不同意	3 不确定/无所谓	4 基本同意	5 完全同意
1. 我觉得，我们应保持中国文化传统，而不应去适应留学所在地的文化传统	1	2	3	4	5
2. 该流利地讲中文还是留学所在地的语言，我觉得这个问题本身并不重要	1	2	3	4	5
3. 无论中国人还是当地人的社交活动，我都不想出席	1	2	3	4	5
4. 我喜欢只有中国人参加的社交活动（如聚会）	1	2	3	4	5
5. 对我而言，重要的是，既要会流利地讲中文，又要会流利地讲留学所在地的语言	1	2	3	4	5

续表

	1 完全不同意	2 基本不同意	3 不确定/无所谓	4 基本同意	5 完全同意
6. 我喜欢只有当地人参加的社交活动（如聚会）	1	2	3	4	5
7. 是该保持中国文化传统，还是接纳留学所在地的文化，我觉得这个问题本身并不重要	1	2	3	4	5
8. 对我而言，说流利的中文比说当地语言更重要	1	2	3	4	5
9. 我觉得，我们既应保持中国文化传统，也应接纳当地的文化传统	1	2	3	4	5
10. 我觉得，应该接纳当地的文化传统，而不应该保持中国文化传统	1	2	3	4	5
11. 我只喜欢和当地人交朋友	1	2	3	4	5
12. 对我而言，会讲流利的当地语言要比讲中文更重要	1	2	3	4	5
13. 我不想与当地人或者其他国家的人交朋友，也不想与中国人交朋友	1	2	3	4	5
14. 我只喜欢和中国人交朋友	1	2	3	4	5
15. 我喜欢参加既有中国人又有当地人的社交活动（如聚会）	1	2	3	4	5
16. 我喜欢与中国人交朋友，也喜欢与当地人或其他国家的人交朋友	1	2	3	4	5

第六部分　请根据您对国内阶段教学与培训的满意程度在下列句子右边的选项上打钩（√）或填色（如5）。

（1 = 非常不满意；2 = 不满意；3 = 一般；4 = 满意；5 = 非常满意）

	1 非常不满意	2 不满意	3 一般	4 满意	5 非常满意
1. 基础专业课	1	2	3	4	5
2. 语言强化训练	1	2	3	4	5

续表

	1 非常不满意	2 不满意	3 一般	4 满意	5 非常满意
3. 跨文化沟通相关选修课及讲座	1	2	3	4	5
4. 跨文化沟通其他相关训练（如校内国际文化节、英语角、国际学生社团等）	1	2	3	4	5
5. 行政支持（如国际部在选课、学分、办签及其他信息方面提供的帮助）	1	2	3	4	5
6. 学生心理咨询	1	2	3	4	5

任何其他信息，请说明____

____

再次衷心感谢您为此所付出的努力与耐心！祝您生活愉快，学业有成！

附录三　访谈提纲一（Interview Protocol）

（中外合作办学已出国学生访谈）

1. 您能先做个简短的自我介绍吗？

2. 您在国外的学业还顺利吗？在学习上遇到些什么样的困难呢？（引导具体举例）

3. 您在国外的生活愉快吗？有些什么不太满意的地方呢？（引导具体举例）

4. 您觉得在留学期间与当地人交往的障碍是什么？根据您的经验，属于不同文化圈的人要想建立并保持良好的交往关系，最重要的因素是什么？

5. 您在遇到困难的时候，一般是怎么处理的呢？（引导具体举例）——应对方式

6. 你有没有觉得在当地遇到过歧视和偏见？请就你印象最深的事情详述。

7. 您跟母校的联系多吗？一般是哪些方面的联系？如果很少联系，为什么？

8. 您觉得您在国外留学这段时间，有些什么样的收获呢？（引导具体举例）

9. 您在国外的休闲娱乐生活一般是怎么度过的呢？一般跟谁在一起？请举例说明。

10. 您觉得您参加的中外合作办学模式如何？特别是国内阶段的学习对你留学经历是否有帮助？如果有，主要表现在哪些方面？

追加问题（注重引导举例）如：

1. 你如何理解“适应”和“融入”这两个概念？

2. 你认为通过这一两年的留学经历，你能够融入当地社会吗？为什么？

3. 你认为你现在的价值观念或者说哪些方面的想法跟出国之前相比有些什么样的变化吗？具体体现在哪些方面？

附录四　访谈提纲二（Interview Protocol）

（中外合作办学计划出国学生访谈）

1. 您目前的学习状况如何？能做个大概的描述吗？

2. 您觉得在目前的学习中遇到的最大困难是什么，尤其是外教的课程和英文课程？

3. 您有参与跨文化沟通和适应相关的活动或课程、讲座吗？如跨文化交际课程、英语角、交国际朋友、校园社团、文化节等。效果如何？您希望能够有些什么样的方式来进行跨文化沟通方面的训练？

4. 您对中国文化了解吗？主要了解哪些方面？您和老外交谈时，一般会涉及中国文化哪些方面？

5. 您出国后，愿意与当地人交往吗？您认为交朋友最重要的因素是什么？您认为与当地人交往可能遇到的困难有哪些？您打算用什么方法来应对？

6. 请您对自身出国后的生活和学习的规划做一个描述。

7. 到目前为止，您对参与的中外合作办学项目满意吗？您有些什么样的建议呢？

8. 您出国后跟母校联系多吗？为什么？一般都什么方面会跟母校联系？您希望母校能够提供哪些方面的帮助？

附录五　访谈提纲三（Interview Protocol）

（项目相关负责人、中外教师、其他管理人员访谈）

（一）分管校长访谈

您好！非常感谢您能够在百忙之中抽空接受我的采访。采访主要问题如下：

1. 能否请您对贵校的办学理念、定位和发展方向做一个简要的介绍？
2. 贵校的国际化进程如何？中外合作办学工作在其中处于什么地位？
3. 贵校中外合作办学工作的目标是什么？在学校整体的发展中有什么样的作用？
4. 能否请您谈谈贵校中外合作办学工作的现状？
5. 能否请您就贵校中外合作办学工作的进一步发展和完善提出您的看法和建议。

（二）国际交流项目负责人/执行人员访谈

您好！非常感谢您能够在百忙之中抽空接受我的采访。采访主要问题如下：

1. 请问贵校的中外合作办学项目有哪些？项目学生的跨文化适应整体状况如何？他们的反馈情况怎么样？

（例如：学生反馈：已出国或已完成项目的学生之群体反馈——包括满意度、普遍存在的问题，如文化冲击、社会交往等；学生个人反馈——如学生日记、报告、文章等，主要侧重文化方面——国际交流处相关杂志可体现、交流活动中的报告等，以及还未出国的学生对跨文化能力的前期培养和预备有哪些期望）

2. 请问贵校对中外合作办学学生提供的跨文化适应辅助项目或活动有哪些？效果如何？

（如安排跨文化交际课程、跨文化培训、教学中师生互动形式、外籍教师及外国留学生与国内学生的交流活动、相关跨文化讲座、设立专业心

理咨询处等，另外，学校对于增进学生民族责任感与传播中国文化意识方面做的努力有哪些）

3. 请问贵校与外方合作院校之间的交流情况如何？

（如交流频率、交流师生规模数量、交流形式、效果——在交流会议、报告等中能够体现）

4. 请问贵校对项目学生的数据信息采集方式是怎样的，是否系统精确全面？有否建有高校留学生海外学习信息平台？

5. 请就学校对中外合作办学学生跨文化适应教育与培训体系的进一步发展和完善提出您的看法和建议。

（三）外籍教师访谈

Hello, thank you very much for accepting my interview. This interview mainly aims at understanding students'study and intercultural communication ability.

1. Would you please give a brief description about students in your class?

2. In your opinion, what are the main obstacles for students to study?

3. Would you please talk about your teaching style? Is it different from Chinese teaching style? And to what degree the students adapt to it?

4. Did the students communicate with you a lot? In class or out of class? Did they make appointment with you after class?

5. Would you please give some suggestions about how students can further improve their learning and intercultural communication abilities?

6. Do you have any suggestions or ideas about the cooperation education programs partnering? Can we do better? In what ways?

参考文献

外文参考文献：

著作类：

[1] Alred, G., Byram, M. & Fleming, M. (eds.), *Intercultural Experience and Education*, Clevedon: Multilingual Matters Ltd., 2003.

[2] Berry, J. W., "Conceptual Approaches to Acculturation", In: K. Chun, P. B. Organista, G. Marin (eds.), *Acculturation: Advances in Theory, Measurement and Applied Research*, Washington D. C.: American Psychological Association, 2003, pp. 17 – 37.

[3] Berry, J. W., "Psychology of Acculturation: Understanding Individuals Moving between Cultures", In R. Brislin, eds., *Applied Cross-Cultural Psychology*, Newbury Park, CA: Sage, 1990, pp. 232 – 253.

[4] Berry, J. W., Poortinga, Y. H., Segall, M. H., etc., *Cross-cultural Psychology: Research and Applications* (2nd ed.), UK: Cambridge University Press, 2002.

[5] Brislin R., Cushner K., Cherrie C., etc., *Intercultural Interactions: a Practical Guide*, CA: Sage publications, 1986.

[6] Brislin, R. W. & Yoshida, T., *Intercultural Communication Training: An Introduction*, California: Sage Publications, 1994.

[7] Byram, M., *Teaching and Assessing Intercultural Communicative Competence*, Clevedon: Multilingual Matters, 1997.

[8] Byram, M. & Fleming, M. (eds.), *Language Learning in Intercultural Perspective: Approaches through Drama and Ethnography*, Cambridge: Cambridge University Press, 1998.

[9] Castro, V. S. , *Acculturation and Psychological Adaptation*, Westport, CT: Greenwood Press, 2003.

[10] Clifford Mayes, Ramona Maile Cutri, P. Clint Rogers, etc. , *Understanding the Whole Student: Holistic Multicultural Education*, Plymounth, UK: Rowman & Littlefield Education, 2007.

[11] Edward Hall. , *The Silent Language*, Anchor Books, 1973.

[12] Fontaine, G. , "Social Support and the Challenge of International Assignments: Implications for Training", In D. Landis & R. Bhagat (Ed.), *Handbook of Intercultural Training* (2nd ed.), Thousand Oaks, CA: Sage, 1996, pp. 271 - 272.

[13] Furnham, A. & Bochner, S. , *Culture Shock: Psychological Reactions to Unfamiliar Environment*, Routledge: London, 1989.

[14] Gudykunst, W. B. & Kim, Y. Y. , *Communicating with Strangers: An Approach to Intercultural Communication*, New York: Random, 1984.

[15] Hall, A. & Wellman, B. , "Social Networks and Social Support", In Cohen, S. & Syme, S. L. (Ed.), *Social Support and Health*, New York: Academic Press, 1985, pp. 23 - 41.

[16] Hofstede, G. , *Cultures and Organizations: Software of the Mind*, London: McGraw-Hill 1991.

[17] Hofstede, G. , *Culture's Consequences: Comparing Values, Behaviors, Institutions, and Organizations across Nations* (2nd ed.), Thousand Oaks, CA: Sage, 2001.

[18] Hofstede, G. , *Culture's Consequences: International Differences in Work-related Values*, Beverly Hills, 1980.

[19] Holmes, P. & O' Neill, G. , "Autoethnography and Self-reflection: Tools for Self-assessing Intercultural Competence", In Becoming Intercultural: Inside and Outside the Classroom, Newcastle upon Tyne: Cambridge Scholars Publishing, 2010, pp. 167 - 193.

[20] Huang, Futao, *Transnational Higher Education in Asia and the Pacific Region*, Hiroshima: Hiroshima University, 2006.

[21] Kim, Y. Y. , *Becoming Intercultural: An Integrative Theory of Communication and Cross-cultural Adaptation*, Thousand Oaks: Sage, 2001.

[22] Kolb, D. A., *Experiential Learning*, Englewood Cliffs, NJ: Prentice Hall, 1984.

[23] Kolb, D. A. & Lewis, L. H., "Facilitating Experiential Learning: Observations and Reflections", In L. H. Lewis (eds.), *Experiential and Simulation Techniques for Teaching Adults*, San Francisco: Jossey-Bass, 1986, pp. 99 - 107.

[24] Masgoret, A. & Ward, C., "Culture Learning Approach to Acculturation", In D. L. Sam & J. W. Berry, eds., *The Cambridge Handbook of Acculturation Psychology*, New York, NY: Cambridge University Press, 2006, pp. 58 - 77.

[25] Sam, D. L., "Acculturation and Health", In D. L. Sam & J. W. Berry, eds., *The Cambridge Handbook of Acculturation Psychology*, New York, NY: Cambridge University Press, 2006, pp. 452 - 468.

[26] Samovar, L. A., Porter, R. E. & Jain, N. C., *Understanding Intercultural Communication*, Belmont, CA: Wandsworth, 1981.

[27] Sandhu, D. S. & Asrabadi, B. R., "An Acculturative Stress Scale for International Students: A Practical Approach to Stress Measurement", In C. P. Zalaquett & R. J. Wood, eds., *Evaluating Stress: A Book of Resources* (Vol. 2), Lanham, MD: Scarecrow Press 1998, pp. 1 - 33.

[28] Seelye, H. N., *Teaching Culture: Strategies for Intercultural Communication* (3rd ed.), Chicago: National Textbook Company, 1997.

[29] Smart, D. F., Volet, S. & Ang, G., *Fostering Social Cohesion in Universities: Bridging the Cultural Divide*, Canberra: Australian Education International Department of Education, Training and Youth Affairs, 2000.

[30] Tajfel, H. (eds.), *Differentiation between Social Groups: Studies in the Psychology of Intergroup Relations*, London: Academic Press, 1987.

[31] Triandis, H. C., *Individualism and Collectivism*, Boulder Oxford: Westview Press, 1995, pp. 81 - 144.

[32] Triandis, H. C., *The Analysis of Subjective Culture*, New York: John Wiley, 1972.

[33] UNESCO/IAU, *Globalization and the Market in Higher Education-Quality*,

Accreditation and Qualifications, London: UNESCO Publishing, 2002.

[34] UNESCO, *Intercultural Competences: Conceptual and Operational Framework*, Paris: UNESCO, 2013. http://unesdoc.unesco.org/images/0021/002197/219768e.pdf.

[35] Wagner, K. & Magistrale, T., *Writing across Culture: An Introduction to Study Abroad and the Writing Process*, New York: Peter Lang, 1997.

[36] Ward, C., "Acculturation", In D. Landis & R. Bhagat, eds., *Handbook of Intercultural Training* (2nd ed.), Thousand Oaks, CA: Sage, 1996, pp. 124 – 147.

[37] Ward, C., "The ABCs of Acculturation", In D. Matsumoto, eds., *The Handbook of Culture and Psychology*, New York: Oxford University Press, 2001, pp. 411 – 445.

[38] Ward, C., Bochner, S. & Furnham, A., *The Psychology of Culture Shock* (2nd edition), Routledge: London, 2001.

[39] Wood, J. T., *Interpersonal Communication: Everyday Encounters* (4th ed.), Belmont, CA: Wadsworth/Thomson Learning, 2004.

论文类：

[1] Abe, J., Talbot, D. M. & Geelhoed, R. J., "Effects of a Peer Program on International Student Adjustment", *Journal of College Student Development*, Vol. 39, No. 6, 1998, pp. 539 – 547.

[2] Adair Linn Nagata., "Promoting Self-Reflexivity in Intercultural Education", *Journal of Intercultural Communication*, No. 8, 2004, pp. 139 – 167.

[3] Altbach, P. G., "Chinese Education in an Open-Door Era", *International Higher Education*, Vol. 45, Fall, 2006.

[4] Altbach, P. G., "Impact and Adjustment: Foreign Students in Comparative Perspective", *Higher Education*, Vol. 21, 1991, pp. 305 – 323.

[5] Andrade, M. S., "International Students in English-speaking Universities: Adjustment Factors", *Journal of Research in International Education*, Vol. 5, No. 2, 2006, pp. 131 – 154.

[6] Arends-Toth J, Van de Vijver F. J. R., "Domains and Dimensions in Ac-

culturation: Implicit Theories of Turkish-Dutch", *International Journal of Intercultural Relations*, Vol. 28, No. 1, 2004, pp. 19 – 35.

[7] Bennett, R., Aston, A. & Colquhoun, T., "Cross-Cultural Training: A Critical Step in Ensuring the Success of International Assignments", *Human Resource Management*, Vol. 39, No. 2 – 3, Fall 2000, pp. 239 – 250.

[8] Berry, J. W., "Acculturation: Living Successfully in Two Cultures", *International Journal of Intercultural Relations*, Vol. 29, No. 6, November 2005, pp. 697 – 712.

[9] Berry, J. W., "A Critique of Critical Acculturation", *International Journal of Intercultural Relations*, Vol. 33, No. 5, September 2009, pp. 361 – 371.

[10] Berry, J. W., Phinney, J. S., Sam, D. L., etc., "Immigrant Youth: Acculturation, Identity, and adaptation", *Applied Psychology: An International Review*, Vol. 55, No. 3, 2006, pp. 303 – 332.

[11] Berry, J. W. & Sabatier, C., "Variations in the Assessment of Acculturation Attitudes: Their Relationships with Psychological Wellbeing", *International Journal of Intercultural Relations*, Vol. 35, No. 5, September 2011, pp. 658 – 669.

[12] Blackmore J., Douglas, A. & Barnes, B., "Measuring Student Satisfaction at a UK University", *Journal for Quality Assurance in Education*, Vol. 14, No. 3, 2006, pp. 251 – 267.

[13] Bochner, S., "Culture Shock Due to Contact with Unfamiliar Cultures", *Online Readings in Psychology and Culture*, Unit 8, http://scholarworks.gvsu.edu/orpc/vol8/iss1/7, 2012 – 10 – 27.

[14] Bochner S., Hutnik, N. and Furnham, A., "The Friendship Patterns of Overseas and Host Students in an Oxford Student Residence", *The Journal of Social Psychology*, Vol. 125, No. 6, 1985, pp. 689 – 694.

[15] Brown, L., "An Ethnographic Study of the Friendship Patterns of International Students in England: An Attempt to Recreate Home through Conational Interaction", *Intercultural Journal of Educational Research*, Vol. 48, No. 1, 2009, pp. 184 – 193.

[16] Celenk, O., "Assessment of Acculturation: Issues and Overview of Measures", *Online Readings in Psychology and Culture*, *Unit* 8, http: //scholarworks. gvsu. edu/orpc/vol8/iss1/10, 2012 - 10 - 20.

[17] Chapman, M., Gajewska-De Mattos, H., Clegg, J., etc., "Close Neighbours and Distant Friends: Perceptions of Cultural Distance", *International Business Review*, Vol. 17, No. 3, 2008, pp. 217 - 234.

[18] Chataway, C. J. & Berry, J. W., "Acculturation Experiences, Appraisal, Coping and Adaptation: A Comparison of Hong Kong Chinese, French and English Students in Canada", *Canadian Journal of Behavioral Science*, Vol. 21, No. 3, July 1989, pp. 295 - 301.

[19] Cheng, R. & Erben, A., "Language Anxiety: Experiences of Chinese Graduate Students at the US", *Higher Institutions*, Vol. 16, 2012, pp. 477 - 497.

[20] Coleman, J. A., "Residence Abroad within Language Study", *Language Teaching*, Vol. 30, No. 1, 1997, pp. 1 - 20.

[21] Corbeil A., "The Experiences of International Students in Transnational Higher Education Programs inSingapore", *University of Toronto*, 2006.

[22] Cross, S. E., "Self-construals, Coping, and Stress in Cross-cultural Adaptation", *Journal of Cross-cultural Psychology*, Vol. 26, No. 6, 1995, pp. 673 - 697.

[23] Dharm P. S. Bhawuk & Richard W. Brislin., "Cross-cultural Training: A Review", *Applied Psychology: An International Review*, Vol. 49, No. 1, 2000, pp. 162 - 191.

[24] Flannery W. P., Yu J., "An Empirical Comparison of Acculturation Models", *Personality and Social Psychology Bulletin*, Vol. 27, 2001, pp. 1035 - 1045.

[25] Fontaine, G., "Roles of Social Support in Overseas Relocation: Implications for Intercultural Training", *International Journal of Intercultural Relations*, Vol. 10, No. 3, 1986, pp. 361 - 378.

[26] Fritz, M. V., Chin, D. & DeMarinis, V., "Stressors, Anxiety, Acculturation and Adjustment among International and North American Students", *International Journal of Intercultural Relations*, Vol. 32,

2008, pp. 244 – 259.

[27] Furnham, A. & Alibhai, N., "The Friendship Networks of Foreign Students: A Replication and Extension of the Functional Model", *International Journal of Psychology*, Vol. 20, 1985, pp. 709 – 722.

[28] Gonzales, J. T., "The Acculturation Experience of International Graduate Students: A Qualitative Investigation", *Indiana: University of Notre Dame*, 2006.

[29] Grant Mcburnie & Christopher Ziguras., "The Regulation of Transnational Higher Education in Southeast Asia: Case Studies of Hong Kong, Malaysia and Australia", *Higher Education*, Vol. 42, 2001, pp. 95 – 96.

[30] Gudykunst, W. B., "Applying Anxiety/Uncertainty Management (AUM) Theory to Intercultural Adjustment Training", *International Journal of Intercultural relations*, Vol. 22, 1998, pp. 187 – 227.

[31] Gullahorn, J. T. & Gullahorn, J. E., "An Extension of the U-curve Hypothesis", *Journal of Social Issues*, Vol. 19, 1963.

[32] Hansen, H. M., "Defining International Education", *New Directions for Higher Education*, Wiley Periodicals, Inc., 2002, p. 117.

[33] Hendrickson, B., Rosen, D. & Aune, R. K., "An Analysis of Friendship Networks, Social Connectedness, Homesickness and Satisfaction Levels of International Students", *International Journal of Intercultural Relations*, Vol. 35, 2011, pp. 281 – 295.

[34] Holmes, P. & O' Neill, Gillian., "Developing and Evaluating Intercultural Competence: Ethnographies of Intercultural Encounters", *International Journal of Intercultural Relations*, Vol. 36, 2012, pp. 707 – 718.

[35] Hou, Xinmin., "An Empirical Study of Chinese Learners' Intercultural Sensitivity", *Journal of Language Teaching and Research*, Vol. 1, No. 3, 2010, pp. 327 – 331.

[36] Jackson, J., "Ethnographic Preparation for Short-term Study and Residence in the Target Culture", *International Journal of Intercultural Relations*, Vol. 30, 2006, pp. 77 – 98.

[37] Jasinskaja-Lahti. I., Liebkind, K., Jaakkola, M. & Reuter, A., "Perceived Discrimination, Social Support Networks, and Psychological Well-being among Three Immigrant Groups", *Journal of Cross-cultural Psychology*, Vol. 37, 2006, pp. 293 - 311.

[38] Lacina, J. G., "Preparing International Students for a Successful Social Experience in Higher Education", *New Directions for Higher Education*, Wiley Periodicals, Inc., 2002, p. 117.

[39] Lakey, P. N., "Acculturation: a Review of the Literature", *Intercultural Communication Studies* Vol. XII - 2, 2003, pp. 103 - 118.

[40] Lee, J., "Stress and Coping Experiences of International Students with Language Barriers during the Acculturation Process", Florida: University of Florida, 2008.

[41] Lee, J. J. & Rice, C., "Welcome to America? International Student Perceptions of Discrimination", *Higher Education*, Vol. 53, 2007, pp. 381 - 409.

[42] Lian, Y. & Tsang, Kwok-kuen., "The Impact of Acculturation Strategies and Social Support on the Cross-Cultural Adaptation of Mainland Chinese Students in Hong Kong", *Educational Research Journal*, Vol. 25, No. 1, 2010, pp. 81 - 102.

[43] Markus, H. R. & Kitayama, S., "Culture and the Self: Implication for Cognition, Emotion and Motivation", *Psychological Review*, Vol. 98, 1991, pp. 224 - 253.

[44] Mok, K. H. & Xu, Xiaozhou., "When China Opens to the World: a Study of Transnational Higher Education in Zhejiang, China", *Asia Pacific Education Review*, Vol. 9, No. 4, 2008, pp. 393 - 408.

[45] Kingston, E. & Forland, H., "Bridging the Gap in Expectations between International Students and Academic Staff", *Journal of Studies in International Education*, Vol. 20, No. 5, 2008, pp. 1 - 18.

[46] Kuo, B. C. H., "Culture's Consequences on Coping: Theories, Evidences and Dimensionalities", *Journal of Cross-cultural Psychology*, Vol. 42, 2011, pp. 1084 - 1100.

[47] Lysgaard, S., "Adjustment in a Foreign Society Norwegian Fulbright

Grantees Visiting the United States", *International Social Science Bulletin*, Vol. 7, 1955.

[48] Ginsberg, M. B., "Cultural Diversity, Motivation and Differentiation", *Theory into Practice*, Vol. 44, No. 3, 2005, pp. 218 - 225.

[49] McKinlay, N. J., Pattison, H. M. & Gross, H., "An Exploratory Investigation of the Effects of a Cultural Orientation Programme on the Psychological Well-being of International University Students", *Higher Education*, Vol. 31, No. 3, 1996, pp. 379 - 395.

[50] Oatey, H. S. & Xiong Zhaoning, "Chinese Students' Psychological and Sociocultural Adjustments to Britain: An Empirical Study", *Language, Culture and Curriculum*, Vol. 19, No. 1, 2006, pp. 37 - 53.

[51] Oberg, K., "Culture Shock Adjustment to New Cultural Environments", *Practical Anthropology*, Vol. 7, 1960, pp. 177 - 182.

[52] Padilla, A. M. & Perez, W., "Acculturation, Social Identity, and Social Cognition: a New Perspective", *Hispanic Journal of Behavioral Sciences*, Vol. 25, No. 1, 2003, pp. 35 - 55.

[53] Pan, Jia-yan., "A Resilience-based and Meaning-oriented Model of Acculturation: a Sample of Mainland Chinese Postgraduate Students in Hong Kong", *International Journal of Intercultural Relations*, Vol. 35, 2011, pp. 592 - 603.

[54] Pedersen, P. B., "Counseling International Students", *The Counseling Psychologist*, Vol. 19, 1991, pp. 10 - 58.

[55] Popov, V., Brinkman, D., Biemans, H. J. A., et al., "Multicultural Student Group Work in Higher Education: an Explorative Case Study on Challenges as Perceived by Students", *International Journal of Intercultural Relations*, Vol. 36, 2012, pp. 302 - 317.

[56] Russell, J., Rosenthal, D. & Thomson, G., "The International Student Experience: Three Styles of Adaptation", *High Education*, Vol. 60, 2010, pp. 235 - 249.

[57] Sandu, D. S., "An Examination of the Psychological Needs of the International Students: Implications for Counseling and Psychotherapy", *International Journal for the Advancement of Counseling*, Vol. 17, 1995,

pp. 229 – 239.

[58] Sano, H., "Research on Social Difficulties in Cross-cultural Adjustment: Social Situational Analysis", *Japanese Journal of Behavioral Therapy*, Vol. 16, 1990, pp. 37 – 44.

[59] Schwarzer, R., Jerusalem, M. & Hahn, A., "Unemployment, Social Support and Health Complaints: A Longitudinal Study of Stress in East German Refugees", *Journal of Community and Applied Social Psychology*, Vol. 4, 1994, pp. 31 – 45.

[60] Searle, W. & Ward, C., The Prediction of Psychological and Sociocultural Adjustment during Cross-cultural Transitions", *International Journal of Intercultural Relations*, Vol. 14, No. 4, 1990, pp. 449 – 464.

[61] Sherry, M., Thomas, P. & Chui, W. H., "International Students: a Vulnerable Student Population", *High Education*, Vol. 60, 2010, pp. 33 – 46.

[62] Smith, R. A. & Khawaja, N. G., "A Review of the Acculturation Experiences of International Students", *International Journal of Intercultural Relations*, Vol. 35, 2011, pp. 699 – 713.

[63] Sumer, S., "International Students' Psychological and Sociocultural Adaptation in the United States", Atlanta: Georgia State University, 2009.

[64] Tan, J. K. L. & Goh, J. W. P., "Why Do They Not Talk? Towards An Understanding of Students' Cross-cultural Encounters from An Individualism/Collectivism Perspective", *International Education Journal*, Vol. 7, No. 5, 2006, pp. 651 – 667.

[65] Walton, S., "Stress Management Training for Overseas Effectiveness", *International Journal of Intercultural Relations*, Vol. 14, No. 4, 1990, pp. 507 – 527.

[66] Wang, Jianglong., "Communication and Cultural Competence: the Acquisition of Cultural Knowledge and Behavior", *Online Readings in Psychology and Culture*, Unit 7, http://scholarworks.gvsu.edu/orpc/vol7/iss1/3, 2012 – 09 – 16.

[67] Ward, C. & Kennedy, A., "Acculturation and Cross-cultural Adapta

tion of British Residents in Hong Kong", *The Journal of Social Psychology*, Vol. 133, 1993, pp. 395 – 397.

[68] Ward, C. & Kennedy, A., "Coping with Cross-cultural Transition", *Journal of Cross-Cultural Psychology*, Vol. 32, 2001, pp. 636 – 642.

[69] Ward, C. & Kennedy, A., "Where's the 'Culture' in Cross-cultural Transition?: Comparative Studies of Sojourner Adjustment", *Journal of Cross-cultural Psychology*, Vol. 24, 1993, pp. 221 – 249.

[70] Ward, C. & Kus, L., "Back to and beyond Berry's Basics: the Conceptualization, Operationalization and Classification of Acculturation", *International Journal of Intercultural Relations*, Vol. 36, 2012, pp. 472 – 485.

[71] Ward, C., Okura, Y., Kennedy, A. & Kojima, T., "The U-curve on Trial: A Longitudinal Study of Psychological and Sociocultural Adjustment during Cross-cultural Transition", *International Journal of Intercultural Relations*, Vol. 33, No. 3, 1998, pp. 277 – 291.

[72] Ward C., Rana-Deuba, A., "Acculturation and Adaptation Revisited", *Journal of Cross-Cultural Psychology*, Vol. 30, 1999, pp. 422 – 442.

[73] Ward, C. & Searle, W., "The Impact of Value Discrepancies and Cultural Identity on Psychological and Sociocultural Adjustment of Sojourners", *International Journal of Intercultural Relations*, Vol. 15, No. 2, 1991, pp. 209 – 225.

[74] Westwood, M. & Barker, M., "Academic Achievement and Social Adaptation among International Students: A Comparison Groups Study of the Peer-pairing Program", *International Journal of Intercultural Relations*, Vol. 14, No. 3, 1990, pp. 251 – 263.

[75] Yang, Yiyin, "Guanxilization or Categorization: Psychological Mechanisms Contributing to the Formation of the Chinese Concept of 'Us'", *Social Sciences in China*, Vol. 30, No. 2, 2009, pp. 49 – 67.

[76] Yu, Baohua & Shen, Huizhong, "Predicting Roles of Linguistic Confidence, Integrative Motivation and Second Language Proficiency on Cross-cultural Adaptation", *International Journal of Intercultural Relations*, Vol. 36, 2012, pp. 72 – 82.

[77] Yuan, Wenli, "Academic and Cultural Experiences of Chinese Students at an American University: A Qualitative Study", *Intercultural Communication Studies*, Vol. 1, 2011, pp. 41 - 157.

[78] Zhang, J. & Goodson, P., "Acculturation and Psychosocial Adjustment of Chinese International Students: Examining Medication and Moderation Effects", *International Journal of Intercultural Relations*, Vol. 35, 2011, pp. 614 - 627.

[79] Zhang, J. & Goodson, P., "Predictors of International Students' Psychosocial Adjustment to Life in the United States: A Systematic Review", *International Journal of Intercultural Relations*, Vol. 35, 2011, pp. 139 - 162.

[80] Zhou, Yuefang & Todman, J., "Patterns of Adaptation of Chinese Postgraduate Students in the United Kingdom", *Journal of Studies in International Education*, Vol. 13, 2009, pp. 467 - 486.

中文参考文献:

外国作家作品:

[1] [英] 奥梯、富兰克林（Oatey, H. S. & Franklin, P.）:《跨文化互动: 跨文化交际的多学科研究》, 外语教学与研究出版社 2010 年版。

[2] [美] 丹·兰迪斯、珍妮特·M. 贝内特、米尔顿·J. 贝内特编:《跨文化培训指南》, 关世杰等译, 北京大学出版社 2009 年版。

[3] [美] 威廉·古迪昆斯特（William B. Gudykunst）:《跨文化与不同文化之间的交际》, 上海外语教育出版社 2007 年版。

[4] [美] 威廉·古迪昆斯特、[美] 金洋咏（William B. Gudykunst & Young Yun Kim）:《与陌生人交际: 文化交流方法》, 上海外语教育出版社 2007 年版。

[5] [美] 克利福德·格尔茨:《文化的解释》, 韩莉译, 译林出版社 1999 年版。

[6] [美] 劳伦斯·纽曼:《社会研究方法: 定性和定量的取向》, 郝大海译, 中国人民大学出版社 2007 年版。

[7] [英] 理查德·D. 刘易斯:《文化的冲突与共融》, 关世杰译, 新华出版社 2002 年版。

[8] [英] 马凌诺斯基:《文化论》, 费孝通译, 华夏出版社 2002 年版。

[9] [美] 迈克尔·E. 罗洛夫:《人际传播社会交换论》, 王江龙译, 上海译文出版社 1891 年版。

[10] [美] 米尔顿·J. 贝内特编:《跨文化交流的建构与实践》, 关世杰、何惺译, 北京大学出版社 2012 年版。

[11] [英] 彼得·史密斯、[加拿大] 彭迈克、[土耳其] 齐丹·库查巴莎:《跨文化社会心理学》, 严文华等译, 人民邮电出版社 2009 年版。

[12] [英] 彭迈克:《难以捉摸的中国人》, 杨德译, 辽宁教育出版社 1997 年版。

[13] [英] 彭迈克:《中国人的心理》, 邹海燕等译, 新华出版社 1990 年版。

[14] [美] 萨莫瓦、波特编:《跨文化交际读本》(第 10 版), 上海外语教育出版社 2007 年版。

[15] [美] 萨莫瓦等:《跨文化交际》, 外语教学与研究出版社 2000 年版。

中国作家作品:

[1] 常永才:《人类学经典涵化概念的局限及其心理学视角的超越》,《世界民族》2009 年第 5 期, 第 31—38 页。

[2] 常永才:《文化多样性、心理适应与学生指导: 对中国少数民族学生的初步研究》, 成都: 四川辞书出版社, 2007 年。

[3] 常永才:《心理咨询与辅导的一种新趋势: 对文化因素的日益重视》,《民族教育研究》2000 年第 4 期, 第 59—63 页。

[4] 常永才、John W. Berry:《从文化认同与涵化视角看民族团结教育研究的深化: 基于文化互动心理研究的初步分析》,《民族教育研究》2010 年第 21 卷第 6 期, 第 18—22 页。

[5] 陈海芹、丁亚周、毛海峡等:《浅谈中外合作办学模式下学生心理压力的疏导策略》,《科技风》2009 年第 10 期, 第 214 页。

[6] 陈慧、车宏生、朱敏:《跨文化适应影响因素研究述评》,《心理科学进展》2003 年第 11 卷第 6 期, 第 704—780 页。

[7] 陈慧、朱敏、车宏生:《在北京高校的外国留学生适应因素研究》,《青年研究》2006 年第 4 期, 第 27—36 页。

[8] 陈向明:《旅居者和"外国人": 留美中国学生跨文化人际交往研

究》，教育科学出版社 2004 年版。
［9］陈向明：《质的研究方法与社会科学研究》，教育科学出版社 2000 年版。
［10］陈贤忠：《世界贸易组织与高等教育》，安徽大学出版社 2002 年版。
［11］寸红彬：《人际距离行为的文化差异：近体学初探》，《昆明理工大学学报》（社会科学版）2004 年第 4 卷第 2 期，第 104—106 页。
［12］戴晓东：《跨文化交际理论》，上海外语教育出版社 2011 年版。
［13］丁建略、田浩：《文化心理学中的文化概念辨析》，《学术论坛》2007 年第 12 期，第 67—70 页。
［14］狄斯马：《外国留学生在中国的适应性》，南京师范大学硕士学位论文，2004 年。
［15］范可：《全球化语境下的文化认同与文化自觉》，《世界民族》2008 年第 2 期，第 1—8 页。
［16］费孝通：《文化与文化自觉》，群言出版社 2010 年版。
［17］费孝通：《乡土中国》，人民出版社 2008 年版。
［18］费孝通：《中华民族多元一体格局》，中央民族大学出版社 1999 年版。
［19］关世杰：《跨文化交流学》，北京大学出版社 1995 年版。
［20］顾力行、Michael H. Prosser 主编：《跨文化视角下的中国人：交际与传播》，上海外语教育出版社 2007 年版。
［21］哈经雄、滕星：《民族教育学通论》，教育科学出版社 2001 年版。
［22］洪晓楠、梁丹：《论费孝通的文化观》，《文化学刊》2011 年第 3 期，第 92—97 页。
［23］侯赛因：《应激源感知和应对技巧的文化、性别差异对留学中国的非洲学生、日本学生和西方学生的跨文化研究》，华东师范大学博士学位论文，2003 年。
［24］侯玉波、朱滢：《文化对中国人思维方式的影响》，《心理学报》2002 年第 34 卷第 1 期，第 106—111 页。
［25］胡文仲：《跨文化交际学概论》，外语教学与研究出版社 1999 年版。
［26］黄光国、胡先缙等：《人情与面子：中国人的权力游戏》，中国人民大学出版社 2010 年版。
［27］贾玉新：《跨文化交际学》，上海外语教育出版社 1997 年版。

[28] 蒋晓萍、韩东：《跨文化交际能力超越式培养模式构建》，《广州大学学报》（社会科学版）2011 年第 10 卷第 9 期，第 68—71 页。

[29] 姜永志、张海钟：《中国人自我的区域文化心理学探析：双文化自我与文化适应》，《江汉大学学报》（人文科学版）2010 年第 29 卷第 3 期，第 57—60 页。

[30] 李昊书、许婕：《浅析中外合作办学学生的心理问题及对策》，《学理论》2011 年第 10 期，第 218—219 页。

[31] 李伟民：《论人情：关于中国人社会交往的分析和探讨》，载《中山大学学报》（社会科学版）1996 年第 2 期，第 57—64 页。

[32] 李盛兵：《跨国高等教育人才培养模式研究》，人民出版社 2010 年版。

[33] 李智超、罗家德：《中国人的社会行为与关系网络特质》，《社会科学战线》2012 年第 1 期，第 159—164 页。

[34] 林大津：《跨文化交际研究与英美人交往指南》，福建人民出版社 1999 年版。

[35] 林金辉：《中外合作办学基本规律及其运用》，《江苏高教》2012 年第 1 期，第 47—50 页。

[36] 刘海平主编：《文化自觉与文化认同：东亚视角》，上海外语教育出版社 2008 年版。

[37] 刘炜：《中国留英高校生跨文化适应、社会支持与生活满意度的相关研究》，福建师范大学硕士学位论文，2008 年。

[38] 刘毅、王婷婷：《英国学者对中国留学生的现状研究要点》，《华中科技大学学报》（社会科学版）2003 年第 3 期，第 26 页。

[39] 罗家德：《关系与圈子：中国人工作场域中的圈子现象》，《管理学报》2012 年第 9 卷第 2 期，第 1—8 页。

[40] 罗家德、王竞：《圈子理论：以社会网的视角分析中国人的组织行为》，《战略管理》2010 年第 2 卷第 1 期，第 12—24 页。

[41] 马戎：《“差序格局”：中国传统社会结构和中国人行为的解读》，《北京大学学报》（哲学社会科学版）2007 年第 44 卷第 2 期，第 131—142 页。

[42] 彭凯平、王伊兰：《跨文化沟通心理学》，北京师范大学出版社 2009 年版。

[43] 綦甲福：《人际距离的跨文化研究》，北京外国语大学博士学位论文，2007 年。

[44] 覃美琼：《中外合作办学现状分析与对策建议》，《高等教育研究》2006 年第 5 期，第 34—39 页。

[45] 沙莲香：《社会心理学》（第 3 版），中国人民大学出版社 2011 年版。

[46] 沈静、姚本先：《人情的心理学探析》，《社会心理科学》2006 年第 3 期，第 69—72 页。

[47] 沈青松主编：《中国人的价值观：人文学观点》，台北：桂冠图书股份有限公司，1994 年。

[48] 沈毅：《“差序格局”的不同阐释与再定位：“义”、“利”混合之“人情”实践》，《开放时代》2007 年第 4 期，第 105—115 页。

[49] 沈毅：《“仁”、“义”、“礼”的日常实践：“关系”、“人情”与“面子”：从“差序格局”看儒家“大传统”在日常“小传统”中的现实定位》，《开放时代》2007 年第 4 期，第 88—104 页。

[50] 宋鸿立：《中外合作办学研究与实务：基于中外双向互动教学的英语语言实践和跨文化元素研究》，知识产权出版社 2010 年版。

[51] 孙隆基：《中国文化的深层结构》，广西师范大学出版社 2011 年版。

[52] 苏晓棠：《中俄合作办学模式中跨文化教育问题研究》，《理论观察》2010 年第 3 期，第 94—95 页。

[53] 谭瑜：《中国留学生自我概念与文化身份重构问题研究》，《当代教育与文化》2014 年第 3 期，第 78—83 页。

[54] 谭志松：《多民族国家大学的使命：中国大学的功能及其实现研究》，北京：民族出版社，2008 年。

[55] 滕星：《文化变迁与双语教育》，教育科学出版社 2001 年版。

[56] 滕星：《族群、文化与教育》，民族出版社 2002 年版。

[57] 王剑波：《跨国高等教育与中外合作办学》，山东教育出版社 2005 年版。

[58] 王敏丽：《再论中外合作办学与教育全球化》，《中国成人教育》2004 年第 3 期，第 8—9 页。

[59] 吴明海、马钟范：《“大学之道”与当代大学生的价值取向》，《内蒙古师范大学学报》（教育科学版）2005 年第 18 卷第 3 期，第

28—31 页。

[60] 吴文丽：《论文化休克理论和 U 曲线假说在跨文化旅居者适应过程中的相关性》，《长春师范学院学报》（人文社会科学版）2010 年第 29 卷第 3 期，第 18—22 页。

[61] 肖地生：《全球化视野下的中外合作办学》，《黑龙江高教研究》2003 年第 5 期，第 8—11 页。

[62] 肖地生：《一个独特的中外合作办学模式：南京大学约翰逊—霍普金斯大学中美文化研究中心》，《复旦大学论坛》2004 年第 3 期，第 29—34 页。

[63] 席酉民、郭菊娥、李怀祖：《中国大学国际化发展特色与策略研究》，中国人民大学出版社 2010 年版。

[64] 汪凤炎、郑红：《中国文化心理学》，暨南大学出版社 2008 年版。

[65] 杨国枢、陆洛：《中国人的自我：心理学的分析》，重庆大学出版社 2009 年版。

[66] 杨宜音：《试析人际关系及其分类》，《社会学研究》1995 年第 5 期，第 18—23 页。

[67] 杨宜音：《自己人：信任建构过程的个案研究》，《社会学研究》1999 年第 2 期，第 38—52 页。

[68] 阎琨：《中国留学生在美国状况探析：跨文化适应和挑战》，《清华大学教育研究》2011 年第 32 卷第 2 期，第 100—109 页。

[69] 阎云翔：《差序格局与中国文化的等级观》，《社会学研究》2006 年第 4 期，第 201—213 页。

[70] 姚亚平：《文化的撞击：语言交往》，吉林教育出版社 1990 年版。

[71] 叶光煌：《中外合作办学的实践与若干问题的思考：以集美大学与美国库克大学合作项目为例》，《集美大学学报》2005 年第 6 期，第 36—39 页。

[72] 叶澜：《教育研究方法初探》，上海教育出版社 1999 年版。

[73] 于增富、江波、朱小玉：《教育国际交流与合作史》（中华人民共和国专题丛书），海南出版社 2001 年版。

[74] 郁梅：《结合团队协作的中西文化对比——中外合作办学英语课堂教学模式研究》，《辽宁工业大学学报》（社会科学版）2008 年第 6 期，第 121—123 页。

[75] 余伟、郑钢：《跨文化心理学中的文化适应研究》，《心理科学进展》2005 年第 13 卷第 6 期，第 836—846 页。

[76] 翟学伟：《人情、面子与权力的再生产：情理社会中的社会交换方式》，《社会学研究》2004 年第 5 期，第 48—57 页。

[77] 翟学伟：《中国人的关系原理：时空秩序、生活欲念及其流变》，北京大学出版社 2011 年版。

[78] 张民选：《中外合作办学认证体系的构建与运作》，高等教育出版社 2010 年版。

[79] 张卫东、廉张军：《中美人际交往关系的对比研究》，《衡水学院学报》2008 年第 10 卷第 2 期，第 57—61 页。

[80] 张志成、吕宏明：《双校园中外合作办学跨校园学习的思考》，《边疆经济与文化》2010 年第 9 期，第 172—173 页。

[81] 郑雪、David Sang：《文化融入与中国留学生的适应》，《应用心理学》2003 年第 9 期，第 9—13 页。

[82] 朱国辉：《高校来华留学生跨文化适应问题研究》，华东师范大学博士学位论文，2011 年。

[83] 中国现代文化学会主编：《东西方文化交融的道路和选择》，四川人民出版社 1993 年版。

后　记

本书是在我的博士学位论文基础上修改补充而成的。从准备、调研、撰写、修改到最后成书，紧张而充实的四年时间如白驹过隙，转瞬即逝。在书稿完成的此刻，除了一直以来紧绷的神经能够稍微放松下来，我的心中更充满了无限的感激与感慨。

本书所关注的是我国高校中外合作办学项目学生群体在跨文化经历中的适应状况、存在的主要问题及其深层影响因素。这是我国在推进教育国际化进程、促进中外合作办学可持续发展的过程中所面临的一项重要研究课题。同时，这一研究课题的选定也可以说是与我自身的海外留学的跨文化学习和工作经历密不可分的。我 2001—2005 年在天津外国语大学就读英语（国际商务）专业本科期间，曾选为国际交换生到澳大利亚西澳大学留学一年，学习西方文化及国际商务专业课程；毕业后又赴澳大利亚悉尼大学攻读国际商务专业硕士，2007 年 11 月获得硕士学位后，在澳大利亚斯威本科技大学先后从事其在亚洲地区的招生工作及该校与中国高校之间的合作办学项目相关事宜至 2010 年 3 月。这些可贵的学习和工作经历使我深刻地感受到目前中国留学生，尤其是中外合作办学学生，他们在跨文化交际和适应方面的确存在很多应该却没有得到足够重视的问题和困难，也同时认识到解决这些相关问题对于合作办学学生学业成就和自身成长的重要性。事实上，我和我的同事们在学校的实践工作中也发现了一些较为现实可行的解决办法，以期尽可能地帮助这类学生实现良好的跨文化适应。但由于工作繁忙，且缺乏系统的理论指导和学习，这一阶段我对跨文化适应问题的认识仍多以实践性知识为主，不够系统、深入，所采取的应对方法相对比较零散，不成系统，因此常自感成效受限。

2009 年下半年，我决定报考攻读相关专业博士研究生。在复习备考的期间，机缘巧合下，常永才教授推荐我认识了当时在中央民族大学开设跨文化心理教育系列课程的著名加拿大跨文化心理学家、国际跨文化心理学会前主席 John Berry 教授，聆听了全部课程并承担了其讲学内容的部分翻译工作。借此机会细读了他的有关跨文化适应与涵化心理的理论成果，并与其就跨文化教育与学生文化适应问题进行了多次探讨。2010 年 5 月我如愿以偿，考取了中央民族大学民族教育学专业跨文化心理与教育方向的博士研究生，师从常永才教授。

三年时间里，我得以专心研读跨文化交际、跨文化适应和多元文化教育等方面的相关理论，并根据自己的经历、兴趣和优势，确定我的博士论文选题为“高校中外合作办学项目学生跨文化适应研究”。几年艰辛的学习、研究和大量的实践调查以及艰苦的博士论文撰写，磨炼了我的意志，也促进了我的跨文化教育理论水平和研究能力的很大提升。所提交的博士学位论文也受到了答辩专家们的一致肯定，并建议我朝着这个研究方向继续坚定地做下去。

2013 年 7 月，我有幸就职于中南民族大学外语学院，从事英语、跨文化交际等方面的教学和科研工作。中南民族大学是一所已开展多项中外合作办学项目且非常重视跨文化教育及跨文化培训研究的综合性大学，其作为民族大学所特有的多元文化性和活跃、自由的学术氛围更加坚定了我在做好教学工作之余，进一步深入进行有关学生跨文化适应和跨文化交际能力培养的科研工作。本着自己的研究兴趣和一直以来在理论和实践知识上学习的积淀，值得庆幸的是，我赶上了学校 2013 年申报国家社会科学基金教育学项目的机会，并成功获得了题为“高校中外合作办学项目学生跨文化能力培训模式研究”的国家社会科学基金教育学青年项目。这次将博士论文修改完善成书也包含有近期研究的部分成果。因此，这本书也可以说是以上课题的前期研究成果。

回首细思，这本书的完成实属不易，它凝聚了许多人在此期间给予我的关怀、支持与无私的帮助。在此，我要向所有关心过我、帮助过我的人表示由衷的感谢和最诚挚的祝福！

首先我要感谢我的导师常永才教授。他不仅为我提供了从事跨文化心理与教育的学习和研究的重要契机，并在我三年的求学期间悉心指导了我的理论学习和论文写作，更在为人处世方面给予了我很多启发和教诲。深深地记得，当我因家事而难以如期参加中国教育国际化论坛时，常老师不但表示了理解并给予了细心的关怀，而且还特意将会议的所有内容进行了录音并打包发送给我，供我写作参考。借此机会，我要再次感谢导师常永才教授！

在本书的写作过程中，我受到了很多老师、学者专家们在学术思考和科研方法上的启发和点拨，获得了很多富有建设性的意见和建议，受益匪浅！他们是中央民族大学的原校长、博士生导师哈经雄教授，博士生导师滕星教授，教育学院院长、博士生导师苏德教授，研究生院院长、博士生导师曲木铁西教授，教育学院书记、博士生导师董艳教授，博士生导师吴明海教授，外语学院院长、博士生导师郭英剑教授；北京师范大学的教育基本理论研究院院长郑新蓉教授，国际与比较教育研究院院长、博士生导师刘宝存教授，博士生导师刘力教授；内蒙古师范大学博士生导师杨伊生教授；北京广播电视大学副校长、教授张铁道博士等，特别是哈经雄教授还欣然为本书出版写序。在此，我向以上各位老师致以深深的敬意和衷心的感谢！同时，我还要感谢我的博士同学杨志娟、安晓镜、姚霖、谭忠秀、沙尔娜、刘卓雯、李品、石心、从静、陈学金、陆继锋、黄哲、戴蓉、陈卫亚、韩雪军、呼和塔拉等，以及袁梅、李勇、谢丹、王露、陈丽莉、张嘉、张越、刘槟、王佳馨、刘雅梦、金瑛等可爱的师弟师妹们所给予我的帮助和关怀。难忘这段与朋友们相处的日子，快乐、温馨、真诚，为我紧张、艰苦和繁忙的博士学习增添了一道明丽的色彩。

同时，这本以跨文化教育研究为主题的书本身也是跨文化指导与合作的成果。在论文撰写和成书的过程中，我受到了多位外国专家学者的指导和帮助，他们是：加拿大跨文化心理学家、国际跨文化心理学会前主席 John Berry 教授和美国比较教育专家、加州洛杉矶大学富布莱特学者 Robert Rhoads。我不仅细心听完了他们的所有的讲课和精心指导，而且还进行了深入的交流和讨论。直到现在仍然保持着联系和交流。此外，在中央民族大学 2012 年 9 月举办的“全球化背景下的多元文化教育国际研讨会”上，我有幸聆听了国际著名多元文化教育大师 James A. Bank 教授有关全球化时代多元文化教育的演讲和澳大利亚新英格兰大学的 Brian Denman 博士就各国高等院校国际教育合作的目的与模式问题进行的专题报告，使我受益匪浅，不仅思路得到了开阔，同时也收获到更加丰富和最为前沿的学界信息与理论发展。在会后的进一步交流中，Denman 博士更是对我的研究领域表示了很大的兴趣和关注，并提出了很多新颖的观点和建议。在他回国后，我又通过邮件多次进行请教，都得到了他的热情回应和鼓励。借此机会，我要向各位专家和学者们表示我最诚挚的谢意和敬意！

对我的研究课题表示关注并为我的博士论文的撰写提供建议和帮助的还包括来自 Intercultural Communication Institute（ICI）与 Intercultural Competence Development Center 讨论小组的各位成员，他们很多都是在跨文化交际与跨文化培训的学术领域有所建树或是实践经验的专家学者或培训师，与他们进行头脑风暴形式的互动过程中，他们从不同的视角就我的研究课题提出了很多不一样的思考和新颖的观点，对于他们无私的帮助我一并表示深深的感谢。

在本研究的问卷调查和访谈过程中，数以百计的参与者在他们繁忙的学习和工作过程中抽出宝贵的时间帮助和配合我的调查和访谈，没有他们的支持和帮助，该研究便难以成形。虽然基于保密原则，我无法在此公开他们的姓名致谢，但是他们给予我的真诚帮助与表现出的友好态度我将铭刻在心，我也要借此向他们道一声：由衷地感谢！

我还要特别感谢在我的调研工作中给予我大力支持和帮助的相关领导、老师和朋友，他们是：湖北省教育国际交流协会中外合作办学专业委员会办公室、湖北省教育厅刘立刚处长，武汉理工大学副校长张安福教授、武汉纺织大学党委书记尚刚教授、副校长黄运平教授、邓茂林副处长，三峡大学副校长邹坤教授、国际合作处席敬处长、田定国副处长、杨春芳副处长、刘海蒂副处长等领导，以及帮助我完成国内问卷分发与回收，并推荐访谈对象的李志芳、彭文涛、游文霞、李文武、张瑞、张芸等老师和在澳洲帮我分发问卷的 Dianne Ruddell、Jaclyn Lim、梁芳等老师以及谭玮、李博伦、张雄超、Joanna Yang、Lynn Shen 等同学和朋友。

最后，我要感谢我的父母。没有他们这二十多年来含辛茹苦的养育和细心栽培，就不会有我今天的成长和进步。他们赋予我的是世间最无私最伟大的爱。我还要感谢我的丈夫、女儿给予我的家庭的温馨和照顾，每每看到我女儿的笑脸，听到她天真无邪的笑声，我所有的疲劳和学习的压力都会一扫而空，亲情是我最宝贵的财富，是我能够克服困难，顺利完成学业，实现自我超越的坚强后盾和力量源泉！

此外本研究还受到了 2012—2013 年度“联校教育社科医学研究论文奖计划”的项目资助，在此一并致谢，并对该论文奖计划提供资助和指导的香港园玄学院、汤伟奇和杜祖贻先生表示最诚挚的谢意。